DUDEN

POCKET TEACHER BIOLOGIE

Abi

7., aktualisierte Auflage

Walter Kleesattel

Dudenverlag
Berlin

Der Autor
Dr. Walter Kleesattel (†) unterrichtete als Studiendirektor Biologie und Geographie an einem Gymnasium. Daneben war er als Autor von Schul- und Sachbüchern und als Berater bei naturwissenschaftlichen Fernsehdokumentationen tätig.

Bibliografische Information der Deutschen Nationalbibliothek
Die Deutsche Nationalbibliothek verzeichnet diese Publikation in der Deutschen Nationalbibliografie; detaillierte bibliografische Daten sind im Internet über http://dnb.dnb.de abrufbar.

D C B A
Bibliographisches Institut GmbH, Mecklenburgische Straße 53, 14197 Berlin

Redaktionelle Leitung: Simone Bahrenberg
Konzeption der Karteikarten: Marion Clausen
Redaktion der Karteikarten: Christa Becker
Herstellung: Uwe Pahnke
Umschlaggestaltung: Büroecco, Augsburg
Layout / technische Umsetzung: LemmeDESIGN, Berlin
Sachzeichnungen: Udo Kipper, Darmstadt, Rainer J. Fischer (†), Berlin
Druck und Bindung: Heenemann GmbH & Co. KG
Bessemerstraße 83–91, 12103 Berlin
Printed in Germany

ISBN 978-3-411-87213-8

Inhalt

Vorwort

Liebe Leserin, lieber Leser!

Der Pocket Teacher Abi Biologie eignet sich als Wegbegleiter für die gesamte Oberstufe bis zum Abitur. Er hilft nicht nur beim Endspurt vor dem Abitur, sondern ebenso gut bei Hausaufgaben und Referaten, bei der Vorbereitung von Klausuren und Tests. Alle Zusammenhänge werden übersichtlich und anschaulich u.a. durch zahlreiche Grafiken präsentiert. Bei den Prüfungen in der Oberstufe und im Abitur kommt es auf fachliche und methodische Kompetenzen an, um Fragestellungen gezielt und fundiert zu beantworten. Für das Fach Biologie gehört dazu, die Vielfalt biologischer Erscheinungen bestimmten Prinzipien zuordnen zu können, die sich als Basiskonzepte beschreiben lassen. Am Ende jedes Kapitels gibt es hierfür unter der Rubrik *Kompetenzen und Basiskonzepte* beispielhafte Themenstellungen.

Die Querverweise im Text (▶) und das umfangreiche Stichwortverzeichnis helfen, weiterführende Informationen zum Thema schnell zu finden.

Eine spezielle Erweiterung in dieser Auflage sind die heraustrennbaren Karteikarten im Anhang. Diese 20 Karten stellen eine Vorauswahl an Themen dar, die für die Abiturprüfung relevant sein können. Die Rückseiten wurden freigelassen, damit Sie dort Ihre eigenen Notizen machen können. Entsprechende Vorlagen für weitere Karteikarten gibt es auf **www.duden.de/pocketteacher-abi** zum Herunterladen und Ausdrucken.

Zellbiologie 1

Die Zelle ist die kleinste Einheit des Lebendigen. Alle Lebewesen sind aus Zellen aufgebaut. Zellen entstehen immer nur durch Teilung vorhandener Zellen. Jede Körperzelle enthält in ihrem Zellkern die gesamte Erbinformation des Organismus.

1.1 Prinzipien des Lebendigen

Kennzeichen des Lebendigen

Alle Kennzeichen des Lebendigen wie Stoffwechsel, Reizbarkeit, Wachstum, Entwicklung und Tod sowie Fortpflanzung und Vererbung lassen sich auf die Eigenschaften der Zelle zurückführen. Man unterscheidet nach dem Aufbau und der Entwicklungshöhe zwischen kernlosen Bakterien (Procyten) und Zellen mit einem Zellkern (Eucyten).
Da Lebewesen in Wechselbeziehung zu ihrer Umwelt stehen und Energie und Materie mit der Umwelt austauschen, bezeichnet man sie als offene Systeme. Schwankungen in der Aufnahme und im Verbrauch von Stoffen werden so ausgeglichen, dass es zu einem ausbalancierten Zustand kommt (Fließgleichgewicht).

Biologische Grundprinzipien (Basiskonzepte)

Die Vielfalt biologischer Phänomene folgt bestimmten Grundprinzipien (Basiskonzepte). Mithilfe dieser Basiskonzepte lassen sich die verschiedenen Themenbereiche der Biologie analysieren, verstehen und erklären. Auch zum Strukturieren von biologischen Aufgabenstellungen, zum Lernen und Wiedergeben von Sachverhalten ist es hilfreich, die grundlegenden biologischen Prinzipien zu kennen.

Struktur und Funktion. Bei den meisten biologischen Strukturen besteht ein Zusammenhang zwischen Aufbau und Funktion (z. B. Bau von Biomolekülen, Schlüssel-Schloss-Prinzip von Enzymen, Zelldifferenzierung).
Reproduktion. Lebewesen pflanzen sich fort und geben ihre Erbinformation an ihre Nachkommen weiter (z. B. identische Replikation der DNA, Mitose, sexuelle Fortpflanzung).
Kompartimentierung. Lebewesen zeigen abgegrenzte Reaktionsräume (z. B. Zellorganellen, Biomembranen, Ökosysteme).
Regulation (Steuerung und Regelung). Lebewesen halten bestimmte Zustände in einem funktionsgerechten Rahmen und reagieren auf Veränderungen (z. B. hormonelle Regulation, Proteinbiosynthese, Populationsentwicklung).
Stoff- und Energieumwandlung. Alle Lebewesen brauchen Energie, die in der Zelle vielfältig umgewandelt wird (z. B. Fotosynthese, Gärung, Zellatmung, Fließgleichgewicht).
Information und Kommunikation. Lebewesen nehmen Informationen auf, speichern und verarbeiten sie und tauschen Informationen untereinander aus (z. B. Reizcodierung, Erregungsleitung, Lern- und Sozialverhalten).
Variabilität und Angepasstheit. Lebewesen sind in ihrem Bau und ihren Fähigkeiten an ihre Umwelt angepasst. Angepasstheit wird durch Variabilität ermöglicht und durch Selektion bewirkt. Grundlage der Variabilität sind Mutation, Rekombination und Modifikation (z. B. Artbildung, Einnischung).
Geschichte und Verwandtschaft. Alle Lebewesen haben einen gemeinsamen Ursprung. Ähnlichkeit und Vielfalt sind das Ergebnis stammesgeschichtlicher Entwicklungsprozesse (z. B. Homologien, Kennzeichen des Lebendigen).

Organisationsebenen

Lebewesen sind in unterschiedlichen Strukturebenen organisiert. Auf jeder höheren Ebene kommen neue Eigenschaften hinzu, die erst durch das Zusammenwirken der Strukturen möglich werden.

Atome bestehen aus Protonen, Neutronen und Elektronen. Sie bestimmen Eigenschaften und Struktur von Molekülen. *Makromoleküle* bilden Einheiten höherer Ordnung wie z. B. Membranen. Diese setzen sich zu *Organellen* zusammen. Aus dem Zusammenwirken aller Organellen und Zellbestandteile entsteht als lebendes System die *Zelle*. Zellen mit gleichartiger Funktion bilden *Gewebe*. *Organe* sind aus mehreren Geweben aufgebaut. Sie übernehmen im vielzelligen Organismus bestimmte Lebensfunktionen. Eine Vielzahl von Organen kann in einem *Organsystem* zusammenwirken. So gehören z. B. beim Menschen Speiseröhre, Magen, Dünndarm und andere Organe zum Verdauungssystem. Im *Organismus* ist die Tätigkeit aller Organe und Organsysteme aufeinander abgestimmt. Ein Organismus ist immer auch von seiner Umwelt und von anderen Lebewesen abhängig. Er bildet zusammen mit anderen Lebewesen eine *Lebensgemeinschaft*, die wiederum zusammen mit dem Lebensraum ein *Ökosystem* darstellt.

1.2 Struktur der Zelle

Das lichtmikroskopische Bild der Zelle

Pflanzenzellen. Die Zellwand gibt der Pflanzenzelle ihre feste Gestalt. Bei Pflanzenzellen bezeichnet man den von der Zellwand eingeschlossenen Zellkörper als Protoplast. Er ist der eigentliche Träger der Lebensfunktionen und enthält das Zellplasma (Cytoplasma) sowie weitere Zellstrukturen mit spezifischer Funktion (Zellorganellen), von denen der Zellkern (Nukleus) am größten ist. Bei jungen Pflanzenzellen füllt das Zellplasma den ganzen Zellinnenraum aus. Bei älteren füllt ein zentraler Zellsaftraum (Vakuole) den Innenraum weitgehend aus, der Protoplast wird eng an die Zellwand gedrückt. Die Vakuole ist mit Wasser und verschiedenen organischen und anorganischen Stoffen gefüllt. Nach außen ist der Protoplast durch die Zellmembran, zur Vakuole hin durch die Vakuolenmembran (Tonoplast) abgegrenzt.

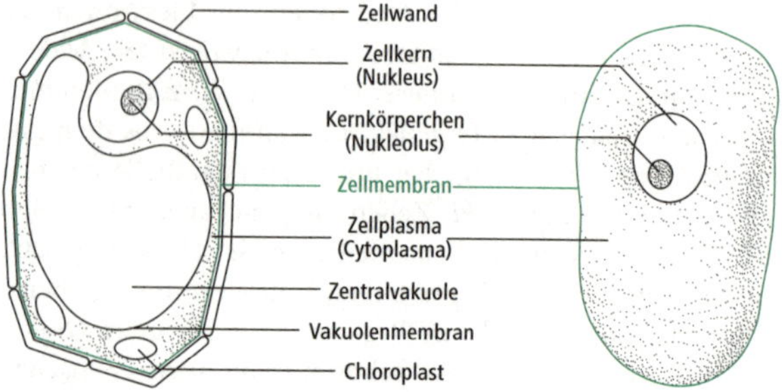

Pflanzen- und Tierzelle im Vergleich (Lichtmikroskop)

Die im Lichtmikroskop erkennbaren Chloroplasten sind Zellorganellen, die es nur in Pflanzenzellen gibt. Sie enthalten den grünen Blattfarbstoff Chlorophyll und sind für die Fotosynthese zuständig. Zusammen mit den farblosen Leukoplasten, die Stärke speichern, und den Chromoplasten, die rote und gelbe Farbstoffe enthalten, werden sie als Plastiden bezeichnet.

Zellen von Tier und Mensch besitzen im Unterschied zu Pflanzenzellen keine Zellwand, sondern sind durch eine elastische Zellmembran begrenzt. Außerdem enthalten sie weder Plastiden noch eine Zentralvakuole (▶ Abb. S. 14/15).

Das elektronenmikroskopische Bild der Zelle

Im Elektronenmikroskop sind weitere Zellstrukturen (Zellorganellen) zu erkennen (▶ S. 13 ff.).

Biomembranen

Die Zellmembran (Cytoplasmamembran, Plasmalemma) grenzt die Zelle gegen ihre Umgebung ab. Mit einer Dicke von 7–10 nm liegt sie unter dem Auflösungsbereich des Lichtmikroskops. Im elektronenmikroskopischen Bild zeigen alle Biomembranen eine prinzipiell gleichartige dreischichtige Grundstruktur, bei der zwei elektronendichte dunkle Linien eine helle Linie umgeben.

In allen Biomembranen findet man als Bauelemente Lipide und Proteine. Kohlenhydrate spielen eine weniger wichtige Rolle.
Nach SINGER und NICOLSON besteht die Biomembran aus einer zähflüssigen Lipiddoppelschicht, in der einzelne Proteine schwimmen (Flüssig-Mosaik-Modell). Während manche Proteine nur teilweise in die Doppelschicht eintauchen, durchdringen andere die Lipidschicht ganz und ragen auf beiden Seiten der Membran in wässriges Milieu.
Sowohl Lipide wie auch die Proteine zeigen in der Membran eine beachtliche Beweglichkeit. An der Außenseite können sowohl Lipide als auch Proteine Ketten von Kohlenhydraten tragen.
Biomembranen unterteilen auch das Zellinnere in eine Vielzahl gegeneinander abgegrenzter Räume. Als räumliches Netzwerk durchziehen sie das gesamte Zellplasma und umgeben die einzelnen Zellorganellen. Zellkern, Mitochondrien und Plastiden sind sogar von zwei Biomembranen umgeben. Die Abgrenzung in verschiedene Zellbereiche (Zellkompartimente) ermöglicht es, dass in einer Zelle unterschiedliche biochemische Reaktionen gleichzeitig ablaufen.
Neben der Abgrenzung und Zellkompartimentierung erfüllen Biomembranen wichtige Transportfunktionen.

1

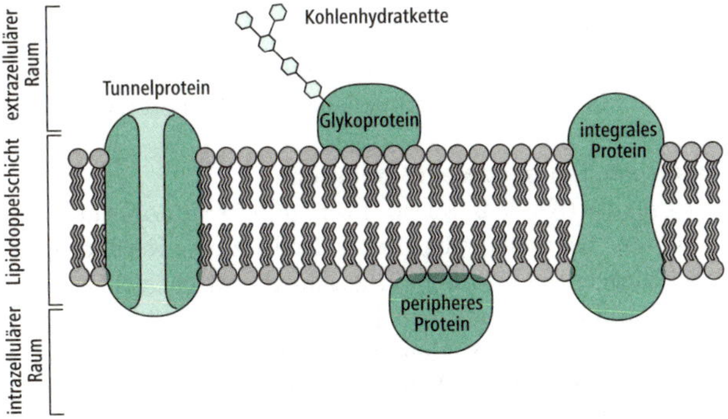

Flüssig-Mosaik-Modell der Zellmembran

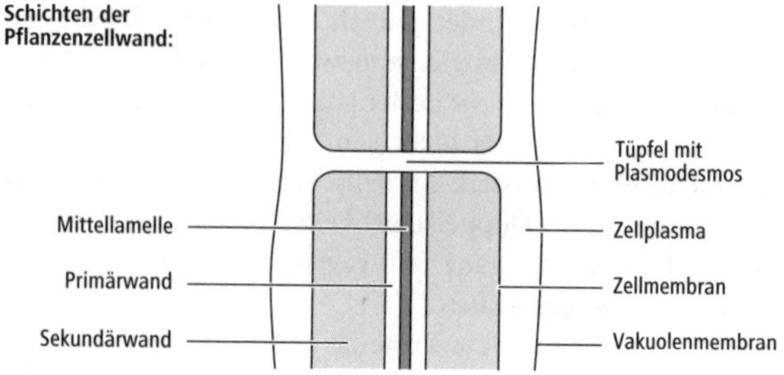

Zellwand

Zellwand

Bei Pflanzenzellen schließt nach außen an die Zellmembran eine dicke Zellwand an. Durch Aussparungen in der Zellwand (Tüpfel) verlaufen Plasmabrücken (Plasmodesmen), die den Stofftransport von Zelle zu Zelle ermöglichen. Auf diese Weise geht die Zellmembran der einen Zelle kontinuierlich in die Zellmembran der Nachbarzelle über. Die Zellwand festigt die einzelne Zelle und wirkt dem osmotischen Innendruck der Vakuole entgegen. Sie besteht überwiegend aus Cellulosefasern, die in eine Grundsubstanz aus anderen Kohlenhydraten und Proteinen eingebettet sind. Verholzte Zellwände enthalten zusätzlich den Holzstoff Lignin, der Korkstoff Suberin macht Zellwände wasserundurchlässig. Tüpfel ermöglichen auch hier Stoffaustausch.

Zellorganellen mit zwei Membranen

Der **Zellkern** (Nukleus, Karyon) wird durch eine doppelte Kernmembran (Kernhülle) abgegrenzt. Kreisförmige Kernporen ermöglichen einen Informationsaustausch zwischen dem Kerninnern und dem Zellplasma. Das Innere des Zellkerns enthält neben Proteinen die Nukleinsäuren DNA (Desoxyribonukleinsäure) und RNA (Ribonukleinsäure). Nach Anfärben erscheinen diese Moleküle als fädiges Chromatin. Zur Zellteilung verdichtet sich das Chromatin zu den Chromosomen. Die auffälligste

Struktur im Zellkern ist das Kernkörperchen (Nukleolus). Der Zellkern ist Speicher des Erbgutes und Steuerzentrale des Zellstoffwechsels.

Mitochondrien. Die beiden Membranen der Mitochondrienhülle sind unterschiedlich gebaut. Die äußere ist glatt und leicht durchlässig, die innere ist vielfach eingestülpt. Durch die beiden Membranen entsteht eine doppelte Kompartimentierung: ein nichtplasmatischer Zwischenraum zwischen den beiden Membranen und ein plasmatischer im Innenraum des Mitochondriums. Das Mitochondrienplasma (Matrix) enthält Ribosomen, mitochondriale DNA sowie zahlreiche Enzyme, die für die Zellatmung und die Synthese von ATP (Adenosintriphosphat) wichtig sind. Mitochondrien sind die Organellen der Energiegewinnung durch Zellatmung. Dabei wird durch den Abbau von Zucker und anderen Nährstoffen mithilfe von Sauerstoff Energie freigesetzt und zur ATP-Bildung verwendet. (▶ S. 36 ff.)

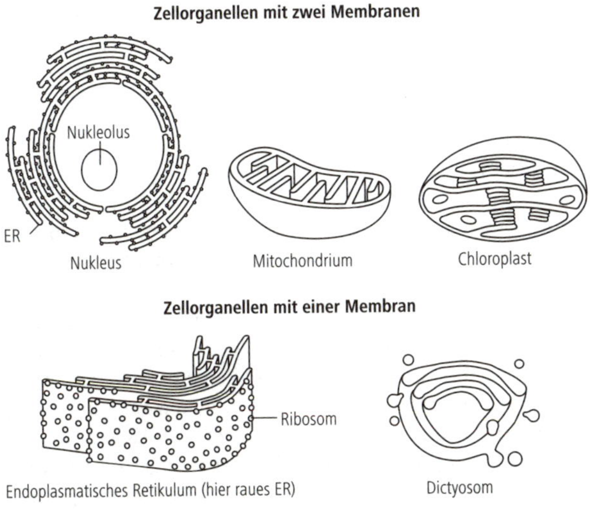

Zellorganellen

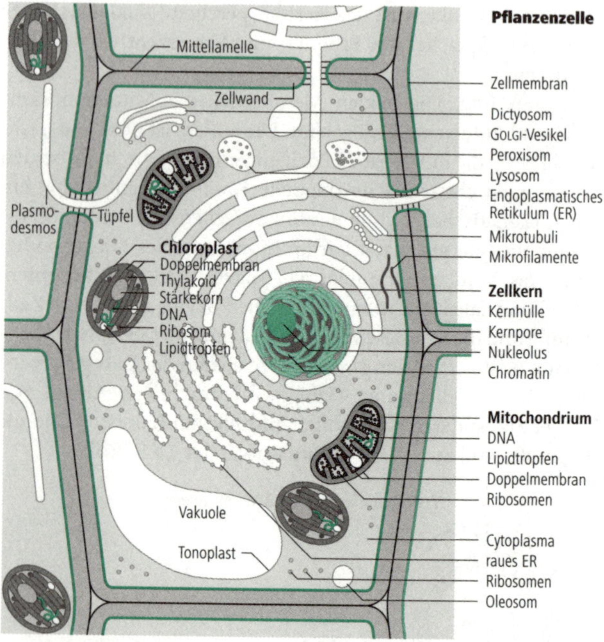

Feinbau der Pflanzenzelle

Chloroplasten besitzen ebenfalls eine Doppelmembran. Die innere Membran ist vielfach eingestülpt und bildet flache Membranzisternen (Thylakoide). Stellenweise liegen diese wie geldrollenähnliche Stapel (Grana) dicht übereinander. Die Grundsubstanz, in die die Thylakoide eingebettet sind, heißt Stroma. Die Thylakoidmembranen enthalten die Fotosynthesepigmente Chlorophylle und Carotinoide. Sie absorbieren das Sonnenlicht, mit dessen Energie aus Kohlenstoffdioxid und Wasser Traubenzucker (Glucose) als organische Substanz aufgebaut wird. Das Stroma ist chlorophyllfrei. Hier laufen die Stoffwechselprozesse ab, die zur Stärke- und Fettbildung führen.

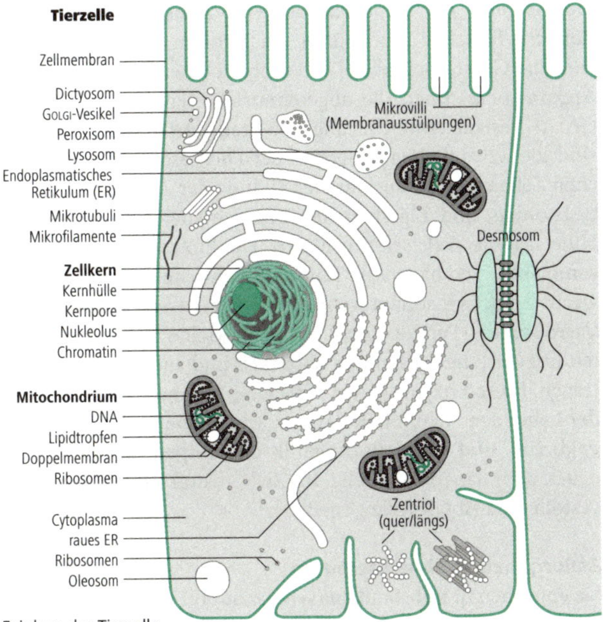

Feinbau der Tierzelle

Zellorganellen mit einer Membran

Endoplasmatisches Retikulum (ER). Es durchzieht als membranumhülltes System von Kanälchen und Säckchen (Zisternen) das gesamte Zellplasma. Auch die Kernhülle ist Teil des ER. Sind an die Membranflächen des ER Ribosomen gebunden, spricht man von rauem ER, bei ribosomenfreien Abschnitten von glattem ER. An den Ribosomen des ER werden Proteine gebildet, die in der Membran bleiben oder in Vesikel verpackt durch die Zelle geschleust werden. Das ER stellt ständig neue Membranen her. In den Zisternen werden viele Stoffe gebildet, umgewandelt oder gespeichert. Daneben dient das ER dem innerzellulären Stofftransport.

Dictyosomen sind Stapel flacher Membranzisternen, die an den Rändern Bläschen abschnüren. Nach ihrem Entdecker GOLGI wird die Gesamtheit aller Dictyosomen einer Zelle als GOLGI-Apparat bezeichnet, die abgeschnürten Bläschen nennt man GOLGI-Vesikel. Anreicherung und Transport von Sekretstoffen sind die wesentlichen Aufgaben der Dictyosomen. In pflanzlichen Zellen sind sie auch an der Bildung der Zellwand beteiligt.
Lysosomen sind Bläschen, die Enzyme speichern, mit deren Hilfe sich die Zelle selbst erneuert. Die Enzyme zerlegen Makromoleküle und bauen die Teilprodukte wieder in den Zellstoffwechsel ein. Lysosomen werden vom GOLGI-Apparat gebildet.
Microbodies (Peroxisomen), ebenfalls kleine Bläschen, enthalten Enzyme, die Wasserstoff abspalten und auf Sauerstoff übertragen. Diese Enzyme bauen Fettsäuren ab und entgiften z. B. in der Leber den Alkohol und andere schädliche Verbindungen.
Vakuolen sind mit Zellsaft gefüllt und sorgen für den Innendruck der pflanzlichen Zelle. Im Zellsaft sind Farbstoffe, Reservestoffe und Abfallstoffe gespeichert.

Zellorganellen ohne Membran

Sie entstehen in Selbstaufbau (self-assembly) durch Zusammenlagerung entsprechender Moleküle zur je typischen Struktur.
Ribosomen bestehen aus zwei verschieden großen Untereinheiten aus Protein- bzw. r-RNA-Molekülen. Sie liegen entweder als freie Ribosomen im Cytoplasma vor oder sind als membrangebundene Ribosomen an die Außenseite des rauen ER geheftet. Ribosomen sind Orte der Eiweißbildung (Proteinbiosynthese).
Das **Cytoskelett** ist ein räumliches Netzwerk sehr dünner Eiweißfasern, die das Cytoplasma durchziehen. Insbesondere tierische Zellen erhalten durch das Cytoskelett Form und Reißfestigkeit. Das Cytoskelett ist auch an Bewegungen der Zelle, an Transportvorgängen und an der Signalübertragung beteiligt. Man unterscheidet: *Mikrotubuli*, gerade Röhren aus globulären (kugelig gebauten) Proteinen, die auch Bauelemente von Zentriolen und Kernspindel sind, und *Mikrofilamente*, lange Prote-

infäden, die das Cytoskelett an der Zellmembran verankern. In Muskelzellen sind sie als Actin- und Myosinfilamente an der Muskelkontraktion beteiligt.

Verbindungen zwischen Zellen
Besondere Proteinbrücken (Desmosomen) stellen spezielle Kommunikationskontakte zwischen den Zellen her. Bei Pflanzenzellen ermöglichen die Tüpfel in den Zellwänden den Durchtritt von Plasmodesmen, die die Protoplasten benachbarter Pflanzenzellen miteinander verbinden. (▸ Abb. S. 12)

1.3 Stofftransport

Für den Stoffaustausch der Zelle mit ihrer Umgebung ist die Zellmembran zuständig. Auch innerhalb der lebenden Zelle laufen ständig Transportvorgänge ab. Biomembranen sind selektiv durchlässig (selektiv permeabel). Es lassen sich verschiedene zelluläre Transportmechanismen unterscheiden.

Diffusion und Osmose
Diffusion ist die durch die Bewegungsenergie der Teilchen (BROWNsche Molekularbewegung) herbeigeführte wechselseitige Durchdringung zweier aneinandergrenzender Flüssigkeiten oder Gase. Sie tritt dort ein, wo zwischen zwei mischbaren Stoffen ein Konzentrationsgefälle besteht, und führt zu einem Konzentrationsausgleich. Ihre Geschwindigkeit ist vom Konzentrationsgefälle, der Temperatur und der Art der Teilchen abhängig.
Osmose ist eine einseitig gerichtete Diffusion durch eine selektiv permeable (halbdurchlässige, semipermeable) Membran. Die Zellmembran ist eine solche selektiv permeable Membran, die Wasser und eine Reihe gelöster Stoffe durchlässt, andere Stoffe aufgrund ihrer Teilchengröße oder ihrer Ladung jedoch nicht.
Da die Zelle für Diffusion und Osmose keine Energie aufwenden muss, zählen beide zu den passiven Transportvorgängen.

Spezifischer Transport

Passiver Kanal-Transport erfolgt durch spezifische Proteinkanäle, die nur bestimmte Ionen durchlassen. Der Durchtritt findet in Richtung des Konzentrationsgefälles statt und erfordert keine Energiezufuhr. Diese Form des Transports spielt bei elektrischen Vorgängen an Nerven- und Sinneszellen eine Rolle.

Passiver Carrier-Transport ist eine erleichterte Diffusion, die durch Trägerproteine (Carrier) erfolgt. Da der Carrier-Transport immer in Richtung des Konzentrationsgefälles stattfindet, ist kein Energieaufwand nötig. Beispiele sind die Glucoseaufnahme aus der Blutflüssigkeit in die roten Blutzellen und der Ionentransport durch die Nervenzellmembran.

Aktiver Carrier-Transport benötigt Energie (ATP), um Stoffe gegen das Konzentrationsgefälle zu transportieren, sodass eine Anreicherung von Stoffen in der Zelle möglich ist. Jedes zu transportierende Molekül oder Ion wird an einen bestimmten Carrier gebunden. So hält z. B. die Natrium-Kalium-Pumpe der Nervenzellmembran unter ATP-Verbrauch ein Ionen-Ungleichgewicht aufrecht. (▶ Stoffwechsel, S. 186 f.) Wird für den Trans-

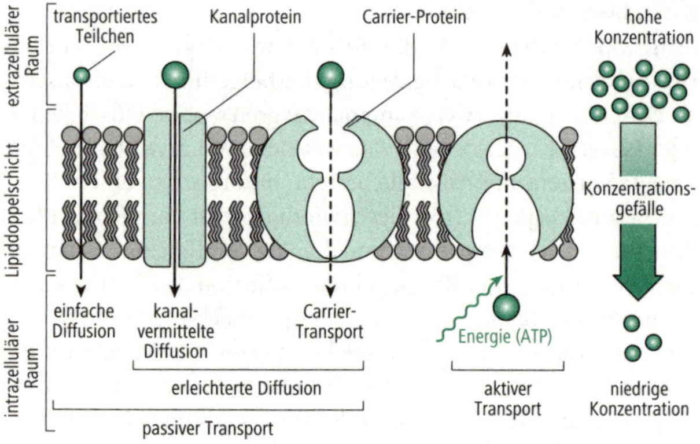

Transportmechanismen durch die Biomembran

port des Substrats selbst Energie aufgewendet, spricht man von *primär aktivem Transport*. Werden beim aktiven Transport gegen ein Konzentrationsgefälle mit den zurückströmenden Ionen auch andere Stoffe (z. B. Aminosäuren) durch die Membran befördert, spricht man von *sekundär aktivem Transport*.

Endozytose und Exozytose

Endozytose ist die aktive Aufnahme von festen Partikeln (Phagozytose) oder Flüssigkeiten (Pinozytose) durch Einstülpungen und Bläschenbildung der Zellmembran. Bei der rezeptorvermittelten Endozytose werden spezifische Stoffe aufgenommen.
Exozytose ist das Ausschleusen von Inhaltsstoffen der Zelle durch Vesikel (Bläschen), die mit der Zellmembran in Kontakt treten und sich nach außen entleeren. Bei der Exozytose wandert ein Vesikel, das sich vom GOLGI-Apparat abgeschnürt hat, zur Plasmamembran und verschmilzt mit dieser.

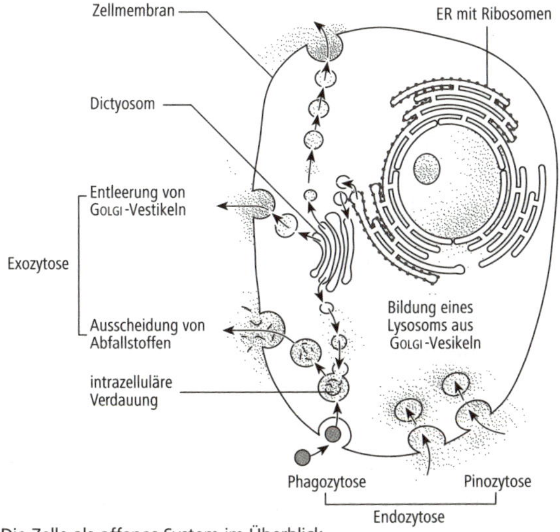

Die Zelle als offenes System im Überblick

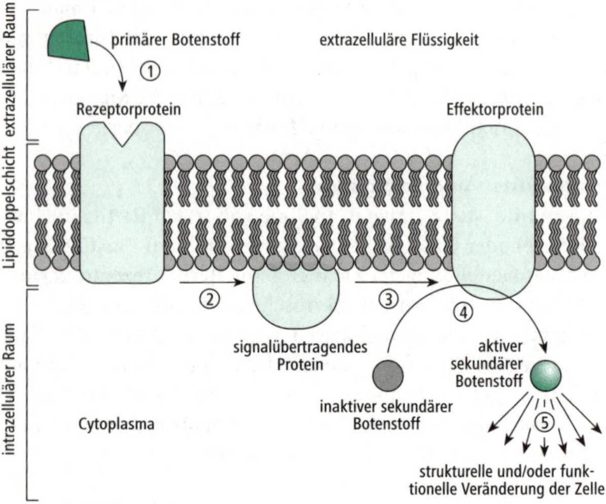

Signalübertragung an Membranen

Membranfluss

Der Transport vieler Stoffe erfolgt durch Vesikel, die sich aus einer Membran abgetrennt haben (Vesikeltransport). Sowohl die Zellmembran als auch die intrazellulären Biomembranen verändern ständig ihre Lage und Form (Membranfluss). Nur die Membranen der Mitochondrien und Plastiden nehmen daran nicht teil.

Signalübertragung

Membranproteine sind außer für den Stofftransport auch als Signalvermittler von Bedeutung. Vorgänge wie die Befruchtung, die Differenzierung oder die Zusammenlagerung zu Zellverbänden wären ohne bestimmte Glykoproteine nicht möglich. Für die Erkennung bakterieller Oberflächen durch Antikörper sind spezifische Seitenketten der Bakterienzellwand verantwortlich. Bei

der Abwehr kommunizieren spezielle Zellen entweder über direkte Zellkontakte oder über Signalstoffe.
Hormone setzen an bestimmten Membranrezeptoren der Zielorgane an (Second-messenger-Konzept, ▸ S. 216). Ebenso wird über den Zell-Zell-Kontakt an der Synapse Information weitergegeben.

1.4 Zellteilung (Mitose)

Zellen werden durch Zellteilung vermehrt. Dabei teilt sich eine Zelle in zwei Tochterzellen, die zur Ausgangsgröße der Mutterzelle heranwachsen. Der Teilung des Zellplasmas geht die Kernteilung (Mitose) voraus. Vor jeder Zellteilung wird die Erbinformation verdoppelt. In dieser Phase zwischen zwei Kernteilungen (Interphase) sind die Chromosomen lang gezogen und lichtmikroskopisch unsichtbar.

Zellzyklus

Prophase. Zu Beginn der Kernteilung verkürzen sich die Chromosomen durch Schraubung und Faltung und werden lichtmikroskopisch erkennbar. Jedes Chromosom ist jetzt in zwei identische Hälften (Chromatiden) gespalten, die nur noch vom Centromer zusammengehalten werden. Zwischen den Polen der Zelle bildet sich eine Kernteilungsspindel. Sie besteht aus Eiweißfäden (Mikrotubuli), die an den Zentriolen ansetzen. Kernmembran und Nukleolus lösen sich auf.
Metaphase. Die Chromosomen ordnen sich in der Äquatorialebene an. Die Spindelfasern heften sich an das Centromer der Chromosomen.
Anaphase. Bei allen Chromosomen löst sich die Verbindung der Chromatiden am Centromer. Die beiden Chromatiden jedes Chromosoms werden getrennt und zu den gegenüberliegenden Zellpolen gezogen. Jeder Zellpol bekommt nun einen vollständigen Chromatidensatz.

Telophase. Der Spindelapparat löst sich auf. Die Chromatiden gehen wieder in die lang gestreckte Form über. Nukleolus und Kernhülle werden neu gebildet. Zwei Zellkerne sind entstanden. An diese Kernteilung schließt nun die eigentliche Zellteilung an. Zwischen den neu entstandenen Zellkernen bilden sich zwei neue Zellmembranen aus, bei Pflanzenzellen außerdem zwei Zellwände. Die so entstandenen Zellen sind erbgleich mit der Ausgangszelle.

Interphase. Nun findet das Zellwachstum statt. In dieser Arbeitsphase des Zellkerns wird die Erbinformation wieder kopiert und verdoppelt. Der Zellkern steuert nun als Arbeitskern das Stoffwechselgeschehen.

Die Vorgänge vom Abschluss einer Mitose bis zum Abschluss der folgenden Mitose nennt man Zellzyklus. Bei teilungsaktiven Zellen macht die Interphase zeitlich oft 90 % des Zellzyklus aus. Im vielzelligen Organismus haben die meisten Zellen ihre Teilungsaktivität eingestellt.

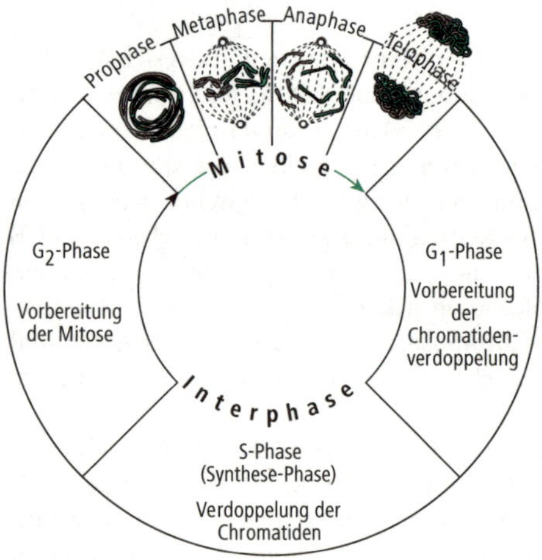

Zellzyklus

1.5 Differenzierung und Organisationsformen von Zellen

Eucyte und Procyte

Trotz erheblicher Unterschiede in ihrem Feinbau lassen sich alle Zellen von Pflanzen, Tieren, Pilzen und Einzellern auf einen einheitlichen Grundbauplan zurückführen. Sie besitzen einen membranumgrenzten Zellkern und werden daher Eukaryoten genannt, ihre Zellen heißen Eucyten.

Bakterien und Cyanobakterien (Blaualgen) fehlt ein membranumgrenzter Zellkern. Man bezeichnet sie daher als Prokaryoten, ihre Zelle als Procyte (auch Protocyte). Die DNA liegt bei der Procyte frei im Zellplasma. Plastiden, Mitochondrien, Dictyosomen und Endoplasmatisches Retikulum fehlen. Einstülpungen der Bakterien-Zellmembran übernehmen Aufgaben der Zellatmung, bei den Cyanobakterien Funktionen der Fotosynthese.

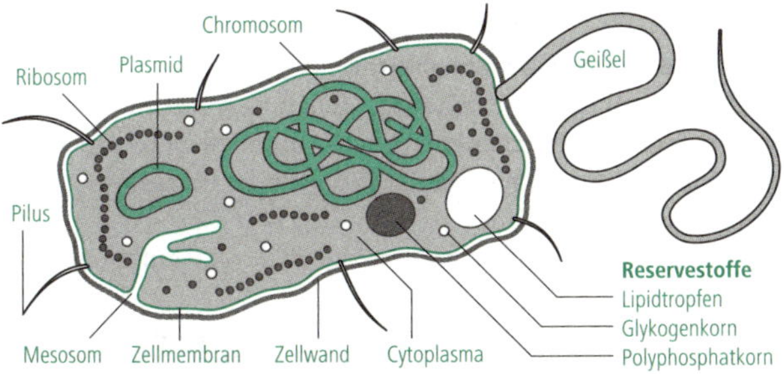

Bakterienzelle (Procyte)

Zelldifferenzierung bei Eucyten

Durch Zelldifferenzierung entstehen bei Eucyten verschiedene Zellformen. Für Vielzeller ist eine Arbeitsteilung kennzeichnend. Mit zunehmender Organisationshöhe nimmt die Zahl unterschiedlicher Zelltypen zu. Durch Spezialisierung der Zellen erhöht sich die Leistungsfähigkeit des Organismus. Diese Differen-

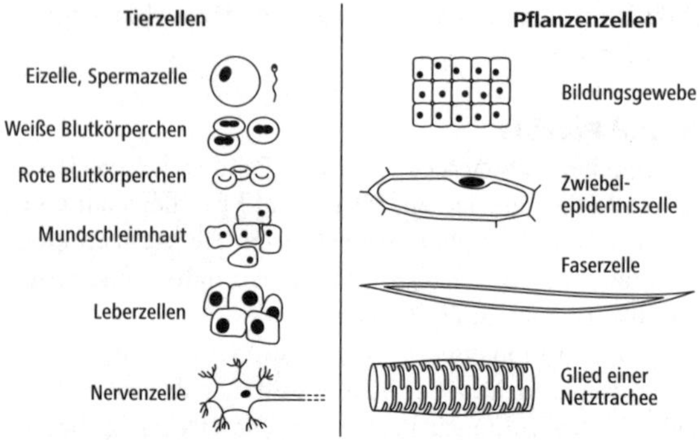

Zelldifferenzierung (Beispiele)

zierung bei gleicher genetischer Ausstattung kommt dadurch zustande, dass bei den verschiedenen Zelltypen jeweils bestimmte Gene aktiv sind, die anderen passiv bleiben.

Zelluläre Organisationsebenen

Bei *Vielzellern* bilden gleichartige Zellen Gewebe mit einheitlicher Funktion. Verschiedene Gewebe arbeiten in Organen zusammen. Im Organismus ist die Tätigkeit der einzelnen Organe aufeinander abgestimmt.
Bei *Einzellern* übernimmt eine einzige Zelle alle Funktionen des

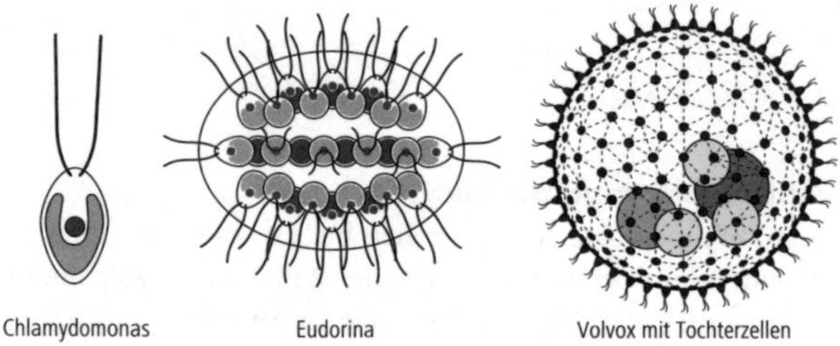

Einzeller, Zellkolonie, Vielzeller

Lebens. Normalerweise teilen sich Einzeller, und jede der beiden Hälften bildet eine Tochterzelle. Einzeller sind daher potenziell unsterblich.
Bei der Grünalge Eudorina bildet ein Zellverband aus gleichartigen vermehrungsfähigen Zellen eine *Zellkolonie*.
Bei der Grünalge Volvox sind Zellen über Plasmabrücken verbunden. Gemeinsame Leistung bei der Fortbewegung und Arbeitsteilung kennzeichnen Volvox als echten *Vielzeller*. Die Vorteile der Vielzelligkeit sind mit dem Preis einer begrenzten Lebensdauer verbunden.

Viren, Viroide, Prionen

Viren sind keine Zellen, sondern Partikel, die stets aus Nukleinsäuren (DNA oder RNA) und einer Proteinhülle bestehen. Sie sind nicht zu selbstständigem Leben fähig. Nur im Innern von Wirtszellen können sie unter Ausnutzung des Wirtsstoffwechsels ihre Nukleinsäuren und Hüllenproteine vermehren lassen. Nackte infektiöse RNA-Moleküle bezeichnet man als Viroide. Bestimmte Proteine, die in ihrer Struktur verändert sind und Krankheiten verursachen können (z. B. Rinderwahnsinn/BSE), nennt man Prionen.

1.6 Bau- und Inhaltsstoffe der Zelle

Wichtigste chemische Bestandteile der Zelle sind Wasser (bei Eukaryoten etwa 76 %), die organischen Verbindungen Kohlenhydrate, Fette und Eiweiße sowie anorganische Salze.

Wasser und Mineralsalze

Die Dipoleigenschaft des H_2O-Moleküls macht Wasser zu einem sehr guten Lösungsmittel für polare Verbindungen und Salze. Salze bestehen aus positiv geladenen Kationen und negativ geladenen Anionen. In Wasser bilden die Ionen eine Hydrathülle. Dadurch verringern sich die Anziehungskräfte zwischen den gegensätzlich geladenen Ionen stark, sodass sie in wässriger Lösung frei beweglich sind und elektrischen Strom leiten können. Im Organismus hat Wasser Bedeutung als Lösungsmittel, Quellmittel, Transportmittel, als Reaktionspartner und als Mittel zur Temperaturregulation.

Organische Verbindungen

Kohlenhydrate besitzen die allgemeine Verhältnisformel $C_x(H_2O)_y$. Aufgrund der Molekülgröße unterscheidet man zwischen Mono-, Di- und Polysacchariden.

Viele Polysaccharide dienen als Reservestoffe, aus denen sich Monosaccharide leicht wieder mobilisieren lassen.

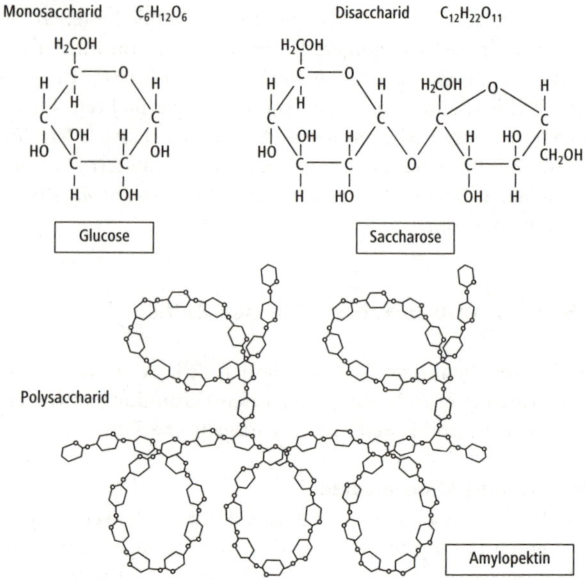

Kohlenhydrate

Fett (Triglycerid)

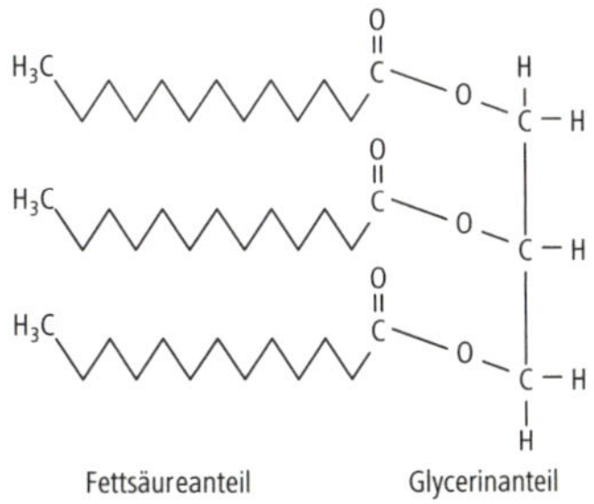

ungesättigte Fettsäure (Linolsäure)

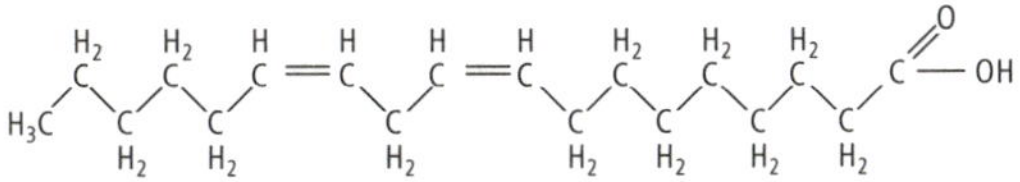

gesättigte Fettsäure (Palmitinsäure)

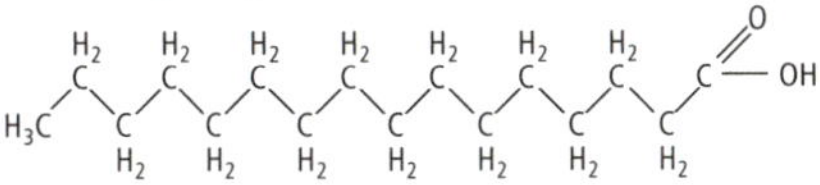

Lipide

Lipide sind Fette und fettähnliche Stoffe. Fette sind Ester des Glycerins mit Fettsäuren. Gesättigte Fettsäuren enthalten nur Einfachbindungen (-C–C-), ungesättigte Fettsäuren besitzen auch Doppelbindungen (-C=C-). In Wasser sind Lipide unlöslich (hydrophob). Lipide sind wichtige Energiespeicher der Zelle. Polare Lipide sind die wesentlichen Bausteine der Biomembranen.

Aminosäuren und Proteine. Bausteine der Proteine (Eiweiße) sind die Aminosäuren. Diese haben in ihrem Molekül immer eine saure Carboxylgruppe (-COOH) und eine basische Aminogruppe ($-NH_2$) an demselben C-Atom.

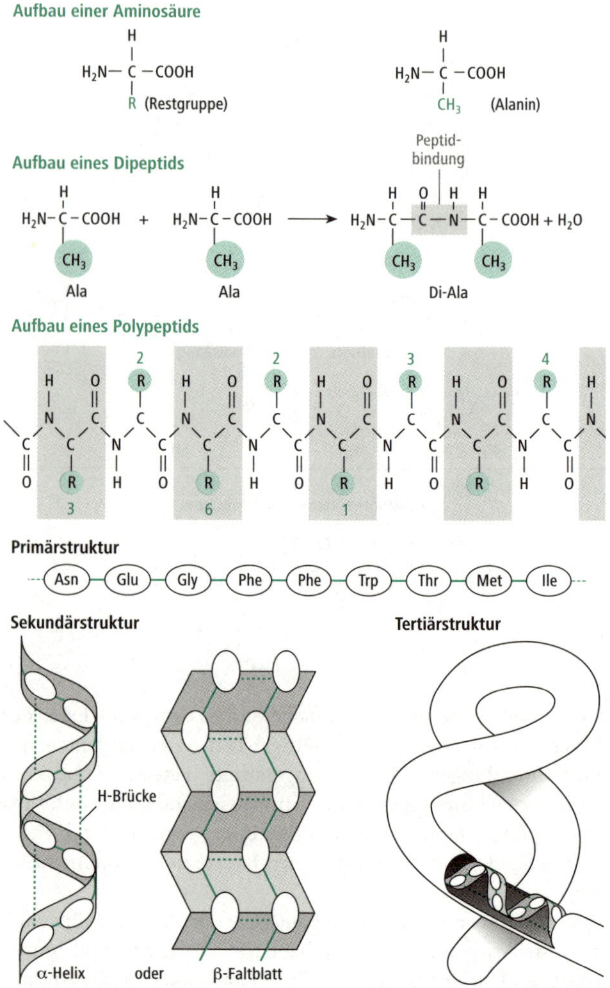

Bauelemente und Struktur eines Proteins

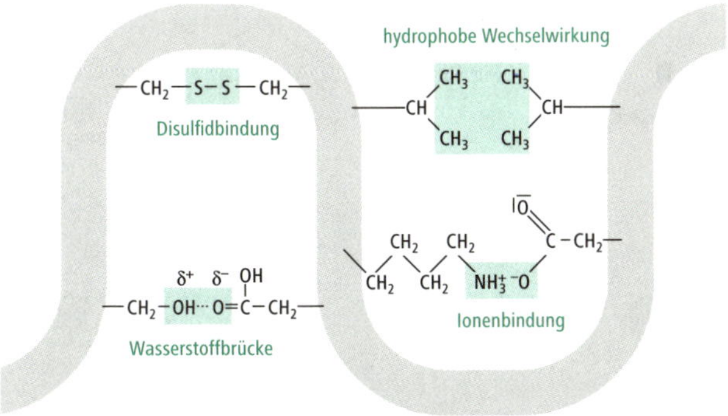

Wichtige Bindungsarten in Proteinen

Proteine bestehen aus Ketten von Aminosäuren. In natürlichen Proteinen kommen 20 verschiedene Aminosäuren vor. Sie unterscheiden sich durch den Rest (-R). Zwei Aminosäuren verbinden sich unter Wasserabspaltung zu einem Dipeptid. Bei einem Polypeptid sind viele Aminosäuren durch Peptidbindungen miteinander verknüpft. Die Reste ragen als Seitenketten aus der Kette heraus und haben sauren oder basischen Charakter.

Struktur eines Proteins. Die Reihenfolge der Aminosäuren (Aminosäuresequenz) bezeichnet man als *Primärstruktur* eines Proteins. Proteine liegen jedoch nicht als gestreckte Polypeptidketten vor, sondern in geschraubter oder gefalteter Form. Diese Anordnung wird als *Sekundärstruktur* eines Proteins bezeichnet. Die gesamte Polypeptidkette wird schließlich z. B. kugelförmig zusammengefaltet. Diese räumliche Anordnung nennt man die *Tertiärstruktur* des Proteins.

Zu den Proteinen zählen die Faserproteine der Muskeln und der Haut und die Globulärproteine, die als Enzyme, Hämoglobin und Antikörper eine wichtige Rolle im Stoffwechsel spielen.

Die Funktion vieler Proteine beruht darauf, dass sie andere Moleküle erkennen und an sich binden können.

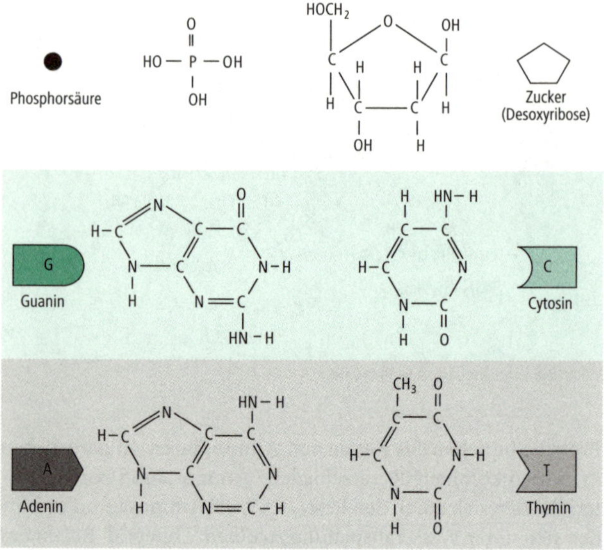

Bauelemente der Nukleinsäuren

Nukleotide und Nukleinsäuren. Nukleotide sind zum einen als ADP/ATP oder NAD/NADP wichtige Verbindungen im Zellstoffwechsel, zum anderen sind sie als Bausteine der Nukleinsäuren DNA und RNA die stoffliche Grundlage der genetischen Information.

Jedes Nukleotid besteht aus einer Purinbase (Adenin, Guanin) oder einer Pyrimidinbase (Thymin, Cytosin) sowie einem Zuckerrest und einem Phosphatrest. Der Zuckerrest kann entweder eine Ribose oder eine Desoxyribose sein.

Mononukleotide können zu langen Ketten (Polynukleotiden), den Nukleinsäuren, verknüpft werden. Nukleinsäuren codieren genetische Information durch die unterschiedliche Reihenfolge der Basen aufeinanderfolgender Nukleotide (Basensequenz). (▶ Genetik, S. 144 ff.)

1.7 Methoden der Zellbiologie

Licht- und Elektronenmikroskopie

Das Auflösungsvermögen von Mikroskopen ist durch die Wellenlänge der verwendeten Strahlung begrenzt. Beim Elektronenmikroskop verwendet man Elektronenstrahlen statt Lichtstrahlen. Je kleiner die Wellenlänge der Elektronenstrahlung, desto größer ist das Auflösungsvermögen. Das Elektronenmikroskop mit seinem viel größeren Auflösungsvermögen ermöglicht die Erforschung des Feinbaus kleinster Zellbestandteile, die mit dem Lichtmikroskop nur andeutungsweise oder gar nicht zu sehen sind.

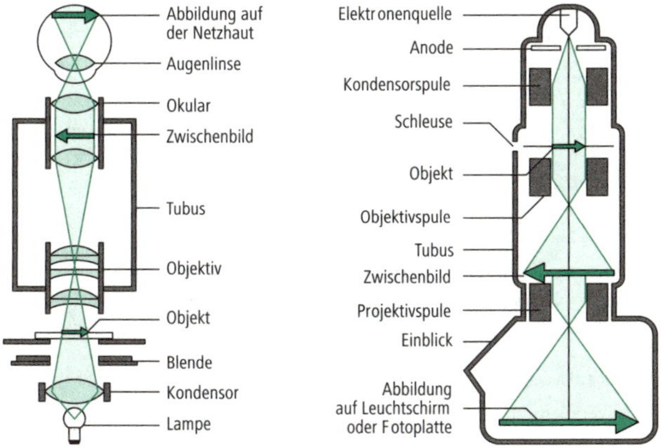

Strahlengang beim Licht- und beim Elektronenmikroskop

Isolierung von Zellbestandteilen

Mit dem Verfahren der *Zellfraktionierung* lassen sich Zellorganellen voneinander trennen und anreichern, um ihre jeweilige Funktion zu untersuchen. (▶ Abb. S. 32) Der Volumenanteil der verschiedenen Organellen ermöglicht Rückschlüsse auf die Funktion der Zellen.

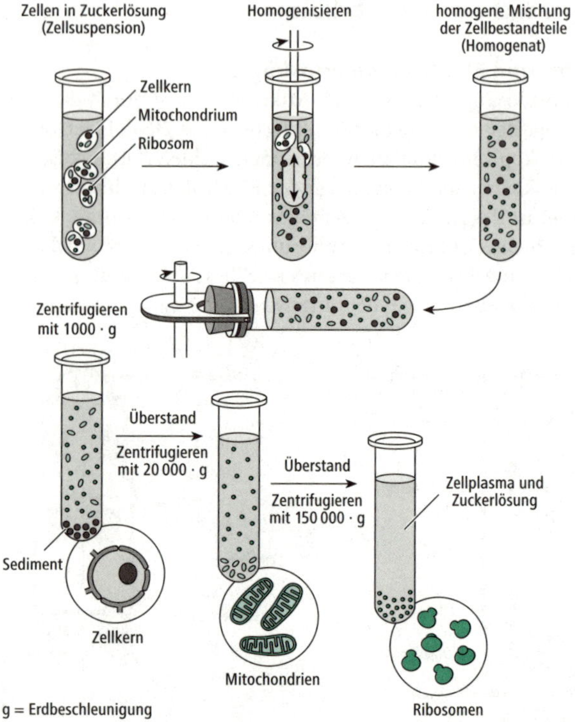

Zellfraktionierung

Trennen von Stoffgemischen

Bei der *Chromatografie* werden die Komponenten eines Stoffgemisches dadurch aufgetrennt, dass sie unterschiedlich schnell von einer sich bewegenden Phase (Gas, Flüssigkeit) an einer ruhenden Phase (Chromatografiepapier, Kieselgel) vorbeitransportiert werden. Farbstoffe (z. B. Chlorophylle) lassen sich direkt erkennen, farblose Stoffe (z. B. Aminosäuren) werden mit speziellen Reagenzien sichtbar gemacht.

Bei der *Elektrophorese* beruht die Trennung auf der unterschiedlich schnellen Wanderung elektrisch geladener Teilchen zwischen den Elektroden eines Gleichspannungsfeldes. Bei der Papier-Elektrophorese spannt man einen mit Pufferlösung getränkten Papierstreifen zwischen Kathode und Anode, bei der Gel-Elektrophorese verwendet man ein Agar-Gel als Träger.
Mithilfe der *Fotometrie* kann die Konzentration eines gelösten Stoffes quantitativ bestimmt werden.
Die *Autoradiografie* ermöglicht den fotografischen Nachweis radioaktiv markierter Stoffe aufgrund ihrer Strahlung.

Zellkulturen

Um Zellkulturen zu gewinnen, entnimmt man einem Organismus Zellen und bringt sie in geeignetes Nährmedium, wo sie sich vermehren. Solche Kulturen können bei Verträglichkeitstests für Medikamente oder Kosmetika eine Alternative zum Tierversuch sein. Man verwendet sie auch, um Substanzen auf ihre Giftigkeit, ihre Mutationen auslösende oder Krebs erregende Wirkung zu prüfen. In großtechnischen Kulturgefäßen, sog. Bioreaktoren, erzeugt man Zellkulturen, um deren Inhaltsstoffe z. B. als Arzneimittel zu verwenden.

KOMPETENZEN UND BASISKONZEPTE

- Bau und Funktion von Zellen, Geweben und Organen
- Zellorganellen im Überblick
- Bau und Funktion der Biomembran
- Zellulärer Stofftransport
- *Kommunikation* zwischen Zellen
- Vergleich Procyte und Eucyte
- Arbeitstechniken und Methoden der Zellbiologie
- Zusammenhang von *Struktur und Funktion* am Beispiel des Baus von Biomolekülen, der Organellenstruktur, der differenzierten Zellstruktur, der Organstruktur
- Fähigkeit zur *Reproduktion* am Beispiel der Mitose
- Prinzip und Bedeutung der *Kompartimentierung* am Beispiel von Zellorganellen, Organen und Organismus

2 Stoffwechsel

Die Stoffwechselphysiologie umfasst die Prozesse der Stoff- und Energieaufnahme, der Energieumwandlung und der Energieabgabe. Die Aufrechterhaltung der Lebensvorgänge wie Wachstum, Bewegung, Reizbarkeit und Fortpflanzung ist auf ständige Energiezufuhr angewiesen.
Bei allen Lebewesen laufen die biochemischen Prozesse in ihrer allgemeinen Form ähnlich ab und sind an lebende Zellen, Kompartimentierung der Reaktionsräume in der Zelle und an die Steuerung durch Enzyme gebunden. Eine ständige Aufnahme und Abgabe von Stoffen und ein entsprechender Energiefluss halten die Zelle in einem Fließgleichgewicht (steady state).

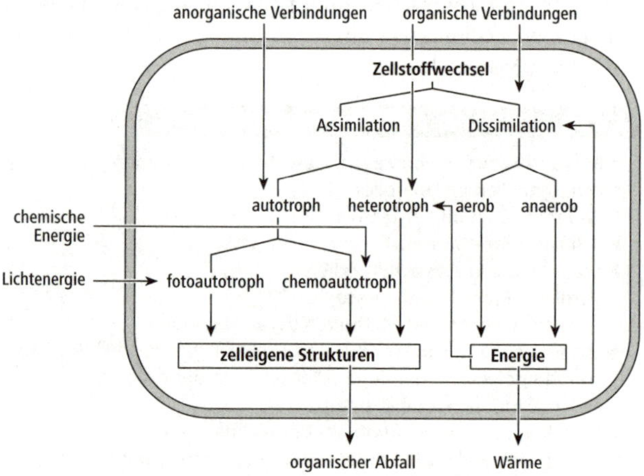

Stoffwechselformen der Zelle

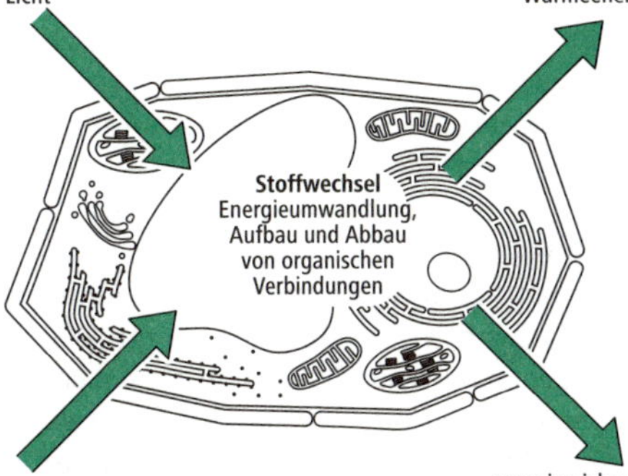

Pflanzenzelle im Fließgleichgewicht

2.1 Energie

Energie ist die Fähigkeit, Arbeit zu verrichten. Arbeit ist die Veränderung eines stabilen Zustandes. Die Einheit der Energie ist das Joule ($1\,J = 1\,kg\,m^2\,s^{-2}$). Eine alte Bezeichnung ist die Kalorie ($1\,kcal = 4{,}1868\,kJ$).

Bei *katabolischen Stoffwechselprozessen* werden komplexe, energiereiche Moleküle in einfache Verbindungen umgebaut (z. B. Abbau von Glucose zu CO_2 und H_2O). Dadurch wird Energie frei, die in der Zelle in Form von universellen Energieträgern (z. B. ATP oder $NADH + H^+$) weiterverwendet wird.

Bei *anabolischen Stoffwechselprozessen* werden unter Verbrauch von Energie aus einfachen Molekülen komplexe, energiereiche Verbindungen aufgebaut (z. B. Bildung eines Dipeptids aus zwei Aminosäuren).

Assimilation und Dissimilation. *Autotrophe Organismen*, also die grünen Pflanzen und fotosynthetisch aktive Bakterien, nutzen das Sonnenlicht als Energiequelle. Man spricht von Assimilation oder Fotosynthese.

Heterotrophe Lebewesen gewinnen die für sie lebensnotwendige Energie aus Nährstoffen mit einem hohen Gehalt an chemischer Energie. Der Vorgang wird als Dissimilation bezeichnet.
Der Energiestoffwechsel dient dem Energiegewinn zur Erhaltung sämtlicher Lebensfunktionen.

Energieumwandlung

Das Verrichten von Arbeit ist mit Energieumwandlung verbunden. Nach dem Satz von der Erhaltung der Energie kann Energie weder verloren gehen noch aus dem Nichts entstehen.

- *Energieverbrauch* meint die Umwandlung nutzbarer Energie in für das Verrichten von Arbeit nicht mehr nutzbare Energie.
- *Energiegewinn* bedeutet entsprechend für ein Lebewesen, dass sich seine Gesamtenergie durch Energiezufuhr erhöht.
- *Energieverlust* heißt, dass durch Energieumwandlungen nur ein Teil der Energie zum Verrichten von Arbeit genutzt wurde.
- *Energiespeicherung* kann stattfinden, wenn mehr Energie bereitgestellt als verbraucht wird. Im Zellstoffwechsel stellt ATP den bedeutendsten Energiespeicher dar. Als universeller Energieträger im Zellstoffwechsel überträgt ATP Energie zwischen Energie bereitstellenden und Energie verbrauchenden Reaktionen. Fette stellen in Organismen eine häufige Energiespeicherform dar (z. B. Vorratsstoffe in Keimlingen, Fettgewebe bei Winterschläfern).

Für Lebewesen sind folgende Energieformen von Bedeutung: mechanische Energie, Wärmeenergie, chemische Energie, elektrische Energie und Lichtenergie.

Energieüberträger

Bei jeder chemischen Reaktion wird Energie umgesetzt.

- *Exergonische Reaktionen* liefern immer „freie Energie“, die in andere Energieformen überführt werden kann.
- *Endergonische Reaktionen*, die nur unter Energieaufwand ablaufen, werden durch Kopplung mit exergonischen Prozessen möglich.

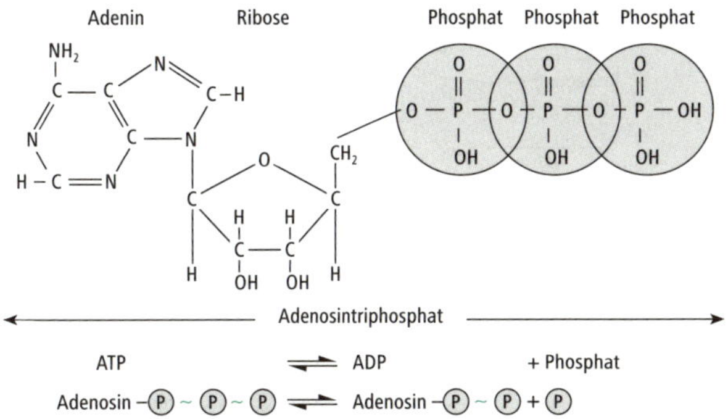

Strukturformel von ATP und das ADP-ATP-System

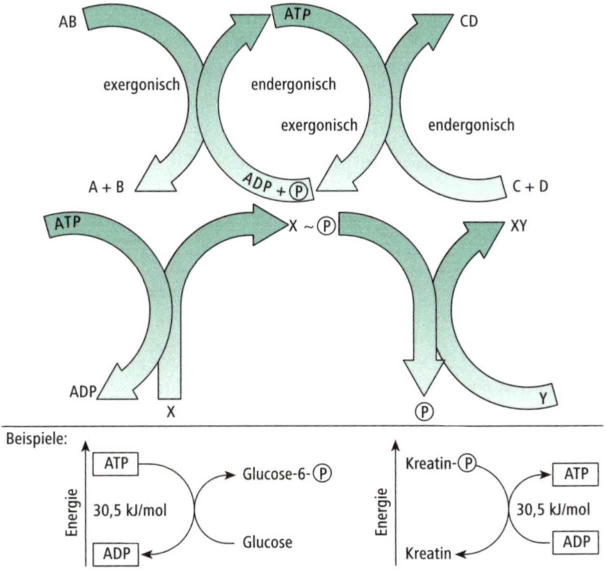

Energieübertragung von exergonischen auf endergonische Reaktionen

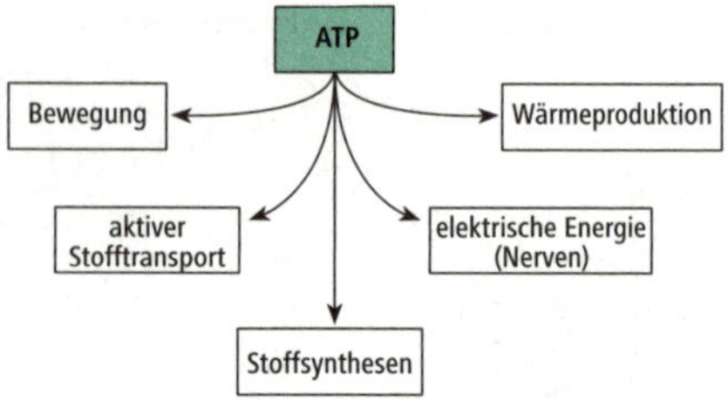

Beispiele:

① **Mechanische Transportarbeit (aktiver Stofftransport)**

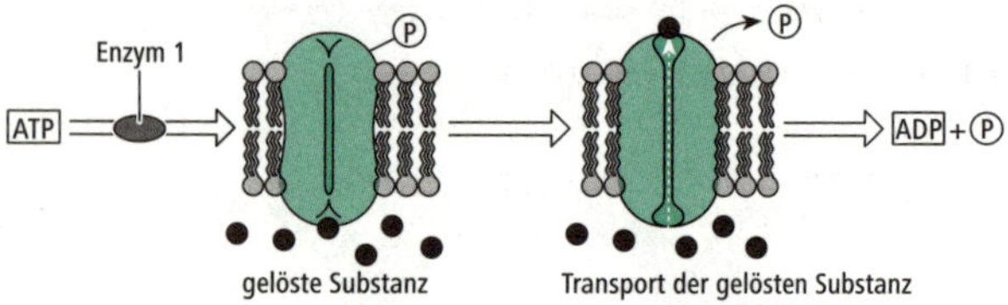

② **Mechanische Bewegungsarbeit (Muskelkontraktion)**

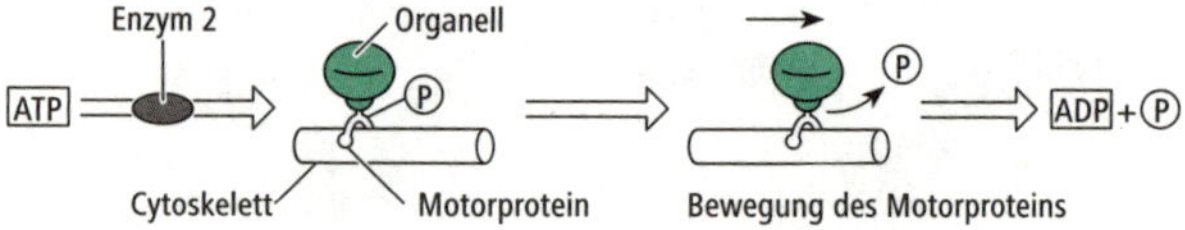

③ **Chemische Arbeit (Phosphorylierung)**

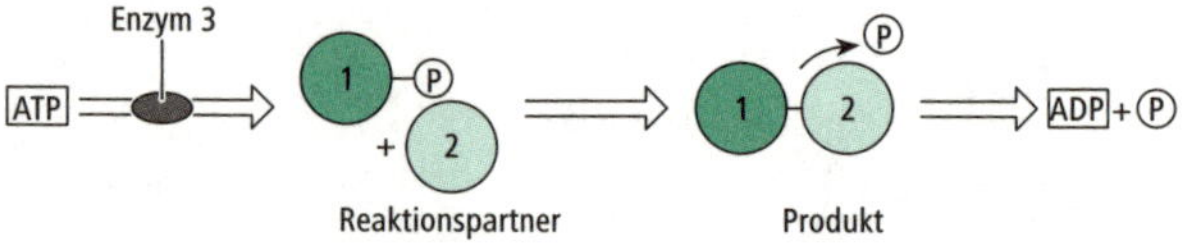

Verschiedene Arten von Arbeit, die mit ATP als Energieüberträger verrichtet werden können

Das ADP-ATP-System. Adenosintriphosphat (ATP) besitzt drei Phosphatgruppen. Bei der Abspaltung der dritten endständigen Phosphatgruppe wird Energie frei. Dabei bildet sich Adenosindiphosphat (ADP). Die freiwerdende Energie wird in der Zelle für endergonische Prozesse genutzt. Unter Energiezufuhr ist die Reaktion umkehrbar. Aus ADP und Phosphat entsteht ATP. Energiereiche Bindungen werden mit ~ als Bindungsstrich gekennzeichnet. (▶ Abb. S. 37)
ATP kann den Phosphatrest auch auf andere Moleküle übertragen, deren Energiegehalt sich dadurch erhöht. Die Übertragung von Phosphatgruppen nennt man *Phosphorylierung*.
Durch den Aufbau von ATP aus ADP und Phosphat kann Energie in der Zelle in leicht abrufbarer Weise gespeichert werden. ATP ist demnach Energieüberträger und -speicher.
Die freigewordene Energie aus der ATP-Spaltung kann für Energie verbrauchende Zellvorgänge genutzt werden, u. a.

- zum Aufbau von chemischen Bindungen (z. B. von Zellbestandteilen wie Proteinen),
- für den aktiven Transport von Stoffen durch die Zellmembran,
- für die Umwandlung in Bewegungsenergie (z. B. bei der Muskelkontraktion),
- zum Aufbau elektrischer Spannung (z. B. in der Nervenzelle).

2.2 Enzyme

Enzyme als Biokatalysatoren

Stoffe, die eine chemische Reaktion beschleunigen, am Ende der Reaktion aber wieder im ursprünglichen Zustand vorliegen, nennt man Katalysatoren. In Lebewesen werden diese Katalysatoren als Biokatalysatoren oder Enzyme bezeichnet.
Um eine chemische Reaktion zu starten, muss eine bestimmte Energie aufgewendet werden, die Aktivierungsenergie. Enzyme setzen die Aktivierungsenergie so weit herab, dass Stoffumwandlungen unter Körperbedingungen rasch ablaufen können. Dabei

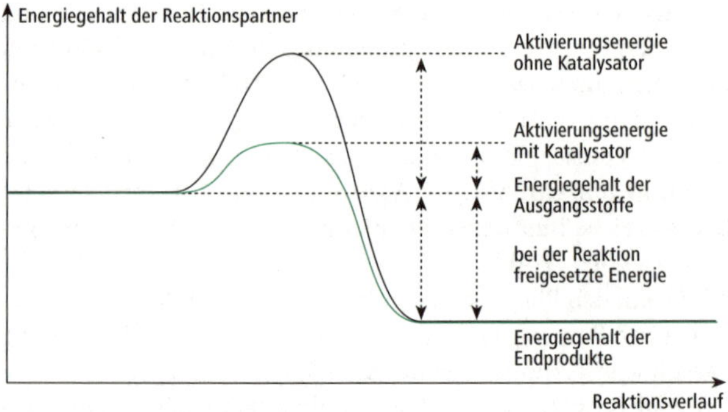

Ablauf einer enzymatischen Reaktion

gehen die Enzyme unverändert aus der Reaktion hervor und sind daher nur in äußerst geringen Konzentrationen erforderlich. Die Stoffe, die von Enzymen umgesetzt werden, werden als *Substrate* bezeichnet.

Die Herabsetzung der Aktivierungsenergie ist auf eine kurzzeitige Wechselwirkung zwischen Enzym und Substrat zurückzuführen. Dadurch kommt es zu einer Lockerung der zu spaltenden Bindung.

Die Geschwindigkeit, mit der Enzyme ihr Substrat umsetzen, wird durch die *Wechselzahl* angegeben. Sie nennt die Anzahl der Substratmoleküle, die in einer Sekunde umgesetzt werden. Im Allgemeinen liegt die Wechselzahl zwischen 1000 und 1 000 000 pro Sekunde.

Der Bereich des Enzyms, an den das Substrat kurzzeitig gebunden wird, wird als das *Bindungszentrum* bezeichnet. Dort, wo die Umsetzung erfolgt, befindet sich das *katalytische Zentrum*. Meist liegen Bindungszentrum und katalytisches Zentrum als *aktives Zentrum* nah beisammen.

Benennung. Enzyme werden durch die Endung -ase gekennzeichnet. Enzyme, die Substrate unter Einbau von Wasser spalten, nennt man Hydrolasen.

Enzyme und Coenzyme

Enzyme sind hochmolekulare Proteine. Manche enthalten zudem einen Nicht-Proteinanteil, den man Coenzym oder auch Cofaktor nennt. Der Proteinanteil heißt dann Apoenzym. Ist die Bindung zum Apoenzym sehr fest, spricht man auch von der prosthetischen Gruppe. Bei Coenzymen kann es sich um Vitamine, ATP oder andere Stoffe handeln.

Wasserstoff übertragende Coenzyme

2

Oxidation und Reduktion. Gibt ein Molekül bei einer Reaktion Elektronen ab, spricht man von Oxidation, nimmt es Elektronen auf, spricht man von Reduktion. Bei der Oxidation organischer Moleküle werden meist zwei Elektronen zusammen mit zwei Protonen abgegeben, was formal zusammen zwei Wasserstoffatome ergibt. Wasserstoffabgabe ist somit eine Oxidation, Wasserstoffaufnahme eine Reduktion. Die von einem Molekül abgegebenen Elektronen werden von einem anderen Molekül aufgenommen. Die Oxidation eines Stoffes ist damit an die Reduktion eines anderen gekoppelt. Man spricht von einer *Redoxreaktion.*

Die **Elektronenspeichermoleküle NAD^+ und $NADP^+$** übernehmen bei vielen Oxidationen in der Zelle die beiden Elektronen und die beiden Protonen. Dabei werden sie zu NADH + H^+ bzw.

$$NADH + H^+ \longrightarrow NAD^+ + 2e^- + 2H^+$$
$$NADPH + H^+ \longrightarrow NADP^+ + 2e^- + 2H^+$$

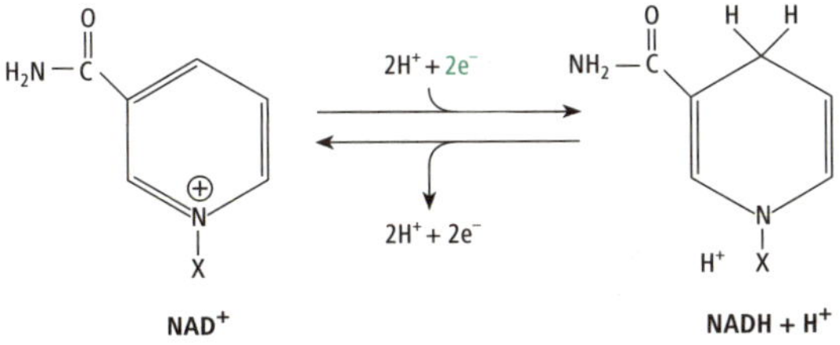

NAD^+ und NADH + H^+

$NADPH + H^+$ reduziert. An einer anderen Stelle im Zellstoffwechsel können die Elektronen und Protonen wieder abgegeben werden. Da NAD^+ und $NADP^+$ meist nur im Komplex mit Enzymen wirksam sind, nennt man sie auch Coenzyme.

Substrat- und Wirkungsspezifität

Die Moleküloberflächen von Substrat und Enzym passen wie der Schlüssel zum Schloss (Schlüssel-Schloss-Prinzip). Daher ist ein Enzym spezifisch für ein bestimmtes Substrat, man spricht von Substratspezifität.

Ein bestimmtes Enzym katalysiert auch nur eine bestimmte Reaktion. Es besitzt also zudem eine Wirkungsspezifität.

So kann das Disaccharid Maltose nur vom Enzym Maltase in zwei Einfachzucker Glucose gespalten werden. Dabei zerlegt Maltase den Doppelzucker durch den Einbau von Wasser:

$$C_{12}H_{22}O_{11} + H_2O \xrightarrow{\text{Enzym Maltase}} 2\,C_6H_{12}O_6$$

Wirkungs- und Substratspezifität beruhen auf der besonderen räumlichen Struktur des Enzymmoleküls.

Enzymwirkung

Als Proteine besitzen Enzyme eine ganz bestimmte räumliche Gestalt (Tertiärstruktur). Bei vielen Enzymen befindet sich im Bereich des aktiven Zentrums eine Einbuchtung, in die das Substrat eingelagert wird. Neben der genauen Einpassung sind die elektrischen Ladungsverhältnisse und deren Anordnung von Bedeutung. Es bildet sich dann kurzzeitig ein Enzym-Substrat-Komplex. Dabei werden die chemischen Bindungen im Substratmolekül so deformiert, dass seine Reaktionsfähigkeit hin zum Endprodukt gesteigert wird. Der Enzym-Substrat-Komplex zerfällt und das Enzym kehrt in seinen Ausgangszustand zurück:

$$\text{S} + \text{E} \longleftrightarrow [\text{ES}] \longrightarrow \text{P1} + \text{P2} + \text{E}$$

$$\text{Substrat} + \text{Enzym} \longleftrightarrow \text{ES-Komplex} \longrightarrow \text{Produkte} + \text{Enzym}$$

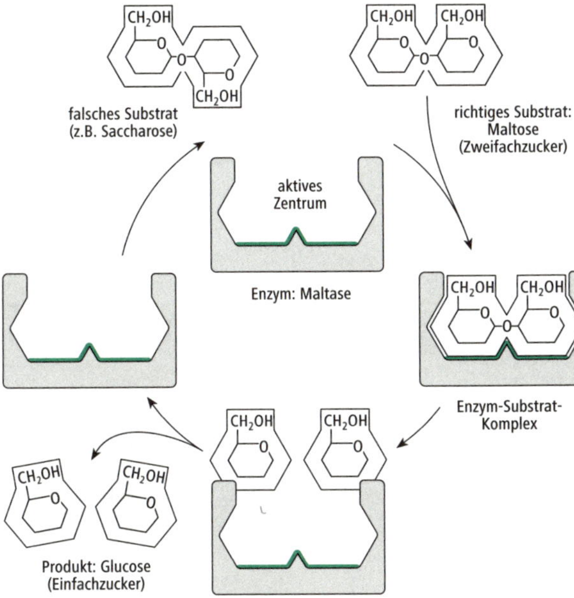

Schema zur Struktur- und Wirkungsspezifität

Vielfach sind Enzyme zu Multienzymkomplexen zusammengefasst. Dies beschleunigt die entsprechende Enzymreaktion.

Enzymaktivität

Die Geschwindigkeit, mit der die Substratumsetzung erfolgt (Enzymaktivität), hängt u. a. von der Substratkonzentration ab. Solange nicht alle Enzymmoleküle von Substratmolekülen besetzt sind, kann die Geschwindigkeit durch Erhöhung der Substratkonzentration gesteigert werden. (▶ Abb. S. 44) Als Maß für die Enzymaktivität verwendet man aus praktischen Gründen die Substratkonzentration bei halbmaximaler Reaktionsgeschwindigkeit, die MICHAELIS-MENTEN-Konstante (K_M).

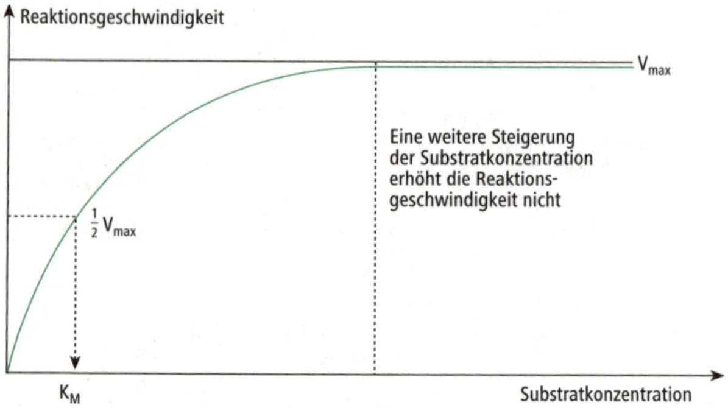

Enzymaktivität und Substratkonzentration

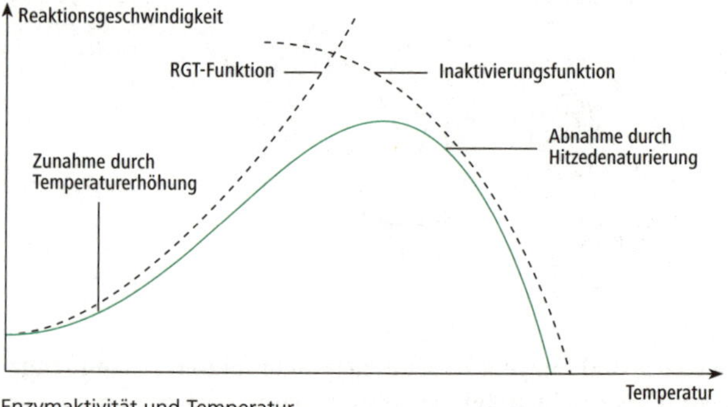

Enzymaktivität und Temperatur

Abhängigkeit der Enzymaktivität von der Temperatur. Bei *chemischen Reaktionen* verdoppelt sich die Reaktionsgeschwindigkeit bei einer Temperaturerhöhung um 10 °C. Diese Abhängigkeit wird auch als Reaktionsgeschwindigkeit-Temperatur-Regel (RGT-Regel) bezeichnet. *Enzymatische Reaktionen* zeigen ebenfalls ein Verhalten entsprechend der RGT-Regel. Bei hohen Temperaturen sinkt die Reaktionsgeschwindigkeit aber wieder ab, da die Enzymproteine nicht hitzebeständig sind. Hohe Temperaturen zerstören die Tertiärstruktur, das Enzym wird unwirksam.

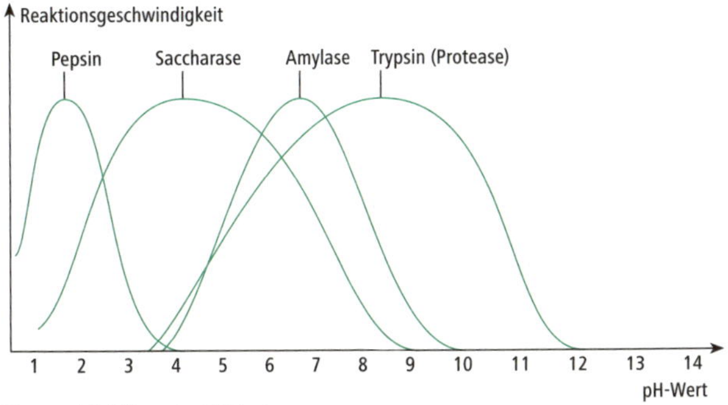

Enzymaktivität und pH-Wert

2

Abhängigkeit der Enzymaktivität vom pH-Wert. Durch Säure- oder Basenzugabe, d. h. durch Veränderung des pH-Wertes, wird die spezifische Enzymstruktur ebenfalls bis zur Denaturierung beeinflusst. Im Experiment ergibt sich meist eine Optimumskurve, wobei jedes Enzym sein spezifisches pH-Optimum aufweist. So ist Pepsin in stark saurem Milieu optimal wirksam.

Enzymhemmung

Da Substrate nicht immer und überall ge- bzw. verbraucht werden, müssen die zugehörigen Enzyme in ihrer Aktivität auch gezielt gehemmt werden können. Stoffe, die leichter als das eigentliche Substrat an das Enzym gebunden werden, können die Enzymreaktion ebenso beeinflussen wie Hemmstoffe (Inhibitoren), die die räumliche Struktur des Enzyms verändern.

- Bei der *kompetitiven Hemmung* konkurriert ein Stoff, dessen Struktur dem Enzymsubstrat ähnlich ist, mit dem Substrat und blockiert das aktive Zentrum. Eine Erhöhung der Substratkonzentration beseitigt die Hemmung.
- Bei der *nicht kompetitiven Hemmung* bindet sich ein Inhibitor, z. B. ein Schwermetallion, an die Enzymproteine und inaktiviert sie irreversibel.

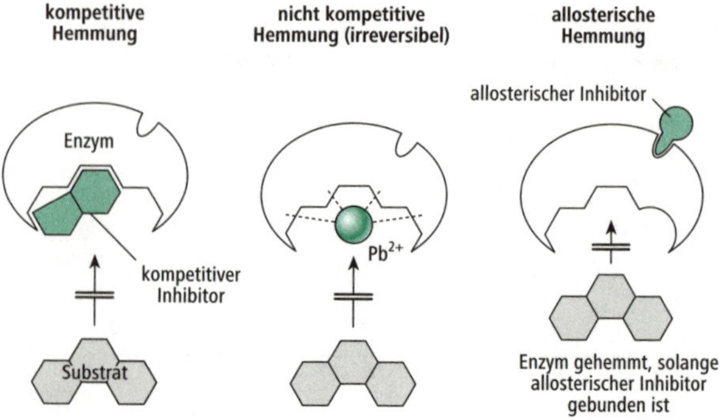

Enzymhemmung

- Bei der *allosterischen Hemmung* lagert sich ein Hemmstoff nicht am aktiven Zentrum, sondern an einer anderen Stelle des Enzyms an und verändert die Struktur des gesamten Enzyms. Wird der allosterische Hemmstoff abgebaut, ist das Enzym wieder aktiv.

2.3 Biotechnik

Die Biotechnik stellt chemische Verbindungen mithilfe lebender Organismen (insbesondere Bakterien und Pilze) unter industriellen Verfahrensweisen her. Zu den traditionellen Techniken zählen die Erzeugung und Konservierung von Nahrungs- und Genussmitteln (z. B. Brot, Sauerkraut, Bier, Wein und Citronensäure), die Gewinnung von Arzneimitteln (z. B. Penicillin) oder die Erzeugung landwirtschaftlicher Produkte (z. B. Silagen oder nachwachsende Rohstoffe).
Die moderne Biotechnologie verknüpft die Erkenntnisse der Biowissenschaften mit der Entwicklung technologischer Verfahren und setzt gentechnische, molekularbiologische und zellbiologische Methoden ein. Immer neue Anwendungsgebiete in

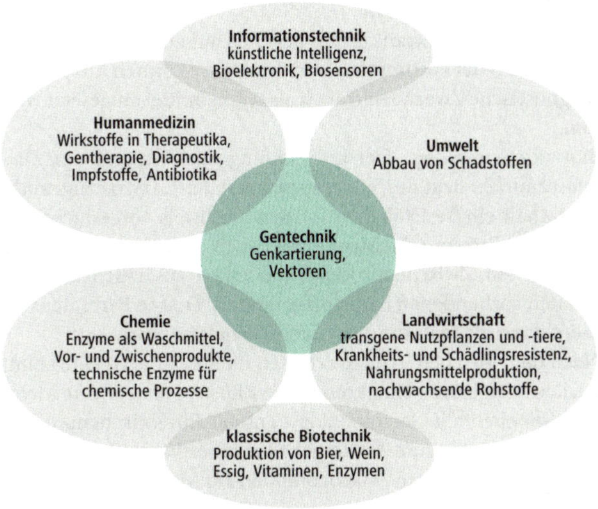

Anwendungsbereiche der Biotechnologie

Medizin, Chemie und Landwirtschaft machen die moderne Biotechnik zu einem wachsenden wirtschaftlichen Faktor. (▸ Gentechnik, S. 167 ff.)

Enzymtechnik

Enzyme werden in der Technik, Medizin, Nahrungsmittelherstellung und anderen Anwendungsbereichen seit Langem eingesetzt. Jährlich werden mehrere 100 000 t Enzyme großteils aus Mikroorganismen biotechnisch gewonnen. Heute spielen gentechnisch veränderte Mikroorganismen dabei eine immer wichtigere Rolle. Bei der großtechnischen Produktion werden Laborstämme von Mikroorganismen mit bestimmten Eigenschaften in Bioreaktoren gezüchtet. Aus der so gewonnenen Biomasse werden die gewünschten Stoffwechselprodukte isoliert, zu denen auch die Enzyme zählen.

Enzyme in der Medizin

Viele Stoffwechselkrankheiten beruhen auf zu geringer oder zu hoher Aktivität bestimmter Enzyme. Daher können Enzyme für diagnostische Zwecke und auch als Arzneimittel eingesetzt werden.

Blutzuckermessung. Der Entwicklung von *Teststreifen zu Diagnosezwecken* liegt die Substratspezifität der Enzyme zugrunde. So enthält ein Teststäbchen für den Nachweis von Glucose im Harn das Enzym Glucoseoxidase. Nach Aufbringen von Urin entsteht ein Zwischenprodukt, das einen zusätzlich auf dem Streifen vorhandenen Farbstoff verändert. Dessen Farbintensität dient dann als Maß für den Glucosegehalt im Harn.

Nach dem gleichen Prinzip arbeiten die *Biosensoren* eines Blutzuckermessgerätes. Hier kommt ein Blutstropfen auf eine Membran, die ebenfalls Glucoseoxidase enthält. Ein Zwischenprodukt gibt proportional zum Zuckergehalt eine bestimmte Menge Elektronen ab, aus der ein Mikrocomputer im Messgerät die Glucosemenge ermittelt.

Enzyme und Arzneimittel. Einem *Herzinfarkt* liegt die Bildung eines Blutgerinnsels in einem Herzkranzgefäß zugrunde. Einer solchen Thrombose geht eine allmähliche Verengung des Blutgefäßes voraus. Bei rechtzeitiger Diagnose kann durch Verabreichung bestimmter Enzyme das Fibrin-Eiweiß-Gerüst des Gerinnsels aufgelöst und der Patient geheilt werden.

Bei *Gicht* lagern sich Harnsäurekristalle in Gelenken ab. Diese Ablagerungen sind schmerzhaft. Ein Medikament, das den enzymatischen Abbauweg hemmt, bevor Harnsäure entsteht, hilft den Betroffenen. Auch das weit verbreitete Schmerzmittel Aspirin wirkt als Enzymhemmer.

Das antibiotisch wirkende Enzym Lysozym, das natürlicherweise in der Tränenflüssigkeit vorkommt, wird heute in Lutschtabletten eingesetzt, die bakterielle Halsinfektionen lindern sollen. Das Antibiotikum Penicillin dagegen hemmt den Aufbau der Bakterienzellwand, indem es ein spezielles Bakterien-Enzym für den Aufbau der Zellwand inaktiviert.

Enzyme in der Lebensmittelindustrie

Bei der Herstellung von Milchprodukten, bei der Klärung von Obstsäften oder als Weichmacher von Fleisch werden Enzyme in der Lebensmittelindustrie eingesetzt. So wird das Labenzym aus Kälbermägen zur Gerinnung von Milch bei der Käseproduktion verwendet. Bei der großtechnischen *Stärkeverzuckerung* werden hydrolytisch wirkende Enzyme eingesetzt, um wertvolle Glucose aus der billigeren pflanzlichen Stärke zu produzieren.

Enzyme in der Waschmittelindustrie

Eiweiß spaltende *Proteasen* oder Fett abbauende *Lipasen* entfernen beim Waschvorgang Lebensmittelreste auf Textilien. Hitzestabile Enzyme für die Kochwäsche und für den großtechnischen Einsatz von gentechnisch veränderten Mikroorganismen gewinnt man von thermophilen Prokaryoten aus heißen Quellen.

Bionik

Die Bionik befasst sich mit der Übertragung von biologischen Erkenntnissen in technische Entwicklungen. Lebewesen mit besonderen Leistungen werden auf entsprechende Strukturen untersucht, um diese für die Technik nutzbar zu machen. In weiteren Schritten wird die Optimierung technischer Bauteile oder die Lösung organisatorischer Probleme angestrebt. Dabei wird mit computergestützten Simulationen von biologischen Wachstums- und Evolutionsprozessen gearbeitet.

Beispiel Lotuseffekt. Die besondere Feinstruktur der Wachsschicht auf den Blättern der Lotusblume lässt Wasser abperlen, das den aufliegenden Staub mitnimmt. Entsprechend wurde eine selbstreinigende Farbe für Gebäudefassaden und Fahrzeuganstriche entwickelt.

Beispiel Haischuppenprofil. Die typische, längs gerillte Anordnung der Hautschuppen von Haien ist strömungstechnisch besonders günstig (geringer Reibungswiderstand). Sie wurde zum Vorbild für die Oberflächenbeschichtung von Schiffsrümpfen, Flugzeugen und Schwimmanzügen.

2.4 Wasser- und Mineralsalzhaushalt der Pflanzen

Wasserversorgung bei Pflanzen

Bei höheren Pflanzen (Farn- und Samenpflanzen) erfolgt die *Wasseraufnahme* überwiegend in der Wurzelhaarzone. Bis zur innersten Schicht der Wurzelrinde, der Endodermis, diffundiert das Wasser durch die Hohlräume der Zellwände oder gelangt osmotisch von Zelle zu Zelle. Über die Endodermis regelt die Pflanze die Aufnahme des Wassers und der darin gelösten Ionen. In den Wasserleitgefäßen der Wurzel wirkt ein nach oben gerichteter Wurzeldruck. Der *Wassertransport* erfolgt im Holzteil (Xylem) der Leitbündel, einem Gefäßsystem aus toten, zu Röhren verschmolzenen Zellen. Der Siebteil (Phloem) der Leitbündel enthält lebende Zellen (Siebröhren), die Fotosyntheseprodukte aus den Blättern in die anderen Pflanzenteile transportieren. Die *Wasserabgabe* durch die Spaltöffnungen und die Oberfläche der Blätter erfolgt aufgrund von Verdunstung (Transpiration) und erzeugt in den Blättern ein Wasserdefizit, sodass ein Transpirationssog entsteht. Aufgrund der Oberflächenspannung des Wassers (Kohäsion) entstehen feine Wasserfäden, die über Blattadern und Leitbündel Wasser von den Wurzeln ansaugen. Der Wurzeldruck unterstützt den Wassertransport nach oben. Samenpflanzen können die Öffnungsweite ihrer Spaltöffnungen und damit das Maß der Transpiration durch Schließzellen regulieren.

Mineralsalzbedarf der Pflanzen

Die Ionenaufnahme erfolgt selektiv durch die semipermeablen Membranen der Endodermis. Etwa 98 % der Mineralsalze im Boden sind schwer löslich und können nur schwer freigesetzt werden. Etwa 0,2 % sind gelöst und sofort verfügbar. Der Rest ist an die Bodenteilchen gebunden. Über Ionenaustauschprozesse oder durch aktiven Transport auch gegen das Konzentrationsgefälle werden die Salze aufgenommen.

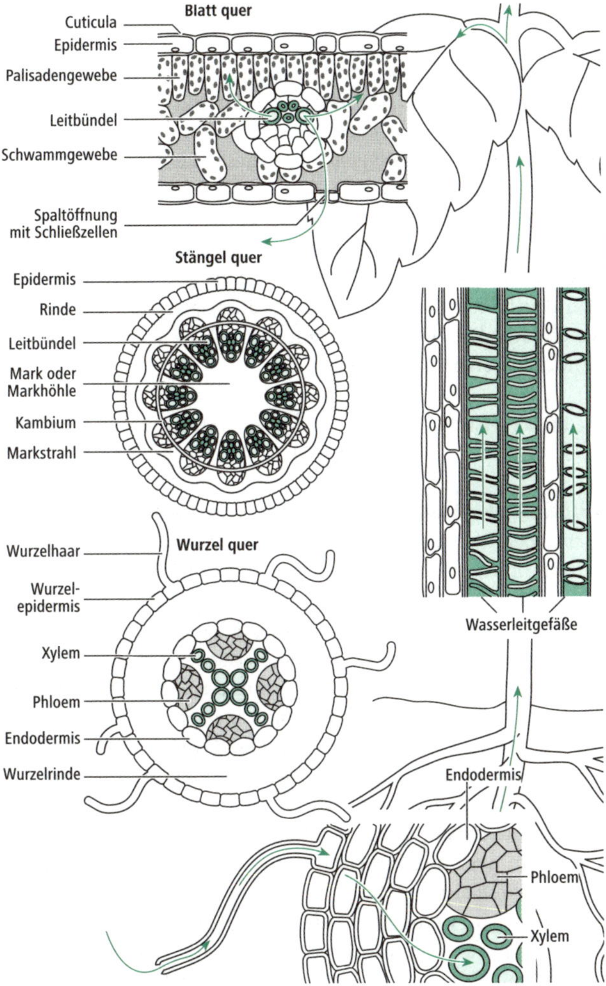

Wassertransport bei Samenpflanzen

2.5 Fotosynthese (Assimilation)

Die Fotosynthese ist *der* grundlegende Stoffwechselprozess, von dem alles pflanzliche, tierische und menschliche Leben abhängt. Grüne Pflanzen nutzen dabei für ihre autotrophe Ernährung das Sonnenlicht als Energiequelle und bauen aus dem Kohlenstoffdioxid der Luft und Wasser Glucose als organischen Stoff auf, wobei Sauerstoff freigesetzt wird. Aus den Glucosemolekülen wird meist Stärke als energiereicher Vorratsstoff aufgebaut und gespeichert. Ort der Fotosynthese sind die mit lichtabsorbierenden Blattfarbstoffen ausgestatteten Chloroplasten.
Vereinfacht lässt sich die Summenformel der Fotosynthese folgendermaßen formulieren:

$$6\,CO_2 + 6\,H_2O \xrightarrow[\text{Chlorophyll}]{\text{Lichtenergie}} C_6H_{12}O_6 + 6\,O_2$$

Abhängigkeit der Fotosynthese von Außenfaktoren

Licht. Die Fotosyntheseleistung nimmt bei konstanter Temperatur proportional mit der Lichtintensität zu. Wann die Lichtsättigung erreicht ist, hängt von der Pflanzenart ab. Man unterscheidet je nach Lichtbedarf Sonnen- und Schattenpflanzen.

Temperatur. Die volle Fotosyntheseleistung wird nur innerhalb eines sehr engen Temperaturoptimums erreicht. Je nach Anpassung zeigen die verschiedenen Pflanzenarten sehr unterschiedliche Optimumwerte. Die Fotosynthese beginnt i. Allg. bei 0 °C und erreicht ihr Optimum bei 20 bis 35 °C. Höhere Temperaturen wirken sich störend auf die beteiligten Enzyme aus.

Kohlenstoffdioxid. Die Luft enthält nur 0,03 Vol.-% CO_2. Da das Optimum der Fotosynthese bei etwa 0,1 Vol.-% liegt, kann die Fotosyntheseleistung durch Erhöhung des CO_2-Gehaltes der Luft gesteigert werden (z. B. durch Düngung mit Kompost, da beim Zersetzen durch Mikroorganismen die bodennahe Luftschicht mit CO_2 angereichert wird). Oberhalb von 0,1 Vol.-% CO_2 tritt eine Hemmung der Fotosyntheseleistung ein.

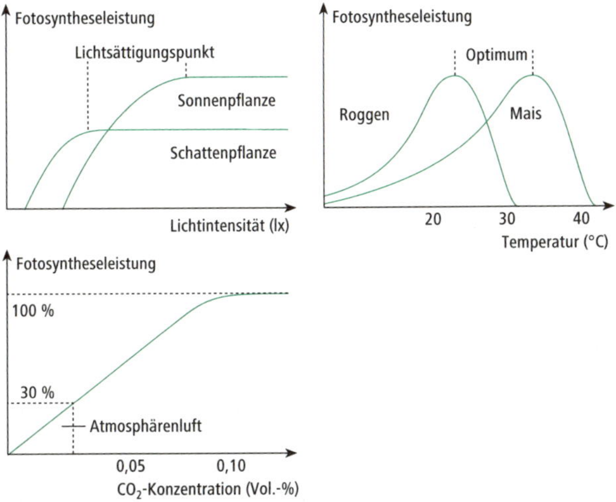

Abhängigkeit der Fotosynthese von Außenfaktoren

Das Blatt als Organ der Fotosynthese

Blattaufbau. Das obere Abschlussgewebe (Epidermis) des Blattes ist mit einer wachsartigen Schicht (Cuticula) überzogen. Das darunterliegende Palisadengewebe führt im Wesentlichen die Fotosynthese durch. Hier liegen chloroplastenreiche Zellen dicht aneinander. Das lockere Schwammgewebe ist besonders am Gasaustausch beteiligt. Spaltöffnungen in der unteren Epidermis regulieren die Transpiration und damit u. a. auch die CO_2-Aufnahme.

Blattfarbstoffe. In den Chloroplasten sind die Blattfarbstoffe verantwortlich für die Fotosynthese. Dabei lassen sich grüne Chlorophylle und gelbliche Carotinoide unterscheiden. Diese Blattpigmente sind in die Membranen der Grana-Thylakoide des Chloroplasten eingelagert und absorbieren Licht in einem bestimmten Wellenlängenbereich. (▶ Zellbiologie, S. 14)

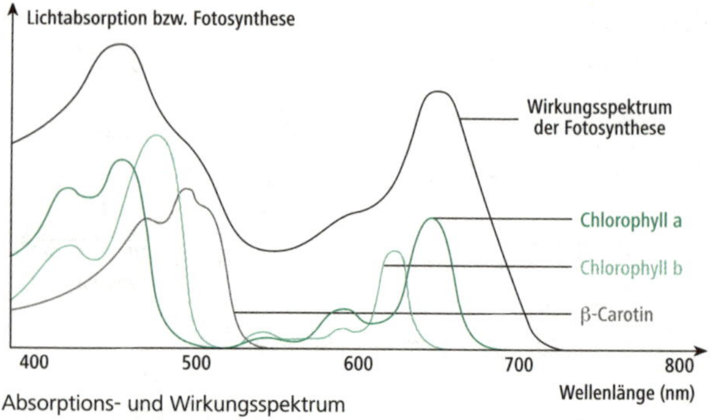

Absorptions- und Wirkungsspektrum

Lichtabsorption. Durch das eingestrahlte Licht werden Elektronen der Chlorophyllmoleküle auf ein höheres Energieniveau gehoben. Beim Zurückfallen in den Ausgangszustand kann die freiwerdende Energie für fotochemische Arbeit genutzt werden.

Absorptions- und Wirkungsspektrum. Ein Vergleich der Absorptionsspektren der Blattfarbstoffe mit dem Wirkungsspektrum der Fotosynthese (Fotosyntheserate) zeigt, dass die Lichtenergie hauptsächlich vom Chlorophyll absorbiert wird.

Licht- und Dunkelreaktionen der Fotosynthese

Die Fotosynthese besteht aus lichtabhängigen Primärvorgängen (Lichtreaktion) und lichtunabhängigen Sekundärvorgängen (Dunkelreaktion). Die Lichtreaktion findet in den Grana des Chloroplasten statt, und zwar in der Thylakoid-Membran, die Dunkelreaktion im Stroma.

Im Verlauf der Lichtreaktion wird Wasser gespalten. Dabei wird ATP erzeugt und Sauerstoff freigesetzt. Während der Dunkelreaktion findet der Aufbau von Kohlenhydraten aus CO_2 statt.

Die bei der Fotosynthese entstehende Glucose ist Ausgangsmaterial für die Bildung weiterer organischer Stoffe in der Pflanzenzelle (z. B. Stärke, Cellulose, Farbstoffe).

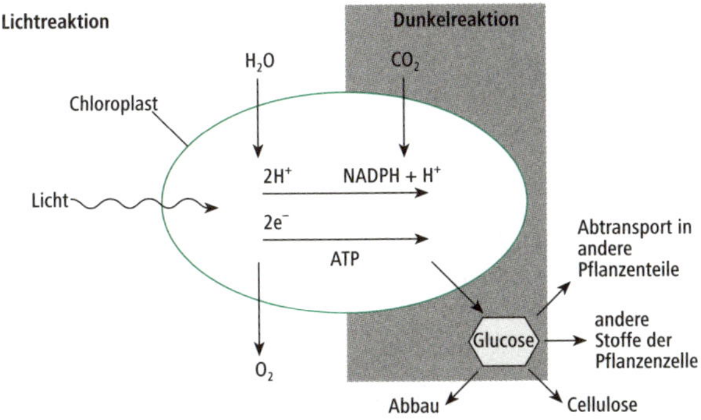

Licht- und Dunkelreaktion der Fotosynthese

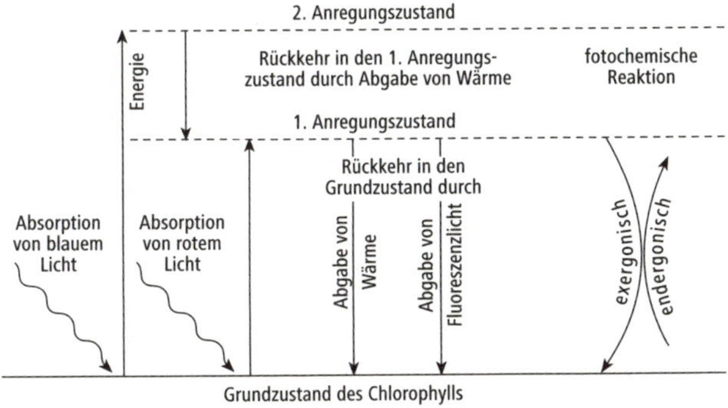

Lichtanregung von Chlorophyll

Lichtabhängige Primärvorgänge wandeln Lichtenergie in chemische Energie um. Die Absorption von Lichtenergie bewirkt, dass Elektronen des Chlorophyllmoleküls in einen energiereichen Zustand (Anregungszustand) übergehen. Die Rückkehr in den Grundzustand (exergonische Reaktion) setzt die aufgenommene Energie wieder frei. Diese Freisetzung erfolgt als Wärme-

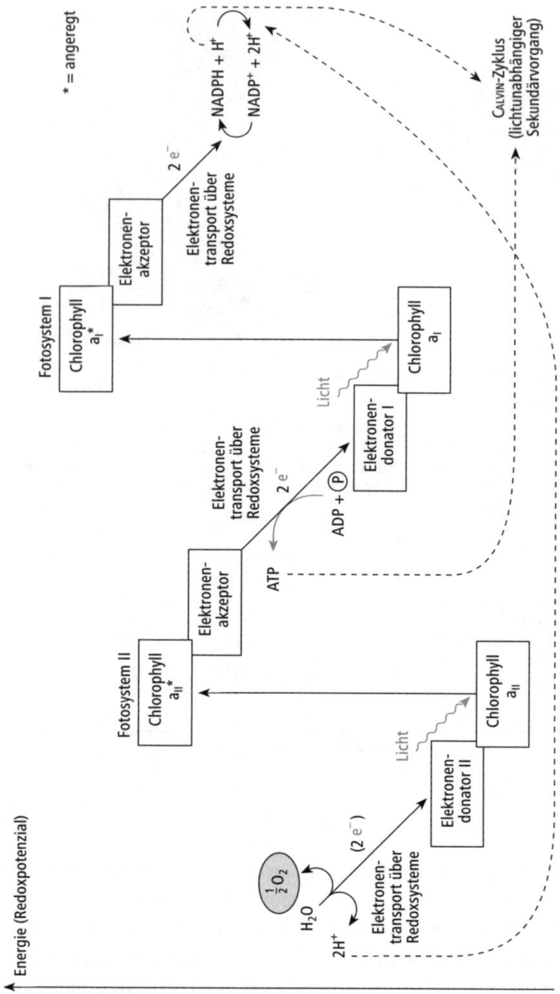

Lichtabhängige Primärvorgänge

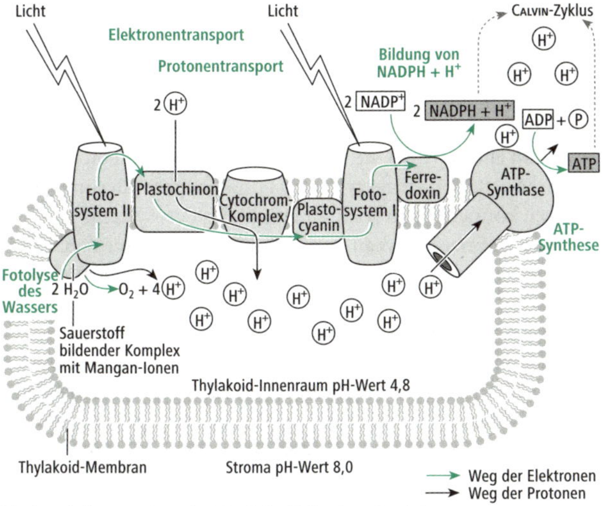

Biochemische Vorgänge bei der lichtabhängigen Reaktion

energie sowie in Form von Licht, oder sie ist gekoppelt mit einer endergonischen chemischen Reaktion und dient dieser als Antrieb. Bei der Umwandlung von Lichtenergie in chemische Energie (Lichtreaktion) wird Wasser gespalten und ATP gebildet (Fotophosphorylierung). Die durch Lichtenergie angeregten Elektronen des Chlorophylls verlassen den Molekülverband (Elektronendonator II) und werden von einem Elektronenakzeptor aufgenommen. Über eine Reihe von Redoxreaktionen (Elektronentransportkette) werden die Elektronen weitergeleitet, bis sie schließlich vom $NADP^+$ aufgenommen werden. Der Elektronendonator II entzieht seinerseits dem Wasser Elektronen. Wasser wird dadurch gespalten (Fotolyse des Wassers) und es entstehen Sauerstoff und Protonen. Der Sauerstoff wird an die Umgebung abgegeben. Die Protonen gelangen wie zuvor die Elektronen zum $NADP^+$ und es entsteht $NADPH + H^+$.

Die Anregung der Chlorophyllmoleküle durch Lichtenergie ist ein endergonischer Vorgang. Durch die Fotolyse des Wassers und die Reduktion von $NADP^+$ zu $NADPH + H^+$ ist ein Teil der absorbierten Lichtenergie gebunden worden.
Ein anderer Teil der Energie wird zur ATP-Synthese herangezogen. Zum einen erfolgt die ATP-Synthese zwischen Fotosystem I und Fotosystem II (nichtzyklische Fotophosphorylierung), zum anderen können Elektronen innerhalb des Fotosystems I auf ein niedrigeres Energieniveau zurückfallen und mit der dabei freiwerdenden Energie ATP bilden (zyklische Fotophosphorylierung).
Lichtunabhängige Sekundärvorgänge (Calvin-Zyklus). Mithilfe der energiereichen Produkte der Lichtreaktion ($NADPH + H^+$ und ATP) können im Stroma der Chloroplasten endergonische Reaktionen zum Aufbau von Glucose aus CO_2 stattfinden. Hierbei wird das aus der Luft aufgenommene CO_2 reduziert. Das

Schema des Calvin-Zyklus

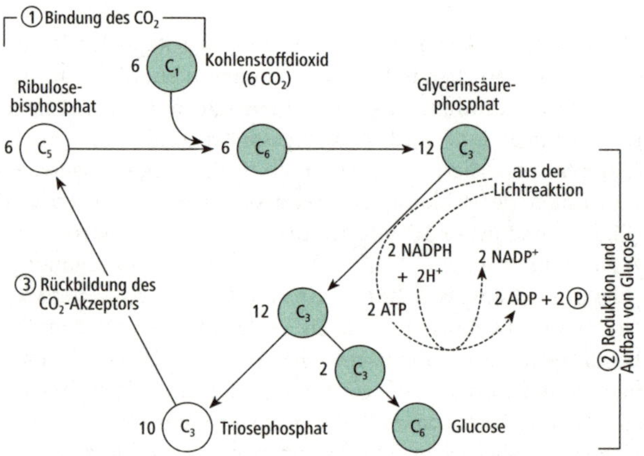

Lichtunabhängige Sekundärvorgänge

CO_2 reagiert zunächst mit Ribulosebisphosphat. Über die Zwischenstufen Glycerinsäurephosphat und Triosephosphat entsteht schließlich Glucose. Von zwölf Triosephosphat-Molekülen werden lediglich zwei zu Glucose umgesetzt. Die restlichen zehn Moleküle werden zum Aufbau von sechs Molekülen Ribulosebisphosphat als Akzeptor des CO_2 benötigt. Die Abbildung auf S. 58 zeigt diesen Vorgang im C-Körper-Schema.

C_4- und CAM-Pflanzen

Für Pflanzen trocken-heißer Lebensräume besteht ein Dilemma: Schließen sie bei Wassermangel ihre Spaltöffnungen, verhindern sie so die Aufnahme von CO_2. Einige Fotosynthese-Spezialisten haben die Fähigkeit entwickelt, CO_2 Wasser sparend aufzunehmen.

C_4-Pflanzen wie Mais und Zuckerrohr binden viel CO_2 in speziellen Mesophyllzellen vorübergehend an einen C_3-Körper, sodass ein C_4-Körper (z. B. Apfelsäure) entsteht (daher die Bezeichnung C_4-Pflanzen in Abgrenzung zu normalen C_3-Pflanzen, bei denen nach der CO_2-Fixierung ein C_3-Körper entsteht). In normalen Fotosynthesezellen wird das CO_2 wieder freigesetzt und in den CALVIN-Zyklus eingeschleust.

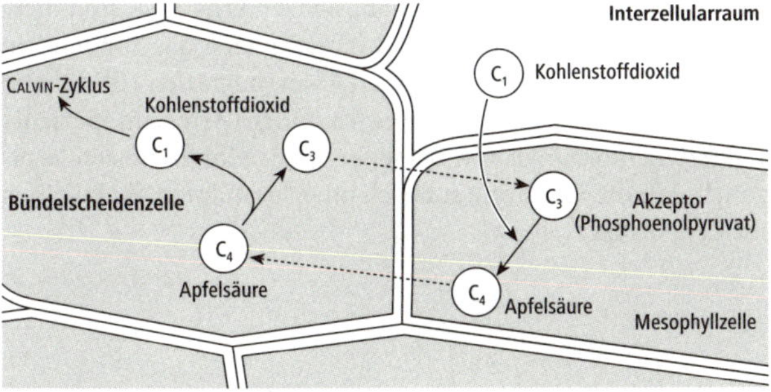

C_4-Pflanzen

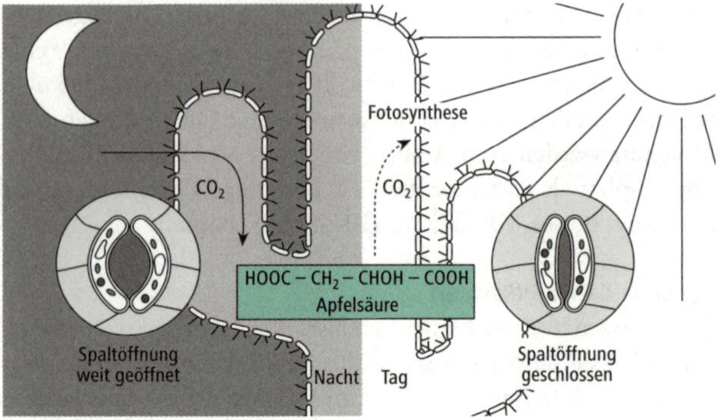

CAM-Pflanzen

CAM-Pflanzen (z. B. Kakteen) öffnen ihre Spaltöffnungen nur nachts. Auch sie bilden mit dem aufgenommenen CO_2 zunächst Apfelsäure, aus der sie am Tag bei geschlossenen Spaltöffnungen wieder CO_2 abspalten.

Fotoautotrophe Bakterien

Neben den grünen Pflanzen sind auch einige Bakterienarten zur Fotosynthese fähig. Im Gegensatz zu den heterotrophen Bakterien, die sich von organischen Substanzen ernähren, sind diese Bakterienarten fotoautotroph, d. h., sie nutzen das Sonnenlicht als Energiequelle. Die blaugrünen Cyanobakterien (Blaualgen) enthalten als Farbstoff Chlorophyll a, andere Arten ein spezielles Bakterienchlorophyll. Da Bakterien keine Chloroplasten besitzen, liegen die Farbstoffe auf nach innen gestülpten Thylakoiden im Zellplasma.

2.6 Chemosynthese

Verschiedene Bakterienarten nutzen energiereiche anorganische Stoffe als Energiequelle. Sie nehmen die Substanzen aus der Umwelt auf, oxidieren diese und scheiden die Oxidationsprodukte aus. Bei der Oxidation werden den anorganischen Verbindungen Elektronen entzogen. Die freiwerdende Energie wird zum Aufbau von ATP und $NADPH+H^+$ verwendet und damit schließlich CO_2 zu Kohlenhydraten reduziert. Diese Reduktion erfolgt wie bei der Fotosynthese über den CALVIN-Zyklus. Zu den chemoautotroph lebenden Organismen zählen Nitrit-, Nitrat-, Schwefel- und Eisenbakterien, die als Bodenbewohner eine wichtige Rolle bei der Bereitstellung von Mineralsalzen spielen.

2.7 Ernährung und Stofftransport

Grundstoffe der menschlichen Nahrung

Nahrungsmittel enthalten Nährstoffe, die in Kohlenhydrate, Fette und Eiweiße (Proteine) unterteilt werden. Darüber hinaus braucht der menschliche Körper Vitamine, Mineralstoffe, Ballaststoffe und Wasser.

Nährstoffe	Aufbau	Funktion
Kohlenhydrate	Einfachzucker (z. B. Glucose), Zweifachzucker (z. B. Milchzucker, Rohrzucker), Vielfachzucker (Stärke, Cellulose, tierisches Glykogen)	Betriebs- und Baustoffe
Proteine (Eiweiße)	Aminosäuren (acht davon kann der menschliche Organismus nicht selbst aufbauen; diese sind essenziell und müssen über die Nahrung aufgenommen werden)	vorwiegend Baustoffe
Fette	Glycerin und Fettsäuren (einige Fettsäuren [essenzielle] müssen über die Nahrung aufgenommen werden)	Betriebsstoffe

Die Stoffe in der Nahrung werden in Bau- und Betriebsstoffe unterteilt.

- *Baustoffe* dienen dem Körperwachstum und dem Ersatz verbrauchter Körperzellen. Die wichtigsten Baustoffe des Körpers sind Proteine.
- *Betriebsstoffe* sind Energielieferanten. Bei ihrem Abbau wird Energie frei. Kohlenhydrate sind die wichtigsten Energielieferanten. Die meisten überschüssigen Betriebsstoffe werden in Fette umgewandelt und als Reservestoffe gespeichert.

Vitamine, Mineralstoffe und Ballaststoffe. *Vitamine* sind lebensnotwendige Wirkstoffe, die mit der Nahrung aufgenommen werden müssen. Man kennt über 20 verschiedene Vitamine. Sie sind in kleinen Mengen wirksam (oft als Coenzyme) und sorgen für einen geregelten Ablauf der Stoffwechselreaktionen. Eine nicht ausreichende Zufuhr führt zu Mangelerscheinungen und -krankheiten (Avitaminosen). So kann z. B. ein Mangel an Vitamin C (Ascorbinsäure) Zahnfleischbluten, Anfälligkeit für Infektionen und Skorbut (Knochenverkrümmung) zur Folge haben.

Mineralstoffe sind lebenswichtige anorganische Stoffe wie Natrium-, Kalium-, Calcium-, Magnesium-, Chlorid- und Phosphatverbindungen. Einige davon, wie Magnesium-, Eisen- und Iodverbindungen, braucht der Mensch nur in winzigen Spuren (Spurenelemente). Calcium, Phosphat und Fluor sind am Knochenbau beteiligt. Eisenverbindungen dienen zur Blutbildung, Iod ist im Hormon Thyroxin enthalten. Natrium- und Kaliumionen sind Voraussetzung für die Erregungsleitung im Nervensystem. Auch eine nicht ausreichende Zufuhr an Mineralstoffen führt zu Mangelerscheinungen.

Ballaststoffe sind unverdauliche Nahrungsbestandteile (z. B. Cellulose), die die Sekretion von Verdauungssäften fördern und die Darmperistaltik anregen.

Energieumsatz

Stoffwechselreaktionen sind mit Energieumsatz verbunden.
Der *Grundumsatz* ist der Energiebetrag, den der Körper in Ruhe verbraucht. Der *Leistungs-* oder *Arbeitsumsatz* ist der zusätzliche Energieverbrauch bei körperlicher Arbeit. Der *Gesamtumsatz* besteht aus Grundumsatz plus Leistungsumsatz.

Messung des Energieumsatzes. Ein Verfahren zur Messung des Energieumsatzes ist die Kalorimetrie. Bei der direkten Kalorimetrie wird der Energieumsatz über die Wärmeabgabe des Körpers gemessen. Bei der indirekten Kalorimetrie geht man von der Überlegung aus, dass bei der Oxidation der Nährstoffe die beteiligten Stoffmengen und der Energieumsatz in einem direkten Verhältnis zueinander stehen. Aus der Menge des verbrauchten Sauerstoffs und des ausgeschiedenen Kohlenstoffdioxids lässt sich daher der Energieumsatz berechnen.

Der *Brennwert* gibt den Energiegehalt an, der bei vollständiger Oxidation eines Nährstoffes frei wird. Der physikalische Brennwert gibt die Energiefreisetzung im Kalorimeter an und wird unterschieden vom entsprechenden Energiewert aus der Oxidation im Körper, dem physiologischen Brennwert. Der *Respiratorische Quotient* (RQ) drückt das Verhältnis von abgegebenem Kohlenstoffdioxid zu aufgenommenem Sauerstoff aus ($CO_2 : O_2$).

Bei Kohlenhydraten und Fetten sind der physikalische und der physiologische Brennwert gleich, bei Eiweißen ist der physiologische Brennwert geringer. Die Differenz ist auf die Bildung von relativ energiereichem Harnstoff aus Eiweiß zurückzuführen.

	Kohlenhydrate	Fette	Eiweiße
Physikalischer Brennwert (kJ/g)	17,18	38,96	23,88
Physiologischer Brennwert (kJ/g)	17,18	38,96	17,18
Respiratorischer Quotient (RQ)	1	0,7	0,83

Mittlere Energiewerte von Nährstoffen

Verdauung und Resorption

Verdauung ist die Zerlegung der Nahrung in wasserlösliche Teilchen, die vom Blut aufgenommen und transportiert werden können.

Mundverdauung. Im Mund wird die Nahrung zerkleinert und geprüft. Durch das Enzym Amylase im Mundspeichel wird Stärke zum Teil in Doppelzucker (Disaccharid, hier Maltose) vorverdaut.

Magenverdauung. Im Magen wird der Speisebrei mit Magensaft durchmischt. Salzsäure tötet Bakterien ab. Das Enzym Pepsin des Magensaftes zerlegt Eiweiße in Peptid-Bruchstücke.

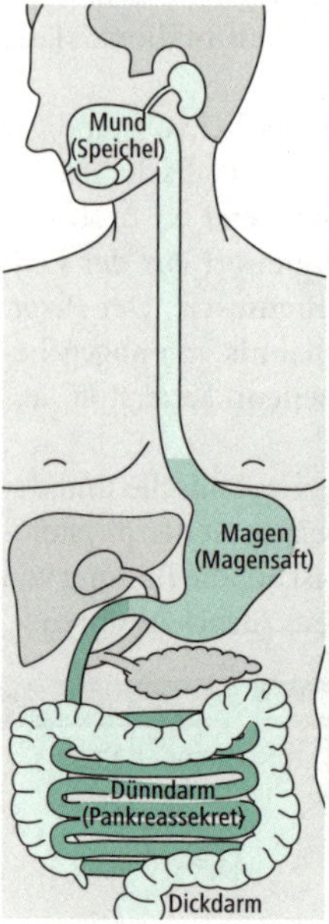

Enzyme	Verdauungsvorgang	Resorption
Ptyalin (α-Amylase)	Stärke → Maltose	
Pepsin, Kathepsin (Proteasen)	Proteine → Polypeptide	
Amylase, Maltase Lactase, Saccharase	Stärke → Maltose → Glucose Lactose → Glucose + Galactose Rohrzucker (Saccharose) → Fructose + Glucose	Wasser, Mineralstoffe Einfachzucker (Glucose, Fructose, Galactose)
Trypsin, Chymotrypsin	Polypeptide → Dipeptide + Aminosäuren	Dipeptide, Aminosäuren
Lipasen	Fette → Glycerin + Fettsäuren	Glycerin, Fettsäuren
		Wasser, Mineralstoffe

Baukastenprinzip bei der Verdauung

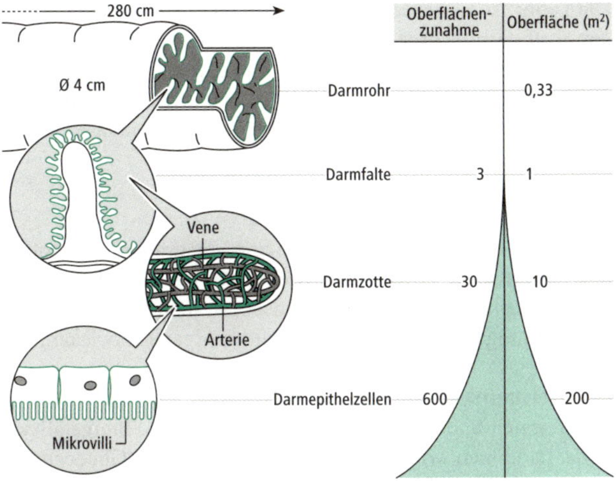

Dünndarmwand – Prinzip der Oberflächenvergrößerung

Dünndarmverdauung. Im Dünndarm wird Fett durch Gallensaft in feinste Tröpfchen geteilt (emulgiert).
Enzyme aus Bauchspeicheldrüse und Dünndarmschleimhaut zerlegen Fette zu Glycerin und Fettsäuren, Eiweiße zu Aminosäuren und Kohlenhydrate zu Einfachzuckern.
Resorption. Die Aufnahme von Nährstoffen (Resorption) findet im Dünndarm statt. Hier werden Einfachzucker und Aminosäuren durch die Wand der Darmzotten in das Blutgefäßsystem aufgenommen. Durch die Pfortader gelangen sie zur Leber. Fettsäuren und Glycerin werden vom Lymphgefäßsystem aufgenommen.
Im Dickdarm findet keine Verdauung statt. Seine Hauptaufgabe besteht darin, möglichst viel Wasser und darin enthaltene Mineralstoffe aus dem Darminhalt zurückzugewinnen (Rückresorption), bevor der unverdauliche Teil der Nahrung (Kot) über den Mastdarm ausgeschieden wird.

Die **Leber** ist als zentrales Stoffwechselorgan an einer Vielzahl von Stoffwechselvorgängen beteiligt. Neben dem Abbau von Eiweißen und Fettsäuren, der Speicherung von Kohlenhydraten, der Entgiftung des Blutes und dem Abbau gealterter roter Blutkörperchen bildet sie Gallensaft, der in der Gallenblase gespeichert und an den Dünndarm abgegeben wird.

Stofftransport im Körper

Bei Einzellern reicht die Diffusion zur Versorgung mit Stoffen und zur Entsorgung von Abfallstoffen aus. Bei vielzelligen Tiergruppen haben sich spezielle Transportsysteme wie Blutkreislauf, Atmungsorgane und Ausscheidungsorgane entwickelt.

Blutkreislaufsysteme im Tierreich

Im Tierreich findet man offene und geschlossene Blutgefäßsysteme. In offenen, wie sie z. B. viele Weichtiere und Gliederfüßer besitzen, fließt das Blut nur kurz in offen endenden Gefäßen und dringt frei in Spalten zwischen Geweben und Organen ein.
Der Blutkreislauf der Wirbeltiere ist ein geschlossenes Blutgefäßsystem. Beim Herz der Wirbeltiere lässt sich eine Zunahme der Leistungsfähigkeit von den Fischen über die Amphibien und Reptilien zu den Vögeln und Säugetieren feststellen. (▶ Evolution, Homologien, S. 247)

	Bestandteile des Blutes
Blutplasma	Wasser (90 %), Proteine, Fette, Traubenzucker, Mineralsalze, Vitamine, Hormone, Abwehrstoffe, Abfallstoffe, Gerinnungsstoffe.
Blutzellen	*Rote Blutkörperchen* (Erythrozyten) ohne Zellkern, die den Blutfarbstoff Hämoglobin enthalten, der O_2 und CO_2 bindet und durch den Körper transportiert. *Weiße Blutkörperchen* (Leukozyten), farblose Zellen mit Zellkern, aber ohne feste Gestalt, die sich wie Amöben fortbewegen und die Blutgefäße verlassen können. Sie bilden das Abwehrsystem. *Blutplättchen* (Thrombozyten), Zellbruchstücke, die Gerinnungsstoffe produzieren (Wundverschluss).

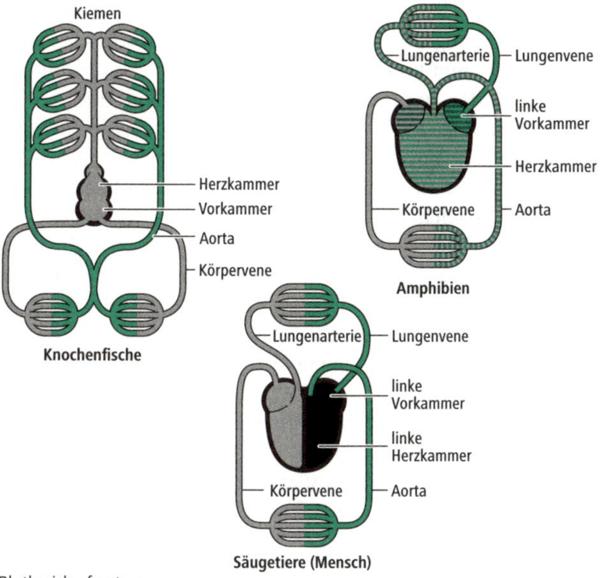

Blutkreislaufsysteme

Atmung

Die Aufnahme von Sauerstoff in den Körper und die Abgabe von Kohlenstoffdioxid wird als *äußere Atmung* bezeichnet. Die in der Zelle stattfindende Oxidation energiereicher Nahrungsstoffe zur Energiegewinnung nennt man *Zellatmung* oder *innere Atmung*.

Lungenatmung. Beim Menschen wird die Luft durch Nase und Mund aufgenommen und strömt durch die Luftröhre, die sich in zwei Bronchien teilt, in die Lunge. Die Bronchien verzweigen sich zu feinsten Bronchiolen, an deren Enden unzählige Lungenbläschen (Alveolen) sitzen.

Bei den Wirbeltieren ist von den Amphibien über die Reptilien zu den Vögeln und Säugetieren eine zunehmende Vergrößerung der inneren Oberfläche der Lungen festzustellen.

Gasaustausch. Um die Lungenbläschen liegt ein Netz feinster Blutgefäße (Lungenkapillaren). Zwischen Lungenbläschen und Lungenkapillaren findet der Gasaustausch statt. Sauerstoff diffundiert aus den Lungenbläschen ins Blut. Das Blut transportiert den Sauerstoff zu den Körperzellen. Kohlenstoffdioxid wird von den Körperzellen an das Blut abgegeben. Es tritt von den Lungenkapillaren in die Lungenbläschen über und wird ausgeatmet.

Hautatmung reicht bei vielen kleineren Tieren zur O_2-Versorgung aus. Frösche decken den größten Teil ihres Sauerstoffbedarfes über die feuchte Außenhaut und die Haut der Mundhöhle. Würmer und Libellenlarven atmen durch die Haut des Enddarmes.

Tracheenatmung findet man bei Insekten, Tausendfüßern und vielen Spinnen. Tracheen sind mit Chitin ausgesteifte Luftröhren, die sich im Körper stark verästeln und den Sauerstoff bis unmittelbar an die Zellen heranführen.

Kiemenatmung ist kennzeichnend für viele Wassertiere. Kiemen sind dünnhäutige, stark durchblutete Ausstülpungen der Körperoberfläche.

Ausscheidung und Wasserhaushalt

Stoffwechselprodukte, die nicht mehr verwertbar sind und bei Anreicherung den Körper vergiften würden (Exkrete), müssen ausgeschieden werden. Diese Exkretion reguliert zugleich den Wasser- und Mineralsalzhaushalt des Körpers. Exkretionsorgane sind also zugleich Organe der Osmoregulation.

Bau und Funktion der menschlichen Niere

Abfallstoffe, die von der Leber und anderen Organen aus ins Blut gelangen, werden beim Menschen und bei den Wirbeltieren von den Nieren ausgeschieden. Nierenkörperchen in der Nierenrinde filtern Primärharn aus dem Blut. Auf dem Weg durch die Nierenkanälchen werden Wasser und wertvolle Stoffe aus dem Primärharn zurückgewonnen, bis schließlich der Endharn entsteht. Die Rückresorption des Wassers erfolgt immer passiv

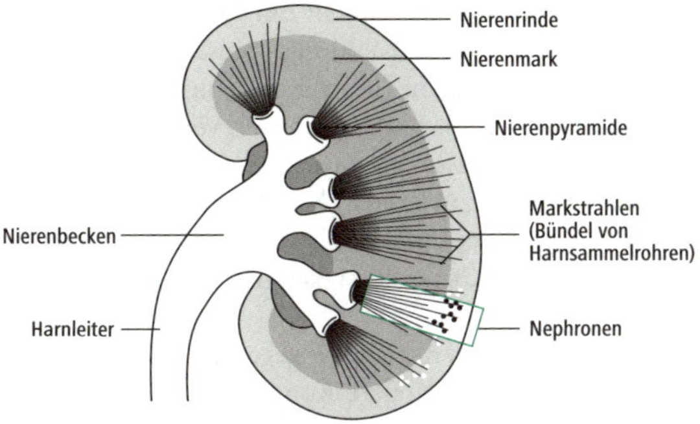

Niere des Menschen

entsprechend dem osmotischen Gefälle. Bei der Rückresorption von Glucose, Natrium und anderen Stoffen spielen auch aktive Transportvorgänge eine Rolle. Der Endharn mit Harnstoff, Giftstoffen sowie anderen überschüssigen Stoffen gelangt in das Nierenbecken und von dort in die Harnblase. Nierenkörperchen und Nierenkanälchen bilden eine morphologische und funktionelle Einheit, das Nephron.

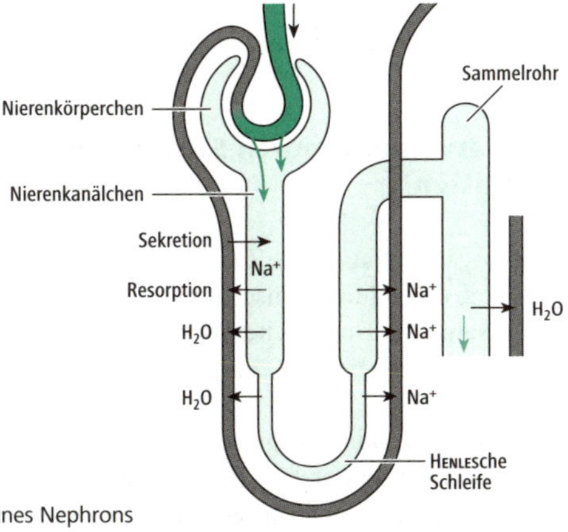

Bau eines Nephrons

Ausscheidung und Wasserhaushalt bei Tieren

Süßwassertiere. Bei Einzellern entleeren pulsierende Vakuolen durch Osmose eingedrungenes Wasser nach außen.

Süßwasserfische geben mit großen Mengen verdünnten Harns überschüssiges Körperwasser ab, um osmotisch eingedrungenes Außenwasser wieder loszuwerden. (▶ Zellbiologie, S. 17)

Meerestiere. Bei den meisten Wirbellosen der Meere stimmt der osmotische Wert ihrer Körperflüssigkeit mit dem des Meerwassers überein.

Meeresfische, deren Körperflüssigkeit gegenüber dem Meer hypotonisch ist, also eine geringere Konzentration hat, müssen ständig Meerwasser trinken, um den Wasserverlust aufgrund von Osmose auszugleichen. Überschüssige Salzionen werden über die Kiemen aktiv ausgeschieden. Wassertiere wie Fische geben als Endprodukt des Eiweißstoffwechsels giftigen Ammoniak direkt ins Wasser ab.

Bei **Landtieren** ist die Verdunstung durch die äußere Hülle eingeschränkt und auch die Wasserausscheidung erfolgt sparsam. Insekten und Spinnentiere scheiden über MALPIGHIsche Gefäße in Wasser schwerlösliche *Harnsäure* aus, Reptilien und Vögel scheiden Harnsäure über Nieren aus. Bei Säugetieren wird *Harnstoff* über die Nieren ausgeschieden.

2.8 Energiegewinnung durch Stoffabbau (Dissimilation)

Für alle Lebensvorgänge braucht die Zelle Energie. Heterotrophe Lebewesen erhalten diese durch Umsetzung chemischer Verbindungen aus der Nahrung. Der biochemische Abbau eines energiereichen Stoffes zur Energiefreisetzung wird als Dissimilation bezeichnet.

Bei allen Energie umsetzenden Vorgängen ist immer nur ein Teil der aufgewendeten Energie nutzbar. Das Ziel des Energiestoffwechsels ist immer, das universell einsetzbare ATP zu gewinnen.

Stoffabbau und Energiegewinnung mit Sauerstoff: Zellatmung

Die aerobe Energiegewinnung (Zellatmung) ist in drei Abschnitte gegliedert.

Glykolyse. Die Glykolyse läuft im Zellplasma ab. Ein Glucosemolekül wird in mehreren Schritten zu zwei Molekülen Brenztraubensäure zerlegt. Dabei entstehen zwei Moleküle ATP und zwei Moleküle NADH + H^+ als Wasserstoff übertragende Reduktionsmittel. Brenztraubensäure und die anderen Säuren des Zellstoffwechsels liegen als Anionen vor.

2

Citronensäurezyklus. Der weitere Abbau der Brenztraubensäure findet in den Mitochondrien statt. In der Mitochondrien-Matrix reagiert Brenztraubensäure mit dem Coenzym A unter Abspaltung von Kohlenstoffdioxid (oxidative Decarboxylierung) zu der reaktionsfreudigen aktivierten Essigsäure, die auch als Acetyl-Coenzym A bezeichnet wird. Die aktivierte Essigsäure wird im sog. Citronensäurezyklus (Citratzyklus) zu Kohlenstoffdioxid und Wasser abgebaut. Dabei entsteht zum einen ATP, der eigentliche Energiegewinn aber sind Wasserstoffüberträger wie NADH + H^+.

Atmungskette (Endoxidation). In der Atmungskette sind Elektronen übertragende Coenzyme als Redoxsysteme hintereinandergeschaltet. Die reduzierten Coenzyme wie das NADH + H^+ geben die Elektronen über eine Redoxreihe weiter bis zum Sauerstoff. Das Sauerstoffion (O^{2-}) reagiert schließlich mit den Wasserstoffprotonen (2 H^+) zu Wasser. An drei Stellen der Atmungskette wird ATP gebildet.

Energiebilanz. Aus 1 Mol Glucose werden 36 bis 38 Mol ATP gewonnen, was einem Energiebetrag von 1100 kJ entspricht. Da bei der Verbrennung von 1 Mol Glucose insgesamt 2 880 kJ freigesetzt werden, entspricht der Wirkungsgrad der Zellatmung rund 38 %.

Die bei der Zellatmung nicht in ATP gespeicherte Energie wird als Wärme frei. Gleichwarme Tiere nutzen diese Energie zur Aufrechterhaltung der konstanten Körpertemperatur.

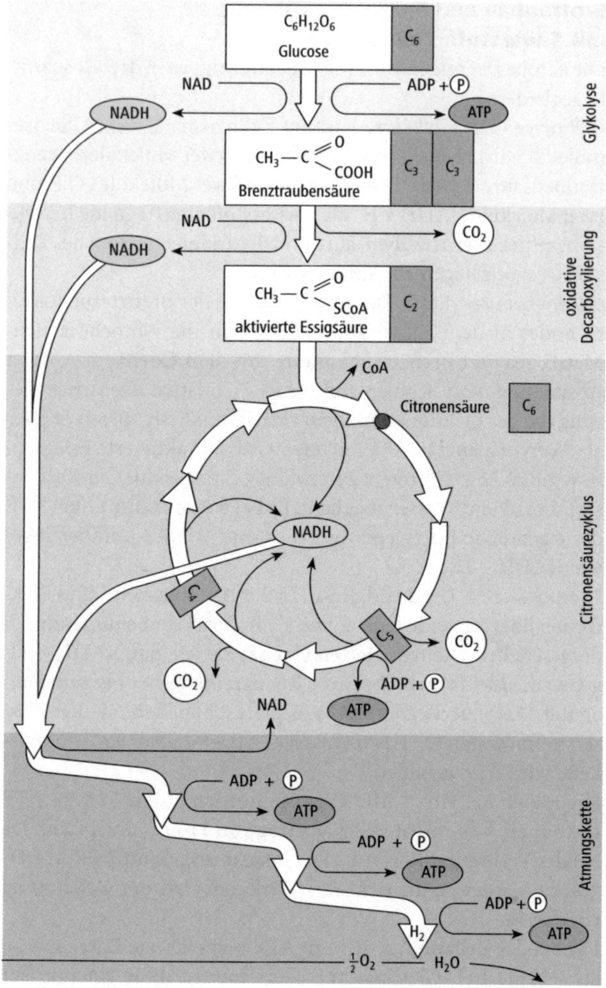

Aufbau von ATP durch Zellatmung

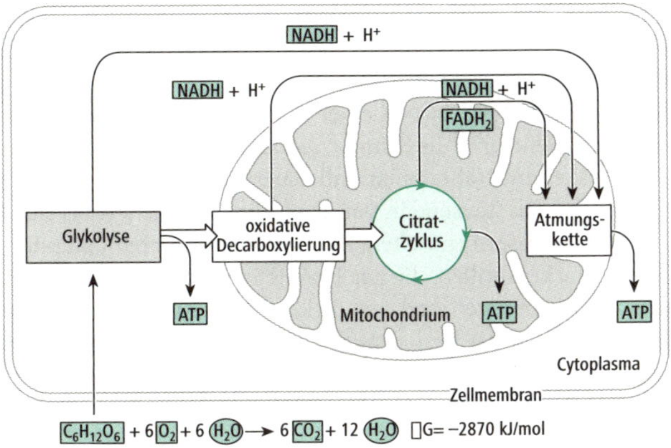

Kompartimentierung bei der Zellatmung

Stoffabbau und Energiegewinnung ohne Sauerstoff: Gärung

Der anaerobe Abbau von Kohlenhydraten wird als Gärung bezeichnet. Dabei entspricht der erste Teil der Gärung in etwa der Glykolyse.

- Bei der *alkoholischen Gärung* durch Hefepilze entsteht aus der Brenztraubensäure nach Abspaltung von CO_2 Ethanol.
- Bei der *Milchsäuregärung* durch Milchsäurebakterien entsteht Milchsäure. Auch im stark beanspruchten Muskel kann bei Sauerstoffmangel die ATP-Bildung über Milchsäuregärung erfolgen. Die entstandene Milchsäure wird im Muskel rasch abgebaut.

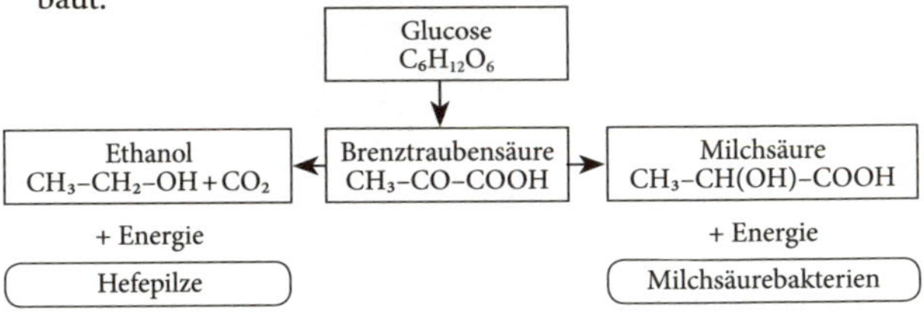

Alkoholische Gärung und Milchsäuregärung

2.9 Muskel und Bewegung

Bau der Skelettmuskulatur

Jeder Skelettmuskel ist von einer Muskelhaut umgeben, die an den Muskelenden in die Sehnen übergeht. Blutgefäße versorgen den Muskel mit Nährstoffen und Sauerstoff. Im Innern besteht der Muskel aus Tausenden von Faserbündeln, die jeweils rund 1000 Muskelfasern enthalten. Jede Muskelfaser vereint Hunderte von Muskelfibrillen, die aus Eiweißfäden bestehen, den dünnen Actinfilamenten und den dickeren Myosinfilamenten. Die Muskelfibrillen der Skelettmuskulatur sind aus gleichförmigen Bauteilen (Sarkomeren) zusammengesetzt, die durch zwei Z-Scheiben begrenzt sind. (▸ Abb. S. 77)

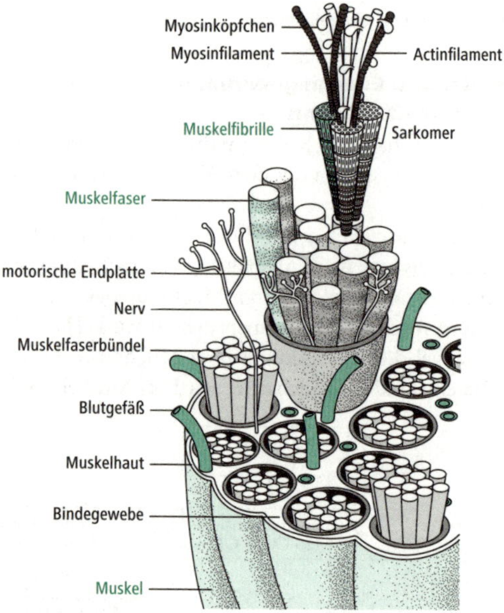

Bau des Skelettmuskels

Arbeitsweise der Muskeln

Gegenspieler. Muskeln können sich aktiv nur zusammenziehen, niemals strecken. Gedehnt werden sie stets von einem Gegenspieler (Antagonist), meist ist dies ein anderer Muskel. Zieht sich ein Muskel zusammen, ist sein Gegenspieler entspannt und wird passiv gedehnt.

Molekulare Vorgänge. Bei jeder Muskelkontraktion gehen Befehle an mehrere Muskelfasern gleichzeitig. In den motorischen Endplatten geben die Nervenfasern erregende Überträgerstoffe frei (Acetylcholin). Es erfolgt eine kurzfristige Verbindung zwischen Myosin- und Actinfilamenten. Dabei gleiten die Actinfilamente zwischen die Myosinfilamente und der Muskel verkürzt sich.

Die Kontraktion im Einzelnen. Myosin kann seine Form verändern, wenn ATP als Energielieferant zur Verfügung steht. Bei jedem Myosinmolekül ragen kleine Kopfteile aus einem Schaftteil heraus.

Lagert sich ATP an, richtet das Myosinköpfchen sich zum rechten Winkel auf. Myosin wirkt wie ein Enzym und spaltet ATP, Energie wird frei. Das Myosin mit gebundenem ADP + P verbindet sich nun mit dem Actinfilament. ADP und P lösen sich, gleichzeitig kippt das Myosinköpfchen um und verschiebt das Actinfilament. Ist kein ATP mehr vorhanden, sind die Myosinköpfe in abgeknickter Position fest an das Actin gebunden. Ist ATP anwesend, bindet der Myosinkopf an ATP und löst sich wieder vom Actin. (▶ Abb. S. 77)

Der Vorgang wiederholt sich, das Sarkomer verkürzt sich. Die Gesamtheit aller Sarkomerverkürzungen ergeben die Kontraktion einer Muskelfaser.

Für die Auslösung einer Muskelkontraktion sind Ca^{2+}-Ionen nötig. Sobald ein Aktionspotenzial über eine Nervenfaser an der motorischen Endplatte die Muskelfaser erreicht, werden aus dem Endoplasmatischen Retikulum der Muskelfaser Ca^{2+}-Ionen freigesetzt. Die Ionen binden an ein weiteres auf dem Actinfilament gebundenes Protein (Troponin), das im Ruhezustand die Bindungsstellen für die Myosinköpfchen blockiert. Nach Bindung von Calciumionen werden die Bindungsstellen auf dem Actinfilament frei, die Kontraktion beginnt.

Muskeltypen

Nach Bau und Funktion unterscheidet man glattes und quer gestreiftes Muskelgewebe.

- *Quer gestreiftes Muskelgewebe* findet man bei Skelettmuskeln und dem Herzmuskel. Skelettmuskeln erscheinen im Lichtmikroskop durch die Sarkomere quer gestreift. Sie sind unserem Willen unterworfen, arbeiten rasch und ermüden schnell. Herzmuskeln ermüden nicht und können über den Willen nicht beeinflusst werden.
- *Glatte Muskeln* umschließen Blutgefäße, Verdauungs- und Ausscheidungsorgane. Diese Eingeweidemuskeln arbeiten langsam, aber ausdauernd und sind willentlich nicht beeinflussbar.

Bewegungsmechanismen im Tierreich

Muskeln ermöglichen außer der Fortbewegung auch andere Lebensvorgänge (z. B. Herzschlag, Atmung, Kauen, Schlucken, peristaltische Bewegungen des Verdauungssystems). Auch Gestik und Mimik sind Bewegungsmechanismen, sie verraten die Stimmungslage; Sprechen und Schreiben sind besondere Kennzeichen des Menschen.

Skelette sind Hebelkonstruktionen, an denen mindestens zwei Muskeln als Antagonisten (Gegenspieler) arbeiten. Gliedertiere besitzen ein Außenskelett aus Chitin, Wirbeltiere haben ein Innenskelett aus Knochen. Stammesgeschichtlich älter ist die Konstruktion des *Hydroskeletts*. Bei Würmern drückt ein Hautmuskelschlauch gegen die Leibeshöhlenflüssigkeit. Der Hautmuskelschlauch der Regenwürmer besteht aus Ring- und Längsmuskulatur.

Fortbewegung. Viele Hohltiere und Weichtiere bewegen sich durch Rückstoßschwimmen. Fische setzen zum Antrieb vor allem die Schwanzflosse ein.

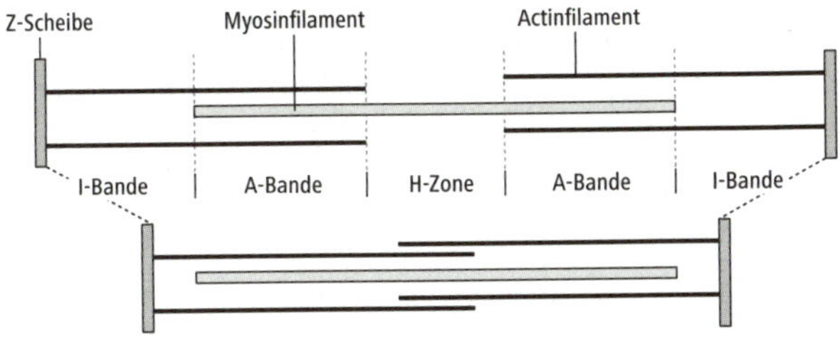

Aufbau eines Sarkomers

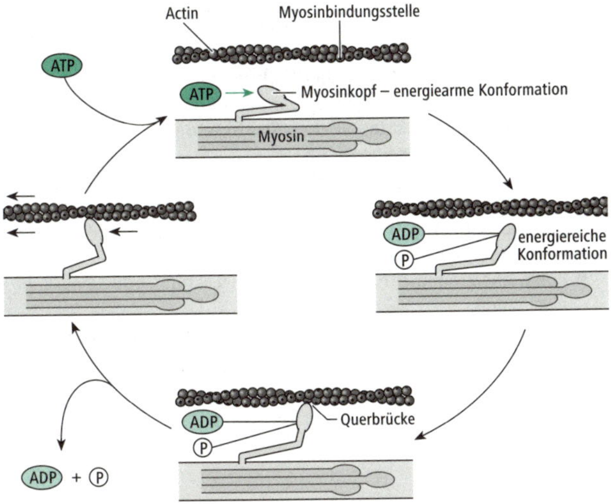

Mechanismus der Muskelkontraktion

Beim *Fliegen* werden Gewicht und Luftwiderstand durch Auftrieb und Vortrieb überwunden. Die Flugweise der einzelnen Arten der Vögel, Fledermäuse und Insekten unterscheidet sich im Detail, das Prinzip ist bei allen gleich: Die von vorn anströmende Luft wird nach hinten und unten beschleunigt. Die dabei auftretende Kraft erzeugt Auftrieb und Vortrieb.

KOMPETENZEN UND BASISKONZEPTE

- Modellvorstellung zu Bau und Wirkung von Enzymen (Schlüssel-Schloss-Prinzip)
- Beispiel für Enzyme
- Substrat- und Wirkungsspezifität von Enzymen
- Basiskonzept *Regulation* am Beispiel von Enzymhemmung und Enzymaktivierung
- Wasser- und Mineralsalztransport in Pflanzen
- *Struktur-Funktions-Prinzip* der Organellenstruktur von Chloroplast und Mitochondrium (Prinzip der Oberflächenvergrößerung)
- Reaktionsfolge bei der Fotosynthese
- Autotrophie und Heterotrophie
- Aufbauender und abbauender Stoffwechsel im Vergleich
- Basiskonzept *Stoff- und Energieumwandlung* am Beispiel des anabolischen und katabolischen Stoffwechsels
- ATP als universeller Energieträger
- Organstruktur des Verdauungssystems (Basiskonzept *Kompartimentierung/Baukastenprinzip*)
- Stofftransport bei Pflanzen und Tieren
- *Regulation* des inneren Milieus bei Tieren
- Funktionszusammenhang: Ernährung – Dissimilation – Muskelbewegung
- Basiskonzept *Angepasstheit* an den Lebensraum am Beispiel der Bewegungsmechanismen von Tieren

Ökologie

Die Ökologie untersucht die Wechselbeziehungen der Lebewesen untereinander und zu ihrer Umwelt. Unter Umwelt versteht man alle äußeren Faktoren, die auf einen Organismus einwirken. Dabei werden die Einflüsse der unbelebten Umwelt (abiotische Faktoren) von den Einflüssen unterschieden, die von anderen Lebewesen ausgehen (biotische Faktoren).

Je nach Untersuchungsebene unterscheidet man drei Teildisziplinen: Die *Autökologie* betrachtet die Abhängigkeiten einzelner Arten von ihrer Umwelt. Einflüsse von Artgenossen sowie den Individuen anderer Arten untersucht die *Populationsökologie* (*Demökologie*). Die Gesamtheit der Wechselbeziehungen einer Lebensgemeinschaft untereinander und zu ihrer Umwelt ist Thema der *Synökologie*.

3.1 Ökofaktoren der unbelebten Umwelt

Zu den abiotischen Faktoren, die auf Lebewesen einwirken, zählen Temperatur, Licht, Wasser, Wind, Boden sowie andere physikalische und chemische Bedingungen.

Temperatur als ökologischer Faktor

Temperatur und Tierwelt. In Bezug auf ihren Wärmehaushalt unterscheidet man wechselwarme Organismen von gleichwarmen: Bei *wechselwarmen* (poikilothermen) Tieren wird die Körpertemperatur von der Umgebungstemperatur bestimmt. Zu den Wechselwarmen zählen alle Wirbellosen, Fische, Amphibien (Lurche) und Reptilien (Kriechtiere). Eidechsen u. a. wechselwarme Tiere versuchen, sich in Bereichen ihrer Vorzugstem-

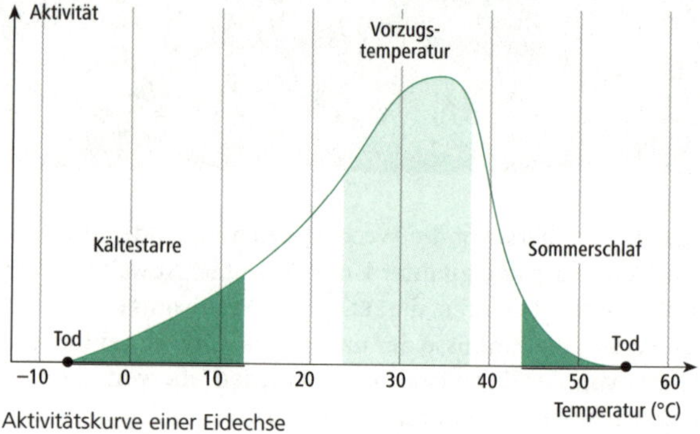

Aktivitätskurve einer Eidechse

peratur aufzuhalten. Bei kühlem Wetter setzen sie sich so der Sonne aus, dass möglichst viele Strahlen ihren Körper aufheizen. Bei heißem Wetter meiden sie die Sonne, da eine zu starke Aufheizung den Hitzetod bewirken würde. Im Herbst suchen die Tiere möglichst frostfreie Bodenspalten auf und verfallen in Kältestarre. Strenger Frost bedeutet für sie jedoch den Kältetod.

Gleichwarme (homoiotherme) Tiere sind Vögel und Säugetiere. Ihre Körpertemperatur wird durch ein Regulationszentrum im Gehirn gesteuert. Dadurch sind diese Tiere weitgehend unabhängig von den herrschenden Temperaturverhältnissen, verbunden ist hiermit jedoch ein hoher Energie- und Nahrungsbedarf. Durch isolierende Schichten wie ein dichtes Fell oder Federkleid sowie Speckschichten wird die Wärmeabgabe nach außen verringert.

Winterruhe und *Winterschlaf* sind energiesparende Verhaltensweisen einiger Säugetierarten. Tiere mit Winterruhe wie Dachs, Eichhörnchen und Braunbär legen lange Schlafperioden ein, ohne die Körpertemperatur wesentlich abzusenken. Bei Tieren, die Winterschlaf halten, wie z. B. Igel, Murmeltier und Fledermaus, fällt die Körpertemperatur in dieser Zeit fast auf die Umgebungstemperatur ab. Dadurch verringert sich der Energieumsatz auf etwa ein Zehntel des Grundumsatzes.

Die *RGT-Regel* (Reaktionsgeschwindigkeits-Temperatur-Regel) drückt die Beziehung zwischen Temperatur und Lebensprozessen aus: Bei einer Temperaturerhöhung um 10 °C beschleunigen sich die Stoffwechselvorgänge um das Zwei- bis Dreifache. Die RGT-Regel gilt bei Lebewesen nur bis zum Temperaturoptimum (▸ Enzyme, S. 44).

Klimaregeln benennen die Beziehung zwischen Temperatur und Tiergestalt:

- Nach der BERGMANNschen Regel sind bei den gleichwarmen Vögeln und Säugern innerhalb eines Verwandtschaftskreises die Rassen und Arten in kälteren Klimaten größer als die in wärmeren Zonen. Diese Erscheinung wird damit erklärt, dass größere Körper pro Volumeneinheit langsamer auskühlen als kleine. Der Selektionsvorteil liegt darin, dass pro Gewichtseinheit weniger Energieaufwand nötig ist. Beispiele: Pinguine, Tiger, Bären und Wölfe, bei denen die größeren Formen jeweils in den kalten Klimaten vorkommen.
- Die ALLENsche Regel besagt, dass Körperfortsätze wie Ohren, Schwanz und Beine bei gleichwarmen Tieren innerhalb eines Verwandtschaftskreises in wärmeren Klimaten größer sind. In kalten Klimaten bestünde die Gefahr des Abfrierens, umgekehrt können Tiere in warmen Zonen über große Körperanhänge überschüssige Körperwärme leichter an die Umgebung abführen. Beispiele: die Ohren von Fuchs-, Hasen- und Elefanten-Arten in unterschiedlichen Klimaten.

Temperatur und Pflanzenwelt. Auch für das Vorkommen von Pflanzen ist Temperatur ein bestimmender ökologischer Faktor.

- *Höhenstufen* der Vegetation, wie sie in allen Hochgebirgen der Erde anzutreffen sind, gehen auf den Einfluss der Temperatur zurück. Mit zunehmender Höhe nimmt die Temperatur ebenso ab wie in der Ebene mit zunehmender nördlicher bzw. in der Südhalbkugel mit zunehmender südlicher Breitenlage. So folgen in den Alpen auf die Laub- und Mischwaldzone nach oben Nadelwald, Krummholzzone, Zwergstrauchheide, Polsterpflanzen sowie Moose und Flechten.

- Die Verteilung der Pflanzen auf die verschiedenen *Klimagürtel* wird ebenfalls von der Temperatur bestimmt. Tropische Pflanzen brauchen höhere Temperaturen zum Keimen als außertropische. Auch die Blütenbildung und das Reifen der Samen und Früchte erfordern je nach Art unterschiedliche Temperaturen.

Licht als ökologischer Faktor

Licht und autotrophe Pflanzen. Grüne Pflanzen sind auf Licht als Energiequelle für die Fotosynthese angewiesen.

- *Sonnenpflanzen* brauchen eine hohe Lichtintensität. Solche Arten gedeihen nur an unbeschatteten Standorten.
- *Halbschattenpflanzen* gedeihen bei vollem Sonnenlicht, können aber Schatten vertragen, *Schattenpflanzen* nutzen Sonnenlicht so gut aus, dass sie im Streulicht am besten gedeihen.
- *Langtagpflanzen* wie unsere einheimischen Getreidearten blühen nur, wenn die tägliche Belichtungsdauer deutlich mehr als zwölf Stunden beträgt.
- *Kurztagpflanzen* wie Mais, Hirse und Baumwolle gedeihen, wenn die tägliche Belichtungszeit unterhalb einer kritischen Größe liegt. Aus den Subtropen stammende Pflanzen wie Dahlien und Astern blühen bei uns daher erst im Herbst.

Licht und Tiere. Licht steuert zahlreiche Verhaltensweisen von Tieren wie den morgendlichen Beginn des Vogelgesangs oder das abendliche Schwärmen von Mücken. Es beeinflusst das Zugverhalten der Zugvögel ebenso wie das Laichverhalten von Bachforellen. Voraussetzung ist eine hormongesteuerte „innere Uhr“, für die das Licht einen Taktgeber zur Synchronisation darstellt.

Wasser als ökologischer Faktor

Die Wasserverhältnisse eines Standortes beeinflussen die Gestalt der Pflanzen und der gesamten Vegetation.

- *Wasserpflanzen* (Hydrophyten) haben keinen Verdunstungsschutz und kaum ausgebildete Wurzeln.
- *Trockenpflanzen* (Xerophyten) wie Kakteen oder Hartlaubgewächse besitzen Einrichtungen zum Verdunstungsschutz wie

sehr kleine oder ganz zu Dornen umgebildete Blätter, eine verdickte Cuticula, eingesenkte Spaltöffnungen oder eine mehrschichtige Epidermis. Ihr Wurzelsystem ist entweder weit verzweigt oder dringt besonders tief in den Boden ein.
- *Feuchtpflanzen* (Hygrophyten) haben Einrichtungen, die die Wasserabgabe erleichtern. Pflanzen des tropischen Regenwaldes besitzen meist eine große Blattfläche mit sehr dünner Cuticula und vielen Spaltöffnungen.

Auch bei Tieren unterscheidet man Trockenluft- und Feuchtlufttiere. Unter den Wassertieren spielt insbesondere bei Süßwassertieren die Osmoregulation eine wichtige Rolle.

Toleranzbereich

Ökologische Potenz. Die Fähigkeit einer Art, innerhalb eines bestimmten Bereiches bezüglich eines bestimmten Umweltfaktors zu gedeihen, bezeichnet man als ökologische Potenz. Dabei können neben den abiotischen Faktoren auch biotische Faktoren wie Nahrung wirksam sein. Den Bereich, in dem eine Art zwar noch überlebt, aber nicht mehr fortpflanzungsfähig ist, nennt man Pessimum, die äußersten, für eine bestimmte Zeit noch tolerierten Grenzwerte Maximum und Minimum. Sie begrenzen den Toleranzbereich der Art. Der für ein Lebewesen günstigste

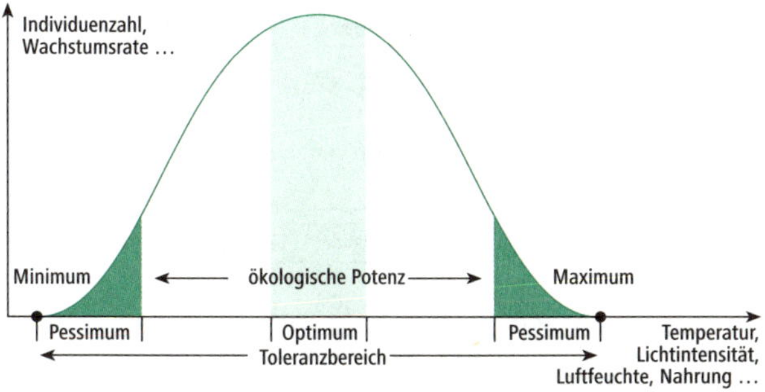

Ökologische Potenz

Wert eines Umweltfaktors heißt Optimum. Im Optimum haben die meisten Individuen der Art die größte Überlebensquote und gedeihen am besten. Der Optimalbereich ist erblich festgelegt und wird von Tieren aktiv aufgesucht.

- *Stenöke Arten* haben einen engen Toleranzbereich bezüglich eines oder mehrerer Umweltfaktoren und sind in ihrer Verbreitung beschränkt. Beispiele: Bachforelle, die an kühles Wasser gebunden ist (Temperatur), Koala, der nur Eukalyptusblätter frisst (Nahrung).
- *Euryöke Arten* haben einen großen Toleranzbereich und sind oft weit verbreitet. Beispiele: Wollhandkrabbe, die die Salzkonzentration des Süß- und des Salzwassers verträgt (Salzgehalt im Wasser), Ratten und Schweine als Allesfresser (Nahrung).

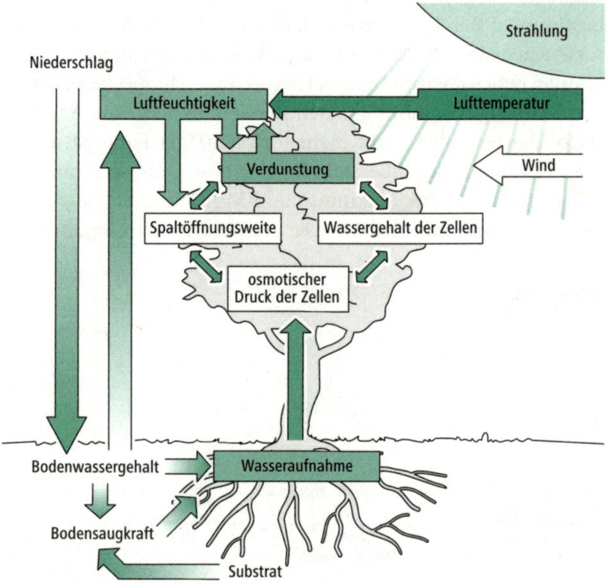

Zusammenwirken abiotischer Faktoren – Beispiel Verdunstung

Zusammenwirken abiotischer Faktoren. In einem Ökosystem wirken die einzelnen Ökofaktoren nicht einzeln, sondern in komplexer Weise zusammen. Die Häufigkeit einer Art wird in der Regel von dem Umweltfaktor begrenzt, der am weitesten vom Optimum entfernt ist, dem Minimumfaktor. In den Hitzewüsten der Erde würden Mineralsalzangebot und Temperatur ein gutes Pflanzenwachstum erlauben, begrenzend wirkt hier der Minimumfaktor Wasser.
Zeigerpflanzen. Das Vorkommen bestimmter Pflanzenarten lässt auf die Umweltbedingungen am Standort schließen. Kalkpflanzen wie Küchenschelle oder Leberblümchen wachsen nur auf Kalkböden. Salzpflanzen wie der Queller, die in der Lage sind, große Mengen Chloridionen in für sie unschädlicher Form zu speichern, kommen an salzreichen Standorten (z. B. Küsten) vor.

3.2 Beziehungen zwischen den Lebewesen

Zu den biotischen Umweltfaktoren zählen Nahrung, Räuber-Beute-Verhältnis, zwischenartliche und innerartliche Konkurrenz, Symbiose und Parasitismus. Biotische und abiotische Faktoren wirken in der Natur stets zusammen.

Konkurrenz und Einnischung

Innerartliche Konkurrenz herrscht zwischen Individuen einer Art im Wettbewerb um abiotische und biotische Faktoren wie Raum, Nahrung und Geschlechtspartner. Revierbildung und Rangordnungsverhalten sind Möglichkeiten, innerartliche Konkurrenz zu regulieren.
Zwischenartliche Konkurrenz zwischen unterschiedlichen Arten ist umso größer, je ähnlicher die Ansprüche der beteiligten Arten an die Umwelt sind.
Das *Konkurrenzausschlussprinzip* besagt, dass zwei Arten mit genau den gleichen Ansprüchen an die Umwelt auf die Dauer nicht nebeneinander existieren können.

Zur Konkurrenzvermeidung haben verschiedene Arten spezielle Ansprüche an die Umwelt entwickelt. Die Gesamtheit aller spezifischen Umweltansprüche, die für das Überleben einer Art notwendig sind, wird als *ökologische Nische* dieser Art bezeichnet. Dabei beschreibt dieser Begriff keinen Raum, sondern das System von Wechselbeziehungen zwischen Organismus und Umwelt. Die *Einnischung* einer Art beruht z. B. auf einer spezifischen Ernährungsweise, auf jahreszeitlich typischen Aktivitätsmustern, auf bestimmten Klimaansprüchen oder auf einem kennzeichnenden Brutverhalten.

Parasitismus

Als Parasitismus oder Schmarotzertum bezeichnet man die Beziehung zwischen unterschiedlichen Arten, von denen die eine Art, Parasit genannt, die als Wirt bezeichnete andere Art schädigt, ohne sie zu töten. Meist ist der Parasit auf eine oder wenige Wirtsarten spezialisiert (Wirtsspezifität). Parasitismus gibt es bei nahezu allen Organismengruppen. Das Verhältnis Parasit – Wirt gilt als Musterfall einer Ko-Evolution.

- Man unterscheidet zwischen *Außenparasiten* (z. B. Läuse und Flöhe) und *Innenparasiten* (z. B. Bandwürmer und Viren). Blut saugende Wanzen und Stechmücken sind zeitweilige (temporäre) Parasiten, Trichinen und Malariaerreger sind ständige (permanente) Parasiten.
- Eine besondere Form des Parasitismus ist der *Brutparasitismus* bei Kuckucksvögeln.
- Pflanzliche *Vollparasiten* wie Kleeseide und Schuppenwurz leben ausschließlich von organischer Substanz, die sie den Wirtspflanzen entziehen.
- *Halbparasiten* wie die Mistel betreiben selbst Fotosynthese und entziehen ihrem Wirt lediglich Wasser und Mineralsalze.
- Besiedeln heterotrophe Bakterien und Pilze lebende Organismen, spricht man von Parasiten, greifen sie tote organische Substanz an, werden sie als *Saprophyten* (Fäulnisbewohner) bezeichnet.

Symbiose

Ein Zusammenleben artverschiedener Lebewesen, bei dem beide Partner einen Vorteil erzielen, nennt man Symbiose. Die beiden Partner sind die Symbionten.

- Bei der Putzersymbiose zwischen dem Vogel Madenhacker und Huftieren liegt eine lockere Beziehung vor.
- Besonders eng ist die symbiontische Beziehung bei den Flechten zwischen Pilz und Alge. Die gegenseitige Abhängigkeit ist bei Flechten so stark, dass zwar beide Symbionten sich getrennt kultivieren lassen, bei Vereinigung aber ein völlig neues Lebewesen mit eigener Gestalt und spezifischen Flechtenstoffen bilden.

Wachstum und Entwicklung von Populationen

Alle Individuen einer Art in einem begrenzten Lebensraum nennt man eine Population. Die Populationsökologie (Demökologie) befasst sich insbesondere mit der Frage, warum Populationen sich nicht unbegrenzt vermehren, sondern langfristig stabil bleiben.

Das *Wachstum von Populationen* ist bedingt durch dichteunabhängige Einflüsse wie klimatische Bedingungen und Naturkatastrophen sowie durch dichteabhängige Einflüsse wie Vermehrungsrate, Krankheiten, Fressfeinde und Nahrungsangebot. Solange keiner dieser Faktoren ins Minimum gerät, ist das Wachstum einer Population mathematisch beschreibbar.

Das Wachstum einer Bakterienpopulation auf einem Kulturmedium zeigt einen typischen Verlauf: Nach einer *Anlaufphase*, in der die Zahl der Zellteilungen noch klein ist, folgt eine *Vermehrungsphase* mit exponentiellem Wachstum. In einer *stationären Phase* halten sich die sich neu entwickelnden und die absterbenden Bakterien die Waage, bevor in der *Absterbephase* mehr Zellen zugrunde gehen als neu gebildet werden.

Freilandbeobachtungen zeigen, dass die Populationsdichte oft starken Schwankungen unterworfen ist. Man spricht von *Massenwechsel der Population.*

Immer gilt, dass ein unbegrenztes Wachstum nicht möglich ist.

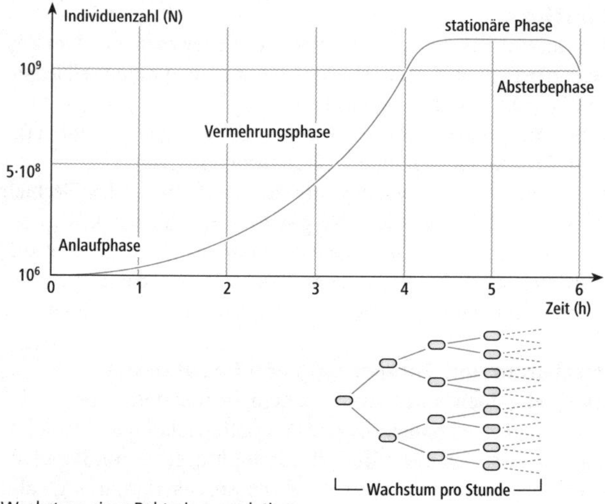

Wachstum einer Bakterienpopulation

Die Gesamtheit aller wachstumsbegrenzenden Faktoren bestimmt die *Umweltkapazität* (K-Wert). Nur solange zwischen der Individuenzahl N der Population und dem K-Wert des Lebensraums noch eine Differenz besteht, ist ein Populationswachstum möglich.

Das *Wachstum der Weltbevölkerung* zeigt einen exponentiellen Verlauf. Über den K-Wert der Erde lassen sich keine exakten Angaben machen. Die einen gehen davon aus, dass er beim gegenwärtigen Stand von über siebeneinhalb Milliarden Menschen bereits überschritten ist, andere setzen den K-Wert höher an und gehen von einem Wert über zehn Milliarden aus.

Nachdem seit Jahren das Bevölkerungswachstum in den Industriestaaten rückläufig ist, beginnt sich nun auch in einigen Entwicklungsländern das dort insgesamt noch anhaltende, starke Bevölkerungswachstum allmählich zu verlangsamen. (▶ Abb. S. 103)

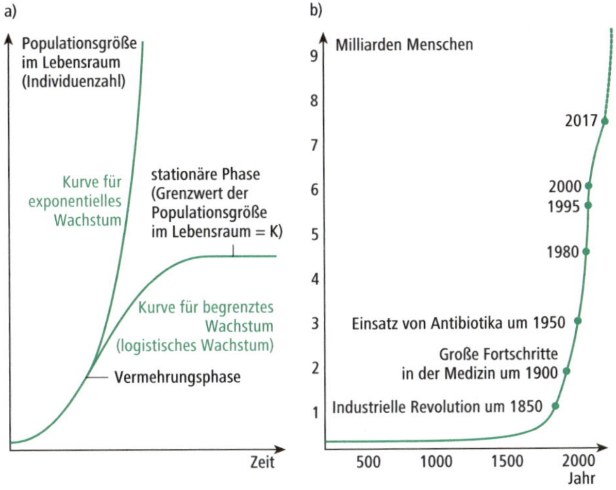

Populationswachstumskurven und Wachstumskurve der Weltbevölkerung

Fortpflanzungsstrategien. Zwei prinzipiell unterschiedliche Strategien zur Vermehrung der Art lassen sich unterscheiden:

- *R-Strategen* sind Arten, die sich rasch vermehren, eine hohe Nachkommenzahl haben und einen freien Raum schnell besiedeln können. Ihre Populationsdichte schwankt stark. Auf Jahre mit hohem Zuwachs folgen Jahre mit großer Sterblichkeit. Das R steht für Fortpflanzungs-*R*ate. Beispiele: Feldmäuse, Kaninchen, Blattläuse. Lebensräume mit stark schwankenden Umweltbedingungen wie Savannen und Steppen sind typisch für R-Strategen.
- Bei den *K-Strategen* liegt die Zahl der Individuen recht konstant nahe beim K-Wert des Lebensraumes. Bei ihnen ist weniger die geringe Vermehrungsrate entscheidend als vielmehr die hohe Lebenserwartung. Das K steht für Kapazität des Lebensraumes. Beispiele: Wale, Elefanten und Menschenaffen. K-Strategien sind kennzeichnend für Lebensräume mit konstanten Bedingungen wie Meer und tropischer Regenwald.

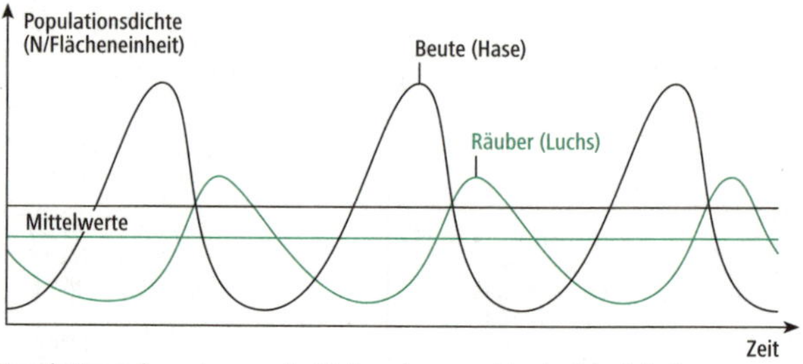

Populationsschwankungen bei Schneehase und Luchs (idealisiert)

Die **Regulation der Populationsdichte** erfolgt über innerartliche Konkurrenz um Raum und Nahrung sowie über zwischenartliche Räuber-Beute-Beziehungen. Die Bestandsschwankungen des Beutegreifers Luchs und seiner Beute Schneehase verdeutlichen die Abhängigkeiten zwischen Räuber und Beute.

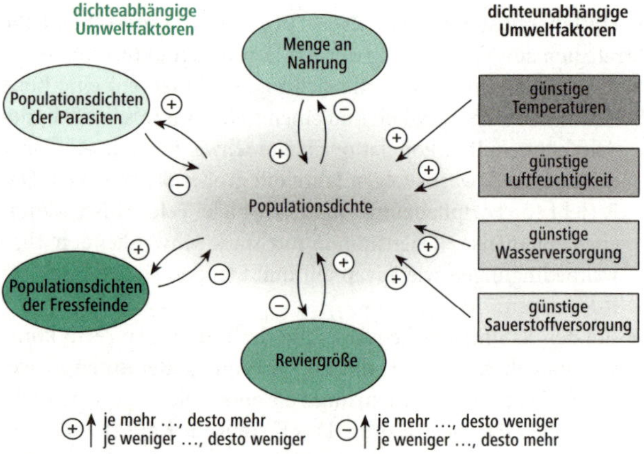

Umweltfaktoren mit Einfluss auf die Populationsdichte

Ernährt sich eine Art von einer anderen, so ergeben sich für Räuber und Beute gegeneinander verschobene Häufigkeitskurven. Die Häufigkeit (Individuenzahl) sowohl des Räubers wie die der Beute schwankt um einen Mittelwert, der bei der Beuteart höher liegt. Die gegenseitige Abhängigkeit führt zu einem längerfristig stabilen Gleichgewichtszustand, dem *biologischen Gleichgewicht*.

Die Beziehung – je mehr Hasen, desto mehr Luchse und schließlich wieder weniger Hasen mit anschließendem Rückgang der Anzahl der Luchse – beruht nicht ausschließlich auf der Räuber-Beute-Beziehung. Vielmehr haben auch andere Einflüsse wie Krankheiten und Witterung eine unberechenbare, aber entscheidende Bedeutung.

Schutzmechanismen. Tiere und Pflanzen haben zahlreiche Abwehrmechanismen wie Tarnung, Gifte und passive Schutzeinrichtungen wie Dornen oder Panzerung entwickelt.

- Bei *Mimese* sind Lebewesen dadurch getarnt, dass sie in Form und Farbe Pflanzenteile oder Objekte ihrer Umwelt (Blätter, Rinde ...) nachahmen. So gleichen manche Spannerraupen in Gestalt und Färbung dünnen Zweigen.
- Bei *Mimikry* ahmen eher wehrlose Tierarten eine andere wehrhafte Art nach, um von ihren Fressfeinden gemieden zu werden. So ahmt bei der Wespenmimikry die harmlose Schwebfliege mit einer Schwarz-Gelb-Bänderung die wehrhafte Wespe nach.

3.3 Ökosysteme

Alle Organismen eines Lebensraumes bilden eine Lebensgemeinschaft und stehen untereinander in Wechselbeziehungen. Lebensraum (Biotop) und Lebensgemeinschaft (Biozönose) bilden eine Einheit, die man als Ökosystem bezeichnet.

Die Synökologie untersucht die Beziehungen, Regulationsvorgänge, Stoffkreisläufe und Energieflüsse innerhalb eines Ökosystems sowie dessen Struktur und Veränderung.

Lebensbereiche der Biosphäre

Alle Ökosysteme unserer Erde bilden die Biosphäre. Drei große Lebensbereiche werden unterschieden: Meeres-, Süßwasser- und Landökosysteme. Diese großen Systeme lassen sich wiederum in kleinere Ökosysteme untergliedern (Tiefsee, Riffe, Wattenmeer …, Tümpel, Teich, Bergbach …, Steppe, Halbwüste, Laubmischwald …).

Ökosysteme können also sehr groß sein, wie z. B. der tropische Regenwald, oder sehr klein, wie z. B. eine Trockenmauer. Je vielgestaltiger ein Ökosystem ist, desto mehr ökologische Nischen bietet es und desto stabiler ist es gegenüber Störungen des biologischen Gleichgewichts.

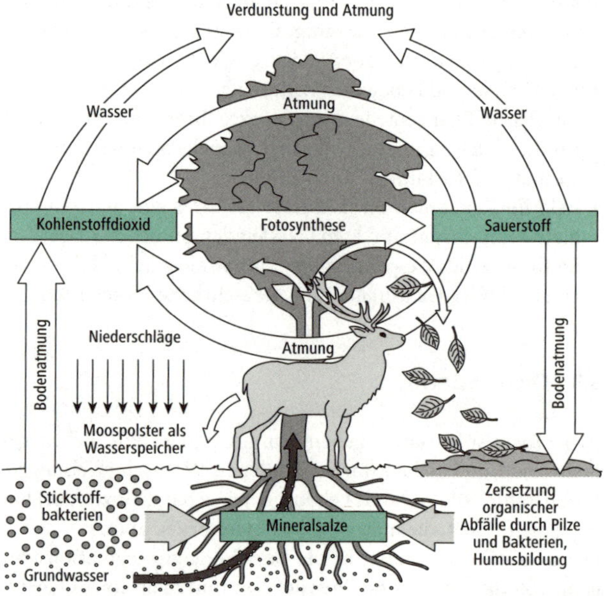

Beispiel: Ökosystem Wald

Nahrungsbeziehungen in Ökosystemen

Grüne Pflanzen bauen organische Verbindungen aus anorganischen Stoffen auf. Sie sind autotroph. Im Ökosystem sind sie die *Produzenten* (Erzeuger). Die von ihnen gebildeten Stoffe dienen den heterotrophen Lebewesen als Nahrung.

Alle heterotrophen Lebewesen, die sich direkt oder indirekt von der durch die Produzenten erzeugten organischen Materie ernähren, sind *Konsumenten* (Verbraucher). Dabei unterscheidet man zwischen den Pflanzenfressern als Primärkonsumenten und den Fleischfressern als Sekundärkonsumenten.

Lebewesen, die am Abbau toter organischer Substanz beteiligt sind, nennt man *Destruenten* (Zersetzer). Im Wesentlichen handelt es sich dabei um Bakterien und Pilze.

In unterschiedlich langen *Nahrungsketten* werden die von den Pflanzen aufgebauten Stoffe in tierische Nährstoffe überführt.

Produzenten	Konsumenten			
	1. Ordnung	2. Ordnung	3. Ordnung	4. Ordnung
grüne Pflanze →	Pflanzenfresser →	Fleischfresser (F)1 →	F2 →	F3
pflanzl. Plankton →	Krill →	Pinguin →	Robbe →	Schwertwal

Nahrungskette

Pflanzliches Plankton (Phytoplankton) dient aber auch Fischen als Nahrung, und auch Pinguine fressen Fische, sodass eine Nahrungskette nur einen Ausschnitt eines komplexen *Nahrungsnetzes* darstellt. (▶ Abb. S. 94)

Stoffkreislauf und Energiefluss im Ökosystem

Der Kreislauf des Kohlenstoffs. Anorganisches Kohlenstoffdioxid wird bei der Fotosynthese und Chemosynthese in organische Materie eingebaut und durch Zellatmung und Gärung wieder als Kohlenstoffdioxid freigesetzt.

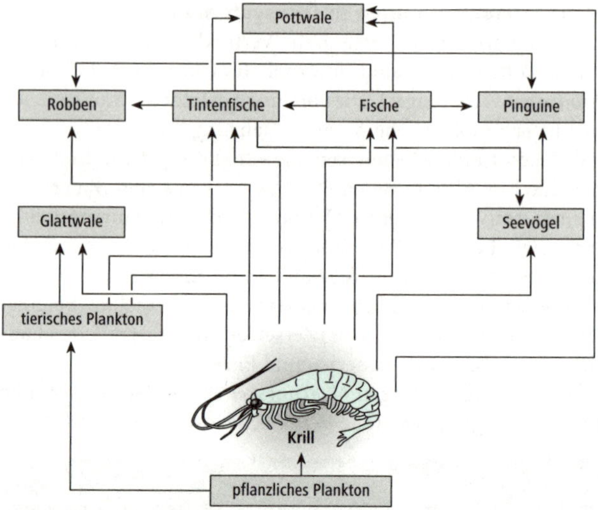

Nahrungsnetz des Krills (Ausschnitt)

Der Stickstoffkreislauf. Pflanzen bauen anorganische Nitrationen aus dem Boden in organische Verbindungen (Eiweiß und Nukleinsäuren) ein. Über die Nahrungskette werden diese an Tiere weitergegeben. Beim Abbau der Eiweißverbindungen im tierischen Organismus wird Ammoniak frei. Bakterien bauen es über die Zwischenstufe Nitrit zu Nitrat um. Nitrat kann von den Pflanzen wiederum aufgenommen werden. Symbiontische Knöllchenbakterien in den Wurzeln von Hülsenfrüchtlern wie Rotklee, Lupine und Luzerne können auch den molekularen Stickstoff aus der Luft aufnehmen und in organische Verbindungen einbauen. Der Boden wird so mit verwertbaren Stickstoffverbindungen angereichert.

Stoffkreisläufe über Produzenten, Konsumenten und Destruenten lassen sich auch beim Wasser, Sauerstoff und anderen Substanzen verfolgen. Meist sind sie innerhalb eines Ökosystems in

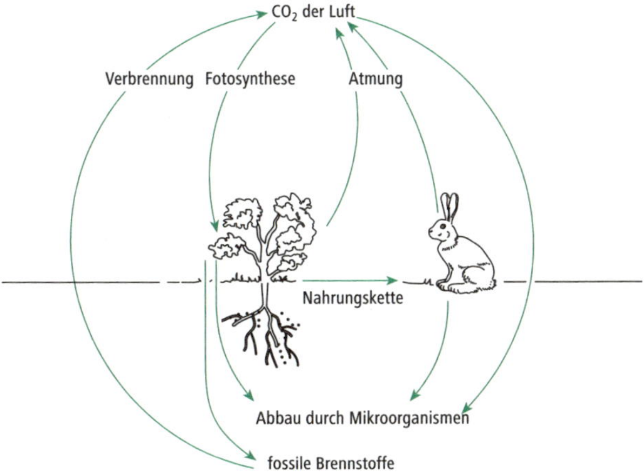

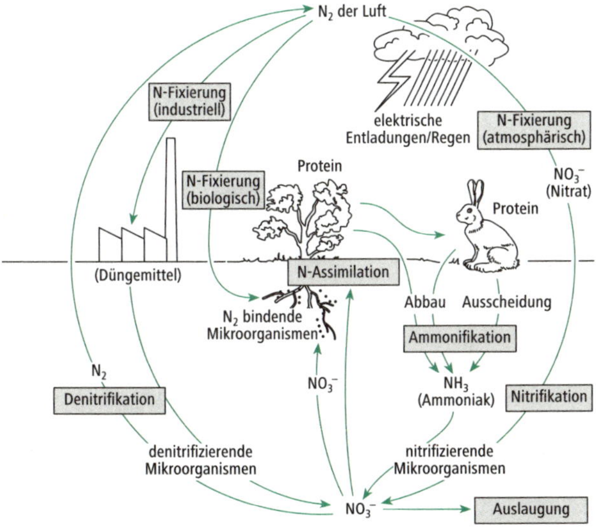

Kohlenstoff- und Stickstoffkreislauf

sich geschlossen. Durch Wassertransport, Tierwanderungen und globale Luftbewegungen kommt es aber schließlich doch zu einem Stoffaustausch zwischen den verschiedenen Ökosystemen der Biosphäre. Man spricht von offenen Ökosystemen.

Energiefluss. Der Energiefluss, der von der Sonne ausgeht, treibt die Stoffkreisläufe im Ökosystem an. Bei allen Umwandlungsprozessen kommt es zu Verlusten an verwertbarer Energie. Letztlich wird die eingestrahlte Sonnenenergie als Wärme wieder ins Weltall abgestrahlt.

Während die Materie im Ökosystem einem Kreislaufprozess unterworfen ist, strömt die Energie gerichtet in einer Einbahnstraße. Lichtenergie fließt der Fotosynthese zu, Wärmeenergie fließt aus dem System ab. (▶ Abb. unten)

Beim Durchlaufen der Nahrungsketten verringert sich der Energiegehalt der Biomasse bei jedem Übergang von einer Nahrungsebene zur nächsten auf etwa ein Zehntel des vorherigen Wertes.

Produktionsökologie. Die Ernährungsbeziehungen im Ökosystem lassen sich in Form von Nahrungspyramiden darstellen. Je nachdem, ob die Individuenzahl, die Biomasse oder der Ener-

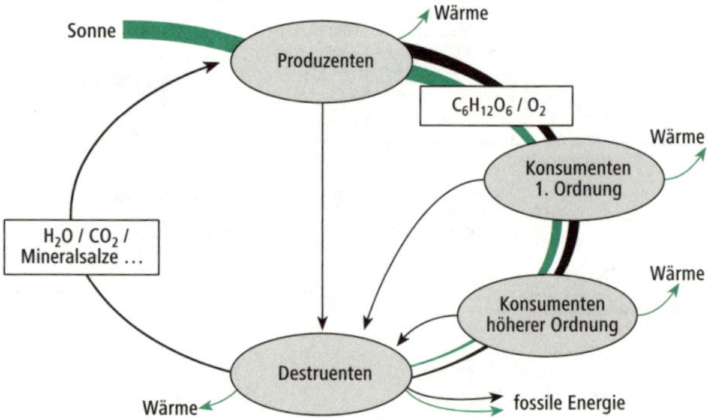

Kreislauf der Stoffe (schwarz) und Einbahnstraße der Energie (rot)

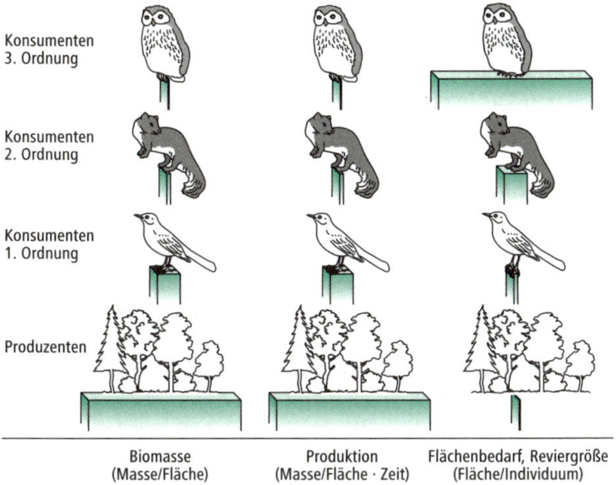

Ökologische Pyramiden

giegehalt berücksichtigt wird, erhält man eine Zahlen-, eine Biomassen- oder eine Produktivitätspyramide. Immer aber gilt, dass jedes zusätzliche Glied in der Nahrungspyramide Energieverlust für das Ökosystem bedeutet.

Als *Biomasse* bezeichnet man die gesamte lebende Masse aller Individuen eines Ökosystems. Die Pyramide zur *Produktion* gibt an, wie viel neue Biomasse in einer bestimmten Zeit gebildet wird. Beim *Flächenbedarf* der Individuen (Reviergröße) sind die Größenverhältnisse umgekehrt zu denen der Produktionspyramide. Allgemein nimmt der Flächenbedarf mit jeder höheren Stellung in der Nahrungskette (Trophiestufe) zu.

Veränderung und Stabilität von Ökosystemen

Ökosysteme verändern sich im Verlauf großer Zeiträume. Auf einem Kahlschlag wächst auch ohne Einfluss des Menschen wieder ein Wald heran. Im feucht-gemäßigten Klima Mitteleuropas

verlanden nährstoffreiche Flachseen allmählich. Schließlich entsteht ein Flachmoor mit Bruchwald, aus dem sich ein Laubmischwald als stabiler Endzustand entwickeln kann, in niederschlagsreicheren Gebieten ein Hochmoor. Diese Veränderungen der Zusammensetzungen der Pflanzen- und Tiergesellschaften im Ökosystem nennt man *Sukzession*, den stabilen Endzustand das *End-* oder *Klimaxstadium*.
Veränderungen innerhalb eines Ökosystems sind auch durch die Jahreszeit bedingt. So blühen im Frühjahr am Boden des noch unbelaubten Buchenwaldes Licht liebende Buschwindröschen und andere Frühblüher, während im Sommer Schattenpflanzen wie Sauerklee und Farne das wenige Licht nutzen, das noch durch das Laubdach fällt. Das Erscheinungsbild eines Ökosystems zu einer bestimmten Jahreszeit nennt man *Aspekt*, die zeitliche Ablösung der verschiedenen Erscheinungsbilder *Aspektfolge*.

Kennzeichen ausgewählter Ökosysteme

Wald

Die Waldökosysteme Mitteleuropas sind von Natur aus sommergrüne, winterkahle Laubmischwälder. Im Hochgebirge kommen immergrüne Nadelwälder vor. Heute besteht der größte Teil unserer Waldgebiete aus Wirtschaftswäldern, die je nach Zusammensetzung mehr oder weniger naturnah sind. Monokulturen aus Nadelbäumen sind anfällig für Schädlinge, Windwurf und Waldbrand.
Laubwälder brauchen mineralstoffreiche Böden. Im Jahresverlauf ändern sich hier die Lichtverhältnisse. Es entstehen verschiedene Pflanzenstockwerke. Laubwälder sind reicher an Pflanzen- und Tierarten als Nadelwälder.
Die Rotbuche ist bei uns der häufigste Laubbaum, Fichte und Kiefer sind die wichtigsten Nadelbäume. Am Waldboden wachsen neben zahlreichen Samenpflanzen die Sporen bildenden Pilze, Farne und Moose.
Ein intakter Wald bietet dem Menschen vielfältigen Nutzen und hat für den Naturhaushalt wichtige Funktionen: Sauerstoffpro-

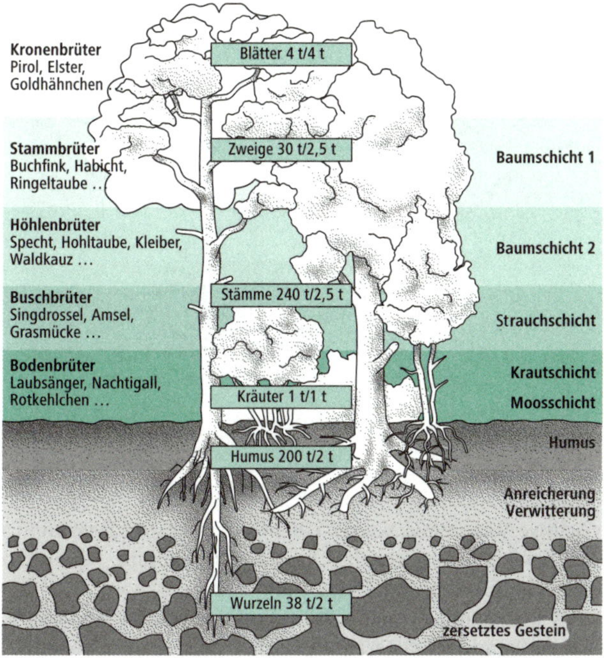

Schichtung und Produktion des Mischwaldes. Die erste Zahl gibt die Biomasse (Trockenmasse in t/ha) an, die zweite Zahl die jährliche Produktion (Trockenmasse in t/ha · a).

duktion, Wasserversorgung, Holzproduktion, Lärm-, Hochwasser-, Lawinen- und Windschutz, Filterung von Staub und Abgasen, Klima- und Bodenschutz, Naturschutz, Erholungsraum.

See

Nach Größe, Tiefe und Dauerhaftigkeit unterscheidet man bei stehenden Gewässern Tümpel (flach, zeitweilig bestehend), kleine, flache Teiche (vom Menschen angelegt), Weiher (natürlich entstanden) und Seen (tief, Licht dringt nicht bis zum Boden).

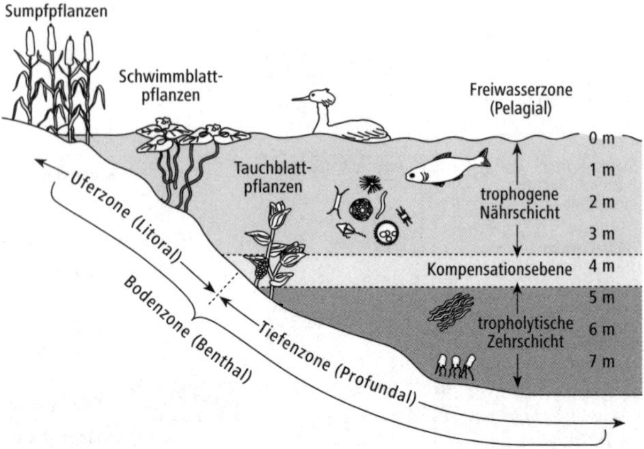

Lebensraum (Biotop) und Lebensgemeinschaft (Biozönose) des Ökosystems See

Wichtige abiotische Faktoren eines Gewässers sind Temperatur, Sichttiefe, Sauerstoffgehalt, Oberflächenspannung, Viskosität, Salzgehalt sowie der pH-Wert.

Das Ökosystem See lässt sich in die Lebensräume Bodenzone (*Benthal*) und Freiwasserzone (*Pelagial*) gliedern. Die Bodenzone unterteilt sich in die Uferzone (*Litoral*) und einen Tiefenbereich (*Profundal*). Die Grenze verläuft dort, wo die Lichtintensität für die Fotosynthese zu gering wird (*Kompensationsebene*). Dadurch untergliedert sich auch der Freiwasserbereich in ein oberes, Licht durchdrungenes *Epilimnion* und ein unteres, dunkles *Hypolimnion*.

Der topologischen Gliederung des Sees entspricht auch seine funktionale Zonierung: Dem Litoral und Epilimnion entspricht eine trophogene *Nährschicht* (hier produzieren Plankton und Schwimmpflanzen organische Stoffe). Profundal und Hypolimnion bilden die tropholytische *Zehrschicht* (hier lebende Organismen zehren von absinkenden Nährstoffen aus der Nährschicht).

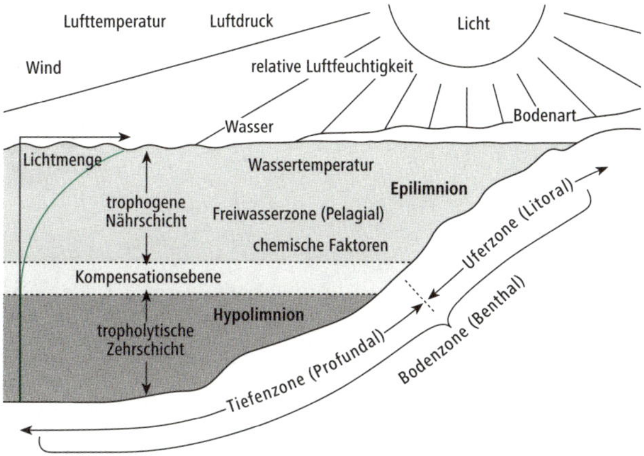

Abiotische Faktoren des Ökosystems See

Im Bereich der Kompensationsebene halten sich Biomasseaufbau und -abbau in etwa die Waage.

Je nach der Wassertiefe lassen sich Lebensgemeinschaften von Sumpfpflanzen (z. B. Rohrkolben, Seebinsen), Schwimmblattpflanzen (z. B. Seerosen) und Tauchblattpflanzen (z. B. Wasserpest) unterscheiden.

Als *Plankton* bezeichnet man die Gesamtheit der im Freiwasser schwebenden Kleinlebewesen (tierisches und pflanzliches Plankton). Aktiv schwimmende Fische und Wasserinsekten bilden das *Nekton*.

Das Oberflächenhäutchen des Sees wird vom *Neuston* (Algen, Bakterien, Pilze) und *Pleuston* (Wasserlinsen, Wasserläufer etc.) besiedelt.

Als *Benthon* bezeichnet man die Lebewesen, die den Bodengrund besiedeln (z. B. Insektenlarven, Würmer, Muscheln).

Die Nahrungsketten des Sees beginnen vielfach bei Algen und enden bei Hechten oder Graureihern.

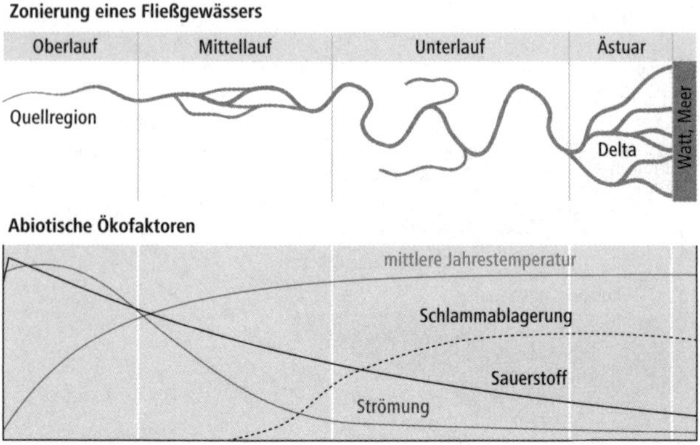

Charakteristische Biozönosen

Plankton fehlt	**Plankton** vorhanden
Nekton obere | untere Forellenregion | Äschenregion	**Nekton** Barbenregion | Brachsenregion | Kaulbarsch-Flunder-Region
Benthon Artenzahl gering; v. a. Insektenlarven	**Benthon** Artenzahl hoch; zunehmend Asseln, Ringel-, Fadenwürmer, Egel u.a.

Gliederung eines Fließgewässers

Fließgewässer

In Fließgewässern (Bach, Fluss) sind die strömungsbedingten Verwirbelungen der beherrschende abiotische Ökofaktor. Sie bewirken einen raschen Sauerstoffaustausch und verhindern eine Wasserschichtung.

Typisch für Fließgewässer ist eine Zonierung von der Quelle zur Mündung.

Fließgeschwindigkeit, Wassertemperatur, Untergrund und Nährstoffzufuhr ändern sich im Verlauf eines Fließgewässers. Die charakteristischen Biozönosen sind durch bestimmte Leitfische gekennzeichnet.

3.4 Mensch und Umwelt

Bevölkerungswachstum

Das globale Bevölkerungswachstum des Menschen zeigt in den letzten Jahrhunderten einen exponentiellen Verlauf. Heute leben über siebeneinhalb Milliarden Menschen auf der Erde. Jedes Jahr wächst die Menschheit um über 80 Millionen. Dabei gibt es weltweit große regionale Unterschiede. Über 90 % des Bevölkerungswachstums entfallen heute auf die Entwicklungsländer.
Das Modell des *demografischen Übergangs* beschreibt die Veränderung von hoher zu niedriger Sterbe- und Geburtenrate und das daraus resultierende Bevölkerungswachstum. Während sich die meisten Entwicklungsländer in einer frühen Übergangsphase befinden, hat sich die Geburten- und Sterberate in den Industrieländern auf ein konstant niedriges Niveau eingependelt (Phase IV oder V, ▶ Abb. unten).
Ein weiter anhaltendes Bevölkerungswachstum verschärft die Probleme bei der Nahrungsmittelversorgung und bei der Energie- und Rohstoffversorgung und belastet die Umwelt.

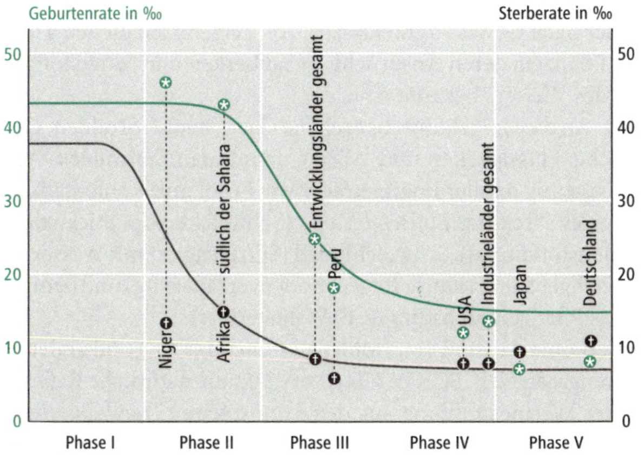

Phasen des demografischen Übergangs

Umweltbelastung

Der Mensch verändert die Umwelt in seinem Sinne. Neben Chancen birgt dies aber auch Gefahren. Viele menschliche Eingriffe gefährden die Ökosysteme Gewässer, Luft, Boden und Wald.

Wasser. Der Mensch nutzt Gewässer als Trinkwasserquellen, Betriebswasser (Bergbau, Industrie, Gewerbe), Kühlwasser, Verkehrswege und Erholungsgebiete. Verschmutzungen durch industrielle Schadstoffe (z. B. Schwermetalle, Cyanverbindungen), Säuren und Laugen (pH-Wert-Veränderung), Düngemittel, unvollständig gereinigte Abwässer aus Kläranlagen und Wärmezufuhr durch Kühlwassereinleitung vermindern die Selbstreinigung eines Gewässers. Übermäßiger Nährstoffeintrag führt zur *Eutrophierung* bis hin zum „Umkippen“ eines Gewässers, sodass Tiere und Pflanzen hier nicht mehr leben können. Sauerstoffmangel führt zu einer verstärkten Vermehrung anaerober Bakterien und Pilze, sodass Fäulnisprozesse zunehmen.
Zur Beurteilung der Gewässergüte verwendet man biologische und chemische Verfahren. Der *Saprobienindex* (Fäulniszustand eines Gewässers) verwendet Zeigerarten zur Einteilung der Gewässer nach Gewässergüteklassen. Als Zeigerarten dienen Tiere und Pflanzen, deren Ansprüche an Sauberkeit und Sauerstoffgehalt des Wassers bekannt sind.

Luft. An die Umgebung abgegebene Gase, Stäube, Strahlen, Geräusche, Flüssigkeiten und Wärme nennt man *Emissionen*. Aus der Nutzung fossiler Energieträger wie Erdöl und Kohle stammt der größte Teil der *Luftschadstoffe* (Schwefeldioxid, Stickoxide, Kohlenstoffdioxid). Schwefeldioxid (SO_2) reagiert mit Wasser zu schwefliger Säure (saurer Regen, Bodenversauerung) und hemmt so das Pflanzenwachstum (z. B. Waldsterben).
Der erhöhte Ausstoß von Kohlenstoffdioxid (CO_2) und anderen Spurengasen (z. B. FCKW, CH_4) verstärkt die natürliche Reflexion der Wärmestrahlung aus der Atmosphäre (*Treibhauseffekt*) und kann wesentlich zu einer globalen Klimaveränderung beitragen.

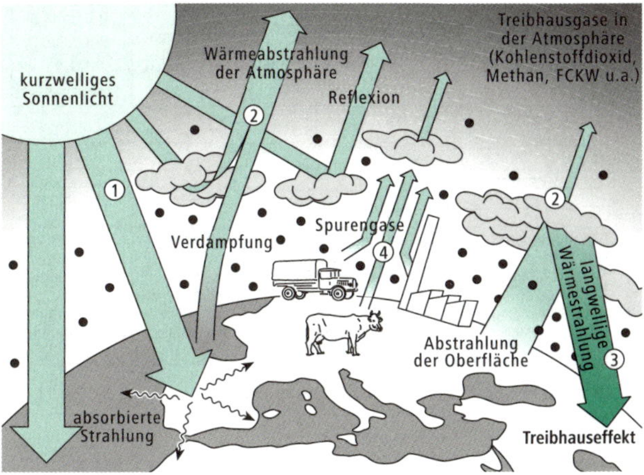

„Treibhauseffekt“
1 Einstrahlung kurzwelligen Sonnenlichts
2 Rückführung langwelliger Wärmestrahlung
3 Reflexion langwelliger Wärmestrahlung durch Spurengase in der Atmosphäre
4 Verstärkung der Reflexion von Wärmestrahlung durch erhöhten Ausstoß von Spurengasen

Luftschadstoffe begünstigen auch die Bildung von bodennahem *Ozon*, einem Sauerstoffmolekül aus drei Sauerstoffatomen (O_3), das sich unter Einwirkung von UV-Strahlung bildet. Insbesondere in den Sommermonaten kommt es so zu einer erhöhten Ozonkonzentration in Bodennähe. Dieser Ozonüberschuss bewirkt u. a. eine Reizung der Augen und der Atemwege.
Andererseits führen von Menschen verursachte Gase wie Chlorfluorkohlenwasserstoffe (FCKW) oder Distickstoffoxid aus überdüngten Böden zu einer Schädigung der *Ozonschicht* in 15 bis 35 km Höhe (Ozonloch). Dieser Bereich der Atmosphäre ist mit Ozon angereichert, das die lebensfeindliche UV-Strahlung aus dem Weltall größtenteils zurückhält. Eine erhöhte UV-Strahlung kann u. a. Haut- und Augenschäden hervorrufen.

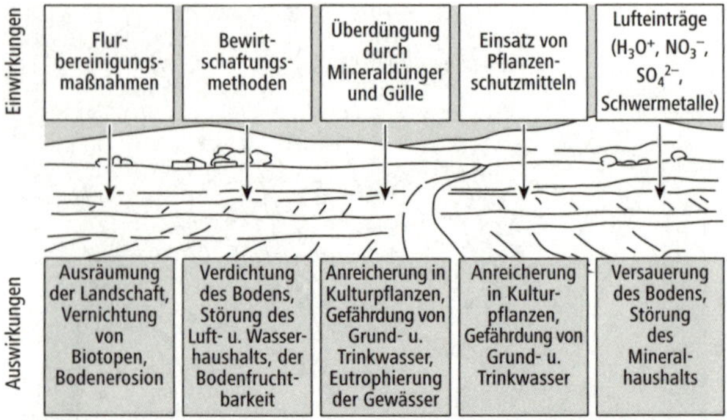

Belastungen des Bodens im Kultur-Ökosystem Acker

Boden entwickelt sich aus den mineralischen Verwitterungsprodukten des Gesteins und organischen Anteilen aus den Zersetzungsprozessen von Pflanzen und Bodentieren. Als landwirtschaftliche Nutzfläche ist der Boden die Grundlage unserer Ernährung.

Für Gebäude und Verkehrswege wird immer mehr Bodenfläche versiegelt. Übernutzung des Bodens durch schwere landwirtschaftliche Maschinen führt zu Bodenverdichtung und vermehrter Bodenerosion.

Durch *Intensivlandwirtschaft* kommt es zu anhaltendem Nährstoffeintrag und zur Belastung mit Pestiziden (Insektizide, Herbizide). Müllverbrennung, Mülldeponien, Industrie und Verkehr setzen weitere Giftstoffe frei, die über den Boden in das Grundwasser gelangen und über die Nahrungskette von uns aufgenommen werden können.

In den Trockengebieten der Erde kommt es durch Abholzung der Wälder, Überweidung und langfristige Klimaveränderungen zur *Desertifikation* (Austrocknung, Versalzung und Erosion des Bodens).

Artenschwund

Tropische Regenwälder sind artenreiche Lebensräume. Durch Ackerbau, Viehzucht und Abholzung ist der Regenwald bedroht. Er ist als Klimaregulator und als Reservoir zahlreicher Pflanzen- und Tierarten für die Menschheit unentbehrlich.

Täglich gehen auf der Erde zahlreiche Arten unwiederbringlich verloren. Auch die Ausbeutung der Weltmeere durch industriemäßigen Fischfang trägt dazu bei. Moderne Züchtungsmethoden nach ausgewählten Zuchtzielen bevorzugen bestimmte Nutztiere und Nutzpflanzen. Dadurch besteht auch bei diesen die Gefahr der Verminderung der Sorten- und Rassenvielfalt.

Nachhaltige Entwicklung

Unter *Nachhaltigkeit* (*sustainable development*) versteht man eine Entwicklung zum Wohlergehen aller Menschen, die den Bedürfnissen heutiger und künftiger Generationen gerecht wird, ohne die natürlichen Lebensgrundlagen zu gefährden.

Kulturlandschaften. Die Schaffung von Kulturland durch den Menschen veränderte viele ursprüngliche Naturräume. Bei den anthropogen veränderten Ökosystemen unterscheidet man zwischen *Kultur-Ökosystemen* (wie Felder, Wiesen, Weiden, Plantagen oder Forste) und *urban-industriellen Ökosystemen* (wie Siedlungen, Industrieanlagen oder Verkehrsflächen). Kultur-Ökosysteme sind von wenigen Kulturpflanzenarten geprägt, die zur Ernährung des Menschen und seiner Haus- und Nutztiere angepflanzt werden. Viele Wildarten gehen als *Kulturflüchter* in Anzahl und Dichte zurück, während einige Arten (wie die sog. Unkräuter und Ungeziefer) als *Kulturfolger* zunehmen. Bei den urban-industriellen Ökosystemen wird zunehmend auch die naturnähere Umgebung als Erholungsraum in Anspruch genommen.

Stadt. Hier leben und arbeiten viele Menschen auf engem Raum zusammen. Es gibt keine Stoffkreisläufe. Energie, Nahrung und Wasser werden zugeführt, Müll und Abluft werden entsorgt. Die Verminderung von Emissionen, das Begrünen von Plätzen sowie die Schonung der natürlichen Ressourcen soll die Lebensqualität in den Städten verbessern. Durch *Renaturierung* werden geschädigte Biotope in einen naturnäheren Zustand rückgeführt.

Acker. Durch die Ernte werden dem Acker ständig Stoffe entzogen, sodass sich keine vollständigen Stoffkreisläufe ausbilden können. Düngung soll die Stoffverluste ausgleichen. Intensivierung und Rationalisierung führten zum einen zu einer Steigerung der Erträge bis zur Überproduktion, andererseits aber auch zu einer ausgeräumten Agrarlandschaft mit Monokulturen und zahlreichen Belastungen für den Boden. Der *ökologische Landbau* fördert die Bodenfruchtbarkeit durch Abwechslung der Fruchtfolge und verzichtet weitgehend auf Pestizide.

Maßnahmen zur Deintensivierung der Überschuss produzierenden Landwirtschaft (z.B. Flächenstilllegungen) ermöglichen einen gewissen Ausgleich durch Schaffung von Ersatzlebensräumen (z.B. renaturierte Bachläufe oder Feuchtwiesen).

Je naturnaher Kulturlandschaften sind, um so mehr sind sie in der Lage, Veränderungen auszugleichen. Sie besitzen dann die Fähigkeit zur *Selbstregulation*, ein prinzipielles Merkmal natürlicher Ökosysteme.

Abfallwirtschaft. Um Umweltbelastungen durch Müll zu verringern und Rohstoffe zu sparen, findet eine verstärkte Abfallverwertung (*Recycling*) statt. Bestimmte Müllsorten werden in die Produktion rückgeführt, organische Abfälle werden kompostiert oder dienen der Biogas-Erzeugung, Restmüll wird thermisch behandelt, Rückstände nach strengen Richtlinien deponiert.

Integrierter Pflanzenschutz. Die integrierte *Schädlingsbekämpfung* hat das Ziel, den Einsatz von Pestiziden in der Pflanzenproduktion durch eine sinnvolle Kombination verschiedener Methoden zu minimieren. Dabei werden neben verschiedenen kulturtechnischen Verfahren unterschiedliche biologische, mikrobiologische und gentechnische Maßnahmen angewandt. Chemische Pflanzenschutzmittel kommen erst dann zum Einsatz, wenn der angerichtete Schaden die Kosten des Pflanzenschutzes deutlich übersteigt.

Globaler Artenschutz. Artenschutz ist immer auch Schutz des Lebensraumes. Eine nachhaltige Nutzung der Erde durch den Menschen verhindert langfristig einen Rückgang der biologischen Vielfalt. Um dieses Ziel zu erreichen, wurden verschiedene Konventionen und Gesetze verabschiedet. Das *Washingtoner Artenschutzübereinkommen* reguliert den Handel mit gefährdeten freilebenden Tieren und Pflanzen. Dies ist festgelegt in der Convention on International Trade in Endagered Species of Wild Fauna and Flora (CITES).

Die *Klimakonvention* verlangt, dass Industrienationen ihre Emissionen an CO_2 und anderen Treibhausgasen reduzieren. Der Aktionsplan *Agenda 21* verknüpft Umweltfragen mit Handlungsprogrammen in Gemeinwesen und Wirtschaft zu Problemfeldern (wie Technologietransfer oder Bevölkerungsentwicklung). Die *Biodiversitätskonvention* zum globalen Schutz der natürlichen Lebensgrundlagen bündelt die Zielsetzungen aller Schutzabkommen.

3

Bezeichnung	Zweck	Anzahl
Nationalpark	Großräumiger Schutz und Erhalt der Naturwunder und natürlicher Ressourcen; soll frei von Nutzungen sein	16
Naturpark	Großräumiger Schutz von Kulturlandschaft; Nutzung der Ressourcen erlaubt	102
Biosphärenreservat	Großräumiger Schutz von Natur- und Kulturlandschaft; in Kernzonen frei von Nutzung	17
Naturschutzgebiet	Kleinflächiger Schutz von Naturlandschaft und Lebensgemeinschaften wie Orchideen-Streuwiesen und Kalkmagerrasen, die erst durch menschliche Nutzung entstanden sind und gepflegt werden müssen; Hauptnutzer aber immer der Naturschutz	ca. 8500
Landschaftsschutzgebiet	Kleinflächiger Schutz von Naturlandschaft; Nutzung erlaubt	ca. 8600

Naturschutzkategorien für Flächen (Deutschland)

Naturschutz. Das *Bundesnaturschutzgesetz* regelt den Naturschutz in Deutschland und bildet den Rahmen für verschiedene Naturschutzbestimmungen der einzelnen Bundesländer. Wichtige Instrumente dabei sind die Ausweisung von Schutzgebieten, Landschaftsplanung und Eingriffsregelungen. Vielfach wird Eingriffen des Menschen eine *Umweltverträglichkeitsprüfung* vorgeschaltet, mit der die Auswirkungen von baulichen Maßnahmen auf Umwelt und biologische Vielfalt untersucht werden.
In *Roten Listen* werden gefährdete Pflanzen- und Tierarten erfasst, um einen Überblick über den Gefährdungsgrad der Flora und Fauna zu bekommen. Rote Listen werden häufig für die Bewertung von Schutzgebieten herangezogen.
Zum Schutz von Flächen gibt es verschiedene Schutzkategorien (▸ Tabelle S. 109). Am strengsten geschützt sind hier die Naturschutzgebiete, beim Objektschutz die Naturdenkmale, also einzigartige Naturgebilde wie Höhlen oder seltene, alte Bäume.

KOMPETENZEN UND BASISKONZEPTE

- Einfluss abiotischer und biotischer Umweltfaktoren auf Lebewesen
- Zwischenartliche und innerartliche Beziehungen von Lebewesen
- Definition und Erklärung des Begriffs „ökologische Nische"
- Organismen als offene Systeme
- Reproduktionsprinzip unterschiedlicher Fortpflanzungsstrategien
- Gesetzmäßigkeiten des Wachstums und der Regulation von Populationen
- Allgemeine Struktur eines Ökosystems
- Stoffkreisläufe und Energiefluss in Ökosystemen
- Beispiele für Ökosysteme und deren Beziehungsgefüge
- Regulation in Ökosystemen
- Basiskonzept Kompartimentierung in Ökosystemen
- Veränderung und Stabilität von Ökosystemen
- Umweltbelastung und ihre Ursachen
- Maßnahmen zum Erhalt einer intakten Umwelt
- Konzept einer nachhaltigen Entwicklung

Entwicklungsbiologie 4

Die Entwicklung eines Lebewesens bezeichnet man als Individualentwicklung (Ontogenese). Auf Wachstum und Differenzierung folgt aufgrund der begrenzten Lebensdauer aller Lebewesen am Ende der Tod. Fortpflanzung zur Erhaltung der Art ist somit eine Voraussetzung und ein Kennzeichen des Lebens. Die Entwicklungsgeschichte untersucht und beschreibt die Ontogenese der Lebewesen, die Entwicklungsphysiologie fragt nach den Ursachen der Entwicklungsprozesse.

4.1 Fortpflanzung

Man unterscheidet zwischen ungeschlechtlicher (vegetativer) und geschlechtlicher (sexueller) Vermehrung. Bei der ungeschlechtlichen Fortpflanzung entwickeln sich aus Körperzellen des mütterlichen Organismus durch Mitosen neue Individuen. Bei der geschlechtlichen Fortpflanzung entsteht aus genetisch unterschiedlichen Gameten eine neue, einmalige genetische Einheit, die Zygote. Sie ist aufgrund ihrer veränderten Erbausstattung in der Lage, sich neuen Umweltbedingungen anzupassen.

Ungeschlechtliche Fortpflanzung

Einfache Zweiteilung. Einzeller vermehren sich meist durch Zweiteilung. Die Erbinformation wird wie bei einer Mitose zuvor verdoppelt und auf die beiden Tochterindividuen identisch verteilt.

Klonbildung. Bei einigen Vielzellern wachsen gelegentlich bestimmte Teile des Körpers aus und bilden einen vollständigen neuen Organismus. Es werden keine besonderen Fortpflanzungszellen ausgebildet, ein Geschlechtspartner ist nicht nötig. Diese Nachkommen sind mit dem Elter völlig identisch. Solche Gruppen erbgleicher Nachkommen nennt man Klone. Beispiele sind die Sprossknollen der Kartoffel, die Stecklinge von Begonien und die Ausläufer der Erdbeere.

Parthenogenese (Jungfernzeugung) ist eine eingeschlechtliche Form der Fortpflanzung. Unbefruchtete Eizellen bilden lebensfähige Nachkommen. Beispiele sind die diploiden Sommerformen der Blattläuse. Bei Bienen entwickeln sich die männlichen Drohnen aus haploiden Eizellen der Königin.

Geschlechtliche Fortpflanzung

Bei der geschlechtlichen Fortpflanzung verschmelzen männliche und weibliche Keimzelle (Gameten) miteinander. Die Keimzellen sind haploid, ihr Chromosomensatz wurde während der Meiose auf die Hälfte reduziert. Die befruchtete Eizelle (Zygote) besitzt wieder den diploiden (doppelten) Satz des genetischen Materials. In der Neukombination des Erbguts liegt der Vorteil der geschlechtlichen (sexuellen) Fortpflanzung.

Keimzellen. Bei *Tier* und *Mensch* entstehen die Eizellen in den weiblichen Eierstöcken (Ovarien), die Spermazellen in den männlichen Hoden. (▶ Meiose, S. 130 f.) Die beweglichen *Spermazellen* bestehen aus Kopfteil, Mittelstück und Schwanzteil. Der Kopfteil enthält die genetische Information, das Mittelstück die Zentriolen für den Spindelapparat sowie Mitochondrien, die die Energie zur Bewegung des Schwanzteils bereitstellen. Am Vorderende des Kopfteils liegt das Akrosom mit Enzymen für das Eindringen in die Eizelle. Die unbewegliche *Eizelle* enthält neben der Erbinformation reichlich Zellplasma mit Nährstoffen für die Keimesentwicklung. Säugetiere, bei denen die Keimesentwicklung im Mutterleib stattfindet, haben dotterarme Eizellen, Eier legende Tiere wie Insekten, Reptilien und Vögel haben dotterreiche Eier. Bei den *Samenpflanzen* entstehen in den Staubblättern die männlichen Pollen, die sich zu Spermazellen entwickeln. Die Eizelle liegt auf dem Fruchtblatt in der Samenanlage.

Besamung und Befruchtung. Die Eizelle lockt die Spermazellen mit Befruchtungsstoffen an. An der Berührungsstelle von Ei- und Samenzelle entsteht der Befruchtungshügel, an dem Kopf- und Mittelstück der Spermazelle in das Eizellplasma eindringen (Besamung). Um die Eizelle herum bildet sich die Befruchtungsmembran, die das Eindringen weiterer Spermazellen verhindert. Männlicher und weiblicher Zellkern verschmelzen nun zum Zygotenkern. Die Befruchtung ist vollzogen. Meist schließt sich unmittelbar an die Befruchtung die erste mitotische Zellteilung an.

Generationswechsel

Bei *Sporenpflanzen* wie Farnen und Moosen wechseln sich geschlechtliche und ungeschlechtliche Vermehrung regelmäßig ab. Man spricht von einem Generationswechsel. Auch bei den *Hohltieren* gibt es einen Generationswechsel zwischen der Geschlechtsgeneration der Quallen und der ungeschlechtlichen Polypen-Generation.

	Geschlechtliche Fortpflanzung	Ungeschlechtliche Fortpflanzung
Bestäubung und Befruchtung	Nachteil: Mit der Notwendigkeit von Bestäubung und Befruchtung ergibt sich i. Allg. eine Abhängigkeit von Fremdbestäubern (Wind, Insekten etc.).	Vorteil: Da Bestäubung und Befruchtung nicht erforderlich sind, besteht weniger Abhängigkeit von Außenfaktoren und keine Notwendigkeit, Blüten auszubilden und Pollen zu produzieren.
Rekombination	Vorteil: Durch Rekombination entsteht eine große genetische Variabilität und damit die Möglichkeit evolutiver Prozesse.	Nachteil: Ohne Rekombination ist keine Veränderung der Art möglich; damit kann auf Umweltveränderungen kaum reagiert werden.
Verbreitung	Vorteil: Mithilfe von Samen ist eine Verbreitung über große Distanzen möglich.	Nachteil: Ausbreitung ist nur sukzessive (i. Allg. über geringe Distanzen) möglich.

Vor- und Nachteile geschlechtlicher und ungeschlechtlicher Fortpflanzung

4.2 Keimesentwicklung bei Vielzellern

Entwicklung bei Tier und Mensch

Die Embryonalentwicklung beginnt mit der Befruchtung. Aus der befruchteten Eizelle (Zygote) entsteht durch zahlreiche Zellteilungen ein vielzelliges Lebewesen. Vier Schritte sind im Verlauf der Entwicklung zu unterscheiden:

- Zunächst teilt sich die Zygote in eine Vielzahl von Zellen. In dieser *Furchungsphase* wird die Zygote über den Maulbeerkeim (Morula) in einen Blasenkeim (Blastula) verwandelt. Man unterscheidet verschiedene *Furchungstypen.* Der Eidotter hat erheblichen Einfluss auf die Art des Furchungsverlaufes. Bei dotterarmen Eizellen kommt es anfangs zu einer totalen Furchung, bei dotterreichen Eiern wird die Dottersubstanz nicht mit in den Furchungsprozess einbezogen. Das Eiplasma schwimmt hier als Keimscheibe auf dem Dotter.
- Bei der anschließenden *Gastrulation* entsteht der aus zwei Keimblättern bestehende Becherkeim (Gastrula) mit dem äußeren Ektoderm und dem inneren Entoderm. Bei höher entwickelten Tieren wird als drittes Keimblatt das Mesoderm gebildet.
- Als dritte Phase erfolgt die *Organogenese*, in der die Keimblätter die Ausgangspunkte für die Anlage der verschiedenen Organe bilden. Bei Wirbeltieren findet jetzt auch die *Neurulation* statt. Rückenwärts (dorsal) wölbt sich das Ektoderm in Längs-

Keimblatt	Organ
Ektoderm	Oberhaut mit Drüsen und Anhangsgebilden wie Nägel; Anfang und Ende des Darmkanals mit Drüsen; Nervensystem und Sinneszellen
Entoderm	Mitteldarmepithel mit Drüsen, Leber, Bauchspeicheldrüse; Schwimmblase, Lunge, Kiemen, Schilddrüse
Mesoderm	Innenskelett, Muskeln, Bindegewebe; Blut, Lymphe und entsprechende Gefäße; Ausscheidungs- und Geschlechtsorgane; Chorda dorsalis

Entwicklung der Organe aus den Keimblättern

richtung ein und bildet die Neuralrinne, die sich zum Neuralrohr schließt. Hieraus entwickelt sich durch weitere Differenzierung das Nervensystem. Der über dem Urdarm liegende Mesodermabschnitt entwickelt sich zu einem längs verlaufenden Stützelement, der Chorda dorsalis.

- Während der dann einsetzenden *Gewebedifferenzierung* der Organe kommt es zur Gestaltbildung.

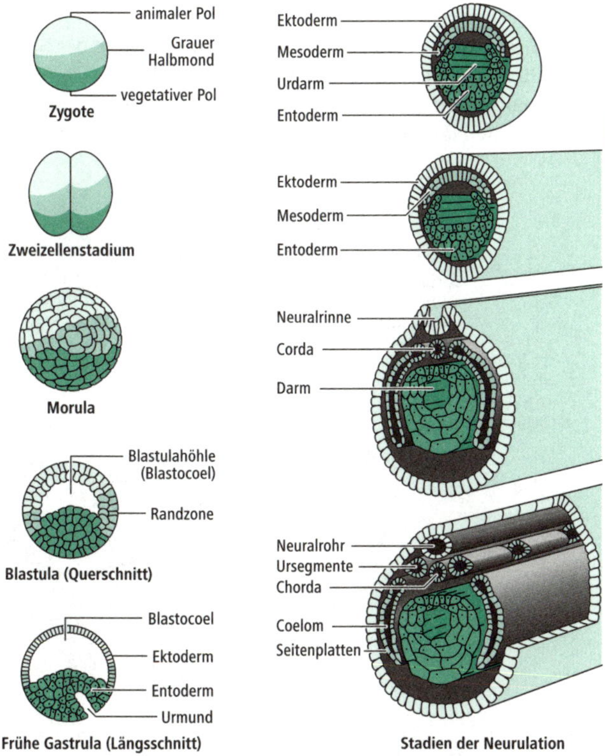

Embryonalentwicklung bei Amphibien

Bei Amphibien lassen sich die einzelnen Entwicklungsschritte besonders deutlich verfolgen. (▶ Abb. S. 115)
Bei Tieren mit direkter Entwicklung wie den Säugetieren gleichen die Jugendstadien in Gestalt und Lebensweise den Erwachsenen.
Tiere mit einer indirekten Entwicklung wie Lurche und Insekten durchlaufen ein *Larvenstadium*. Erst durch einen Gestaltwandel während der *Metamorphose* wird das Erwachsenenstadium erreicht.
In der Embryonalentwicklung höherer Säugetiere und des Menschen dient die *Plazenta* der Versorgung des Embryos. Aber auch schädigende Einflüsse (z. B. Alkohol, Drogen, Medikamente) passieren die Plazentaschranke.

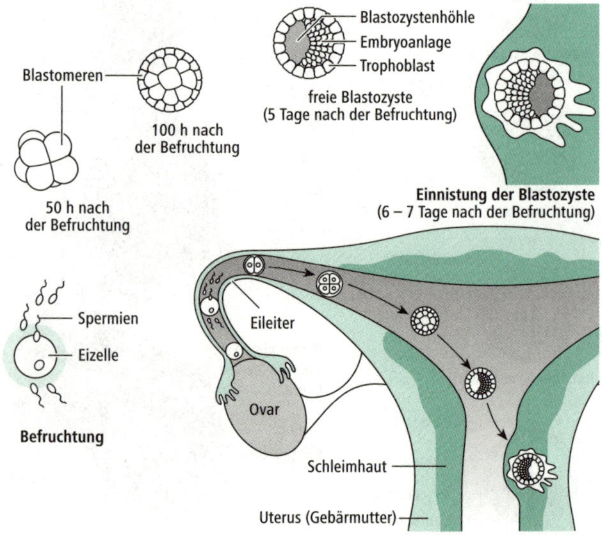

Befruchtung und Keimesentwicklung beim Menschen

Keimesentwicklung bei Samenpflanzen

Bei Pflanzen wird die Eizelle in der Samenanlage durch einen Spermakern des Pollens befruchtet. Aus der Zygote entwickelt sich der Embryo. An einem Pol des Embryos entsteht die Keimwurzel, am entgegengesetzten Pol entsteht bei einkeimblättrigen Pflanzen ein Keimblatt, bei zweikeimblättrigen entstehen zwei Keimblätter. Dazwischen liegt die Keimachse, aus der später der übrige Spross wird. Nach Speicherung der nötigen Nährstoffreserven wird eine feste Schale ausgebildet. Der Samen ist also eine ruhende Keimpflanze mit Nährgeweben und fester Schale. Bei vielen Pflanzen bildet sich um den Samen herum eine Frucht, die der Samenverbreitung dient.
Bei entsprechenden Umweltbedingungen wie z. B. ausreichend Wasser und Wärme kommt es zur *Samenkeimung*. Die Samenschale platzt auf, eine Keimwurzel kommt zum Vorschein und wenig später erscheinen die Keimblätter.

4.3 Innere und äußere Faktoren der Entwicklungsvorgänge

Äußere Bedingungen (Temperatur, Licht, Wasser und Jahreszeit) bestimmen die Entwicklung ebenso wie die Erbinformation, Hormone und andere Stoffe sowie die gegenseitige Beeinflussung der Keimteile als innere Faktoren.

Regulation und Determination

Bei *Mosaikeiern* steuern im Eiplasma vorhandene Stoffe die Keimentwicklung nach einem streng festgelegten Programm. Aus bestimmten Plasmabezirken entwickeln sich bestimmte Organanlagen. Der Keim bildet somit ein Mosaik festgelegter Zellen. Isolierte Einzelzellen des Keims entwickeln sich nicht zu einem vollständigen Organismus.
Bei *Regulationseiern* wächst aus isolierten Zellen nach der ersten Furchungsteilung jeweils ein vollständiger Keim heran. Schnü-

rungsversuche bei Molcheiern zeigten, dass alle Zellen des Keims bis zum Gastrulastadium die gesamte Erbinformation aktivieren können. Erst danach kommt es zu einer irreversiblen Festlegung auf ein bestimmtes Entwicklungsprogramm (*Determination*).

Induktion

Transplantationsversuche mit Molchkeimen, bei denen Stücke aus dem Blastula- oder Gastrulastadium entnommen und auf andere Keime übertragen wurden, zeigten, dass diese sich bis zur frühen Gastrula ortsgemäß entwickeln, sie bilden also das dem Einpflanzungsort entsprechende Gewebe. Werden Keimteile später transplantiert, entwickeln sie sich herkunftsgemäß und bilden das Gewebe des Herkunftsortes. Die Determination ist dann vollzogen. Jetzt wirken die transplantierten Gewebe auf die anderen Gewebe bestimmend ein, man spricht von *Induktion*. Zahlreiche Stoffe konnten als Induktionsstoffe nachgewiesen werden.

Genetische Steuerung der Entwicklung

Die Differenzierung einer Zelle hängt vom Vorhandensein spezifischer Proteine ab. Diese wiederum gehen auf die Aktivität verschiedener Gene zurück. (▶ Genexpression und Genregulation, S. 149 ff.)
Bei der Fruchtfliege (Drosophila) steuert eine Gengruppe (Homöobox) den Entwicklungsverlauf. Alle Zellen des Tieres besitzen die gesamte genetische Information, je nach ihrer Lage im Embryo und je nach Aktivität der Entwicklungsgene werden aber unterschiedliche Informationen in Merkmale umgesetzt.

Einfluss von Außenfaktoren

Verschiedene Umweltfaktoren bewirken Variationen bei der Verwirklichung der Erbanlagen. Man spricht von *Modifikationen*. Bei Pflanzen scheinen äußere Faktoren (z. B. Licht, Temperatur) die Entwicklung stärker zu beeinflussen als bei Tieren, bei denen die Wirkung der inneren Faktoren bedeutender ist.

4.4 Reproduktionstechniken

Die Reproduktionsmedizin versucht mit verschiedenen Methoden, den Erfolg der Fortpflanzung zu gewährleisten, ohne dabei – wie die Gentechnik – artfremde genetische Information zu übertragen.

Künstliche Befruchtung beim Menschen

Durch künstliche Befruchtung (Insemination) können auch Paare, bei denen eine natürliche Befruchtung nicht möglich ist, Kinder bekommen. Bei der *In-vitro-Fertilisation* (IVF) wird eine Eizelle außerhalb des Körpers im Reagenzglas befruchtet und in

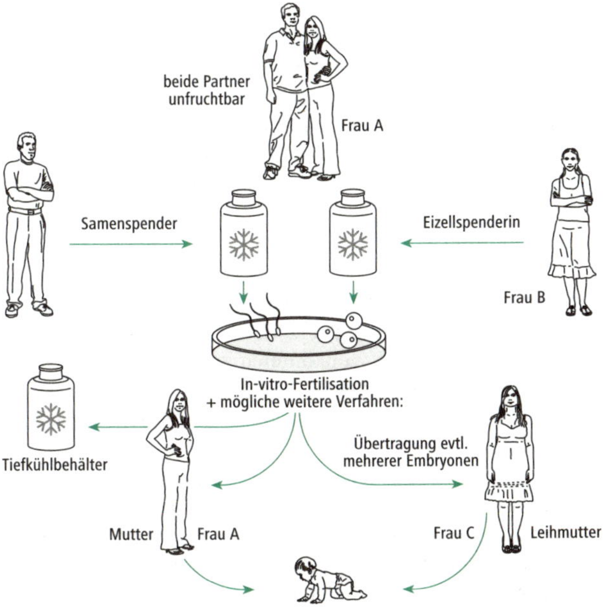

Techniken der Reproduktionsmedizin

die Gebärmutter eingepflanzt. Ein neueres Verfahren ist die *Intracytoplasmatische Spermieninjektion* (ICSI), bei der das Spermium direkt in die Eizelle injiziert wird.
Bei der Präimplantationsdiagnosik (PID) werden durch IVF erzeugte Retortenembryonen vor dem Transfer in die Gebärmutter auf Erbkrankheiten untersucht (z. B. bei Partnern, in deren Familien Erbkrankheiten aufgetreten sind). In Deutschland ist die Präimplantationsdiagnostik aufgrund des Embryonenschutzgesetzes in engen Grenzen zulässig.

Embryotransfer in der Tierzucht

Das Klonen von Nutztieren gelingt nur mit frühen embryonalen Zellen, da die Eizellen von Säugetieren ihre Totipotenz (▶ S. 121) schon im 8-Zellen-Stadium verlieren.
Bei der Zucht von Hochleistungsrindern wird eine Zuchtkuh hormonell behandelt, sodass in ihren Eierstöcken 5 bis 15 Eizellen gleichzeitig heranreifen. Nach künstlicher Besamung spült der Tierarzt vier Tage später die Embryonen aus der Gebärmutter. Im 8- bis 16-Zellen-Stadium werden sie durch sog. *Embryosplitting* geteilt und anschließend verschiedenen, weniger wertvollen Muttertieren, sog. Ammenkühen, eingesetzt (Embryotransfer).

Klonen bei Pflanzen und Tieren

Klone sind aus einem einzigen Lebewesen hervorgegangene Individuen, die genetisch vollkommen identisch sind. Etwaige Unterschiede des Phänotyps beruhen auf Umwelteinflüssen oder sind im Verlauf der Individualentwicklung durch somatische Mutationen entstanden.
Natürliche Klonbildung liegt bei ungeschlechtlicher (vegetativer) Vermehrung wie z. B. der Stecklingsvermehrung vor. Eineiige Zwillinge stammen von einem einzigen Keim, der sich in der frühen Embryonalentwicklung geteilt hat. Individuelle Erfahrungen machen aus jedem der Zwillinge aber eine eigene Persönlichkeit.

Biotechnisches Klonen durch Zell- und Zellkerntransfer verfolgt unterschiedliche Ziele: Es dient

- der medizinischen Grundlagenforschung zur Entwicklung präventiver und therapeutischer Methoden,
- der Aufzucht von Versuchstieren für die biomedizinische Forschung und
- der Nutztier- und Pflanzenzucht.

In jedem Fall werden beim biotechnischen Klonen noch undifferenzierte *totipotente* Zellen genutzt, also Zellen mit der Fähigkeit, alle Gewebe und Organe des Körpers aufzubauen und sich zu einem vollständigen Organismus zu entwickeln.

Klonen embryonaler Stammzellen

Embryonale Stammzellen können sich unbegrenzt teilen und zu jedem der rund 210 verschiedenen Zelltypen im Körper des Menschen entwickeln.

Beim *therapeutischen Klonen* überträgt man die DNA aus der Körperzelle eines Patienten in eine entkernte Eizelle. (▶ Abb. S. 122) Nachdem sich diese in Kultur zu einem Embryo entwickelt hat, entnimmt man totipotente Stammzellen, die sich im Reagenzglas zu beliebigen Zellen differenzieren können. Man verspricht sich von dieser Methode, durch Reimplantation eines so erzeugten Ersatzgewebes in den Körper des Patienten in Zukunft bisher noch unheilbare Erkrankungen wie die ALZHEIMER- und PARKINSON-Krankheit heilen zu können.

Nach dem deutschen Embryonenschutzgesetz ist sowohl die Erzeugung genetisch identischer Nachkommen verboten wie auch die Gewinnung von Stammzellen im Zusammenhang mit der künstlichen Befruchtung. Der Umgang mit *pluripotenten* embryonalen Stammzellen dagegen ist nach der gegenwärtigen Rechtslage erlaubt. Im Gegensatz zu totipotenten Zellen können sie nur einzelne Gewebe bilden. Spätestens im 8-Zellen-Stadium des Embryos tritt eine Differenzierung ein, sodass aus den totipotenten Stammzellen nun pluripotente Zellen mit begrenzten Entwicklungsmöglichkeiten werden.

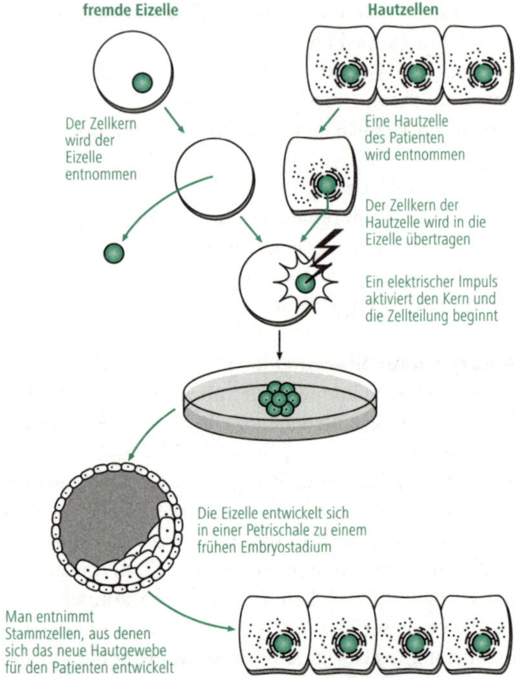

Gewebeersatz durch therapeutisches „Klonen"

KOMPETENZEN UND BASISKONZEPTE

- Basiskonzept *Reproduktion* (Fortpflanzung)
- Unterschied und Bedeutung von ungeschlechtlicher und geschlechtlicher Fortpflanzung
- Keimesentwicklung der vielzelligen Pflanzen und Tiere und deren Abhängigkeit von inneren und äußeren Faktoren
- Prinzip der Molekülinteraktion bei der Entwicklungssteuerung
- Möglichkeiten der Reproduktionsmedizin
- Psychische, ethische und rechtliche Problematik neuer Reproduktionstechniken

Genetik 5

Die Vererbungslehre befasst sich mit den Gesetzmäßigkeiten, nach denen Eigenschaften der Vorfahren an die Nachkommen weitergegeben werden. Auf der Organisationsebene der Population werden die Verteilung und die Veränderung der Genhäufigkeit untersucht. Auf der Ebene des Organismus werden Fragen zum Zusammenspiel von Genom und Umwelt geklärt. Im zellulären Bereich geht es um die Mechanismen und Strukturen, die die Umsetzung der Erbanlagen bewirken. Auf molekularem Niveau schließlich werden die stofflichen Grundlagen der Gene aufgeklärt.

5.1 MENDELsche Regeln

Arbeitsweise

GREGOR MENDEL (1822–1884) entdeckte erstmals die Regeln der Vererbung. Als Versuchspflanze wählte er die Saaterbse. Er verwendete nur Erbsensorten, die über viele Generationen bestimmte Merkmale unverändert zeigten, und nannte sie reinerbig (homozygot). Bei seinen Untersuchungen beschränkte er sich auf wenige Merkmale wie Farbe und Form der Samen oder Farbe der Blüte. Er kreuzte gezielt bestimmte Sorten, indem er sie künstlich bestäubte. Seine Ergebnisse wertete er statistisch aus. Aus der großen Zahl der Nachkommen errechnete er die Zahlenverhältnisse, in denen die bestimmten Merkmale auftraten.
Die Saaterbse als Versuchspflanze bietet zahlreiche Vorteile wie einen kurzen Generationszyklus, eine hohe Nachkommenzahl, zahlreiche einfach zu unterscheidende Merkmale sowie die Möglichkeit der Selbst- und Fremdbestäubung.

Genetische Fachbegriffe

Das äußere Erscheinungsbild eines Lebewesens bezeichnet man als *Phänotyp*, die Gesamtheit der Erbanlagen eines Lebewesens als *Genotyp*. Die einzelne Erbanlage für ein bestimmtes Merkmal wird *Gen* genannt. Die Varianten eines Gens, die seine Ausprägung bestimmen, bezeichnet man als *Allele*. Für die Ausprägung jedes Merkmals sind bei einem diploiden Organismus zwei Allele zuständig (▸ Meiose, S. 130 f.), je eines von jedem Elternteil. Besitzt ein Lebewesen für ein Merkmal zwei gleiche Allele, ist es hinsichtlich dieses Merkmals *reinerbig* (*homozygot*), besitzt es für ein Merkmal zwei verschiedene Allele, ist es hinsichtlich dieses Merkmals *mischerbig* (*heterozygot*). Die erste Nachfolgegeneration (F_1-Generation) ist immer heterozygot. Das *dominante* Allel überdeckt das *rezessive* im äußeren Erscheinungsbild, wenn die Eltern unterschiedliche Allele besitzen. Rezessive Allele bestimmen die phänotypische Ausprägung eines Merkmals nur, wenn sie homozygot vorliegen.
Nachkommen von Individuen einer Art, die sich in einem oder mehreren Allelen unterscheiden, nennt man *Mischlinge*, *Hybride* oder bei Tieren auch *Bastarde*.

Darstellung von Erbgängen

Es ist sinnvoll, Erbgänge immer nach dem gleichen Kreuzungsschema aufzuschreiben (▸ Abb. S. 125):

- Dominante Allele kennzeichnet man durch Großbuchstaben, rezessive durch Kleinbuchstaben.
- In der Legende ist die Bedeutung der Buchstaben jeweils anzugeben.
- Körperzellen besitzen immer zwei Allele für ein Merkmal und werden eckig dargestellt. Keimzellen besitzen immer ein Allel für ein Merkmal und werden rund dargestellt.

Wird bei einem Erbgang nur ein Merkmal verfolgt, spricht man von einem *monohybriden*, werden zwei Merkmale verfolgt, von einem *dihybriden* Erbgang.

Monohybrider Erbgang

1. MENDELsche Regel (Uniformitätsregel)

Kreuzt man reinerbige Individuen einer Art, die sich in einem Merkmal unterscheiden, so sind die Nachkommen in der F_1-Generation untereinander gleich.
Da dies ebenfalls gilt, wenn weiblicher und männlicher Kreuzungspartner vertauscht werden (reziproke Kreuzung), spricht man auch von der *Reziprozitätsregel.*

2. MENDELsche Regel (Spaltungsregel)

Kreuzt man die Mischlinge der F_1-Generation untereinander, so treten in der F_2-Generation auch die Merkmale der Eltern-(P-) Generation in einem bestimmten Zahlenverhältnis wieder auf.

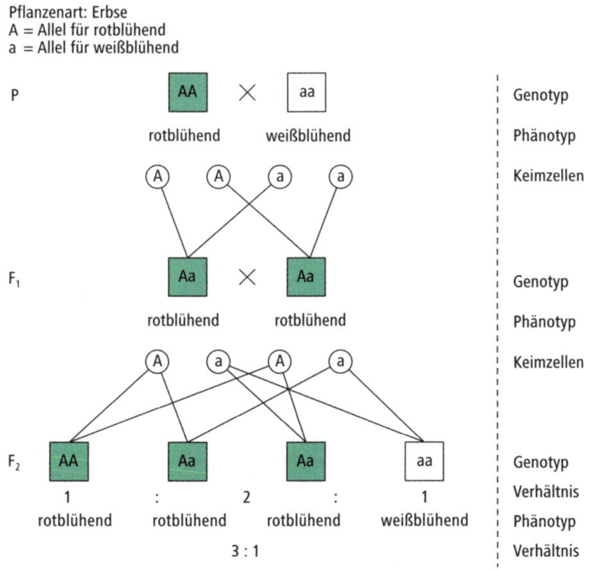

Monohybrider dominant-rezessiver Erbgang

Dihybrider Erbgang

3. MENDELsche Regel (Unabhängigkeitsregel oder Regel von der Neukombination der Gene)

Kreuzt man zwei Individuen, die sich in mehreren Merkmalen reinerbig unterscheiden, werden in der F_2-Generation die einzelnen Merkmale unabhängig voneinander vererbt und neu kombiniert.

Pflanzenart: Erbse
A = Allel für gelbe Samen
a = Allel für grüne Samen
B = Allel für runde Samen
b = Allel für kantige Samen

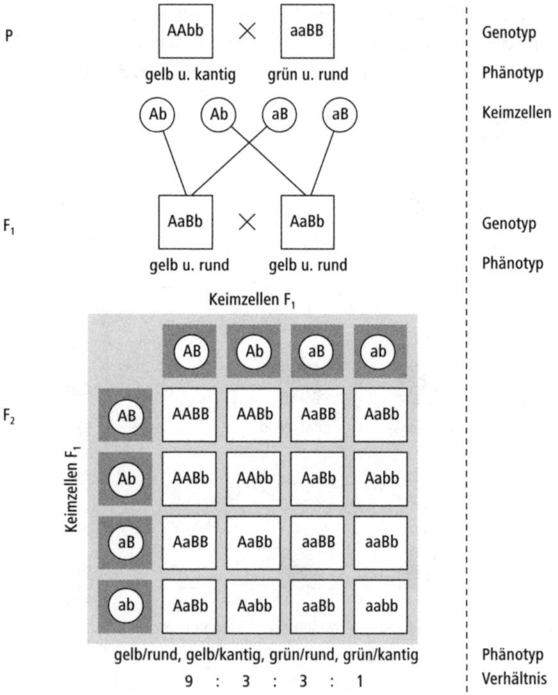

Dihybrider dominant-rezessiver Erbgang

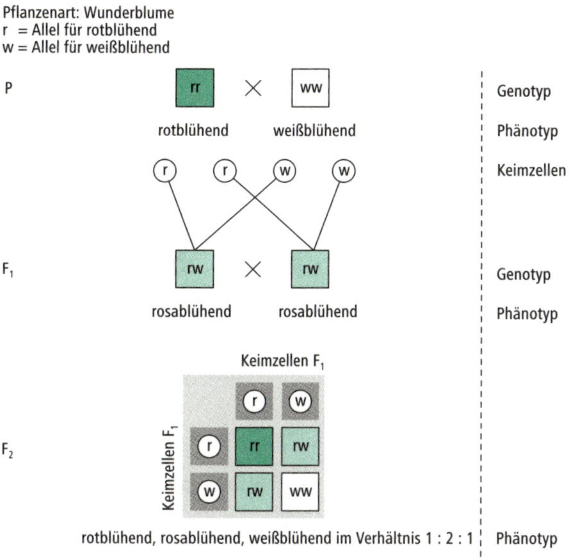

Intermediärer Erbgang

Intermediäre Vererbung

Bei manchen Genen überwiegt kein Allel das andere, beide sind gleichwertig. Kreuzt man z. B. rotblühende und weißblühende Wunderblumen, erhält man in der F_1-Generation nur rosafarbene Blüten. Es handelt sich um einen *intermediären* Erbgang. Kreuzt man Blumen der F_1-Generation untereinander, spalten die Nachkommen in der F_2-Generation im Verhältnis 1 : 2 : 1 wieder auf. Bei der intermediären Vererbung bezeichnet man die Allele mit unterschiedlichen Kleinbuchstaben.

Rückkreuzung (Testkreuzung)

Um herauszufinden, ob bei einem Lebewesen ein bestimmtes Merkmal reinerbig (AA) oder mischerbig (Aa) vorliegt, führt man eine *Rückkreuzung* durch. Bei dieser Testkreuzung wählt

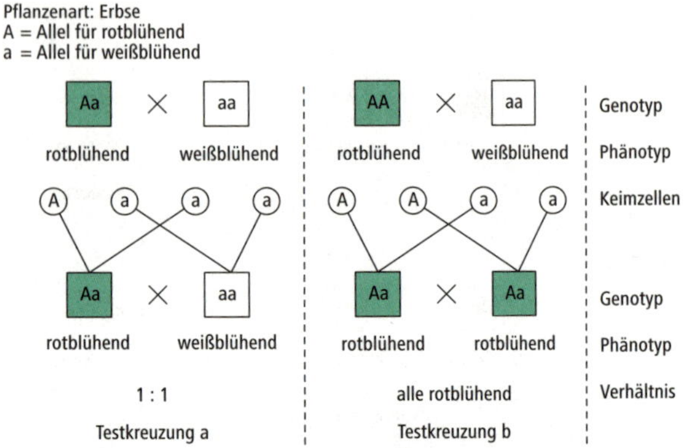

Rückkreuzung

man einen Kreuzungspartner, bei dem das entsprechende Merkmal reinerbig rezessiv (aa) vorliegt.
Ist der zu testende Partner reinerbig dominant, sind alle Nachkommen in der F_1 entsprechend der 1. MENDELschen Regel gleich (uniform). Ist der Partner mischerbig, spalten bei der Rückkreuzung die Nachkommen in der F_1 im Verhältnis 1 : 1 auf.

5.2 Chromosomen und Vererbung

Chromosomen

Chromosomen sind die Träger der Erbanlagen. Sie bestehen aus einem langen DNA-Faden und stabilisierenden Proteinen (Histone). Je nach ihrer jeweiligen Funktion unterliegen sie einem typischen *Gestaltwandel*: In der *Arbeitsform* liegt die DNA als Chromatinfaden entspiralisiert vor und ist lichtmikroskopisch nicht sichtbar. In diesem Zustand kann die Erbinformation abgelesen (Transkription) oder verdoppelt werden. In der *Transportform* während der Kernteilung ist die DNA spiralisiert und

verkürzt. Jetzt nehmen die Chromatinfäden eine klar umgrenzte, lichtmikroskopisch erkennbare Gestalt an.
Jedes Chromosom besteht vor seiner Teilung (zu Beginn der Mitose) aus zwei identischen Längshälften (Chromatiden), die am Centromer zusammenhängen (Zwei-Chromatid-Chromosom). Am Ende der Mitose besteht das Chromosom aus einem Chromatid (Ein-Chromatid-Chromosom). Während der folgenden Interphase wird dieses DNA-Molekül identisch verdoppelt, sodass sich zu Beginn der nächsten Mitose wiederum ein Zwei-Chromatid-Chromosom herausbilden kann – mit zwei genetisch identischen Chromatiden (Schwesterchromatiden). (▸ Mitose, S. 21 f.)
Homologe Chromosomen sind paarweise auftretende Chromosomen, die eine einander entsprechende Gestalt aufweisen. Je eines der beiden homologen Chromosomen stammt ursprünglich vom Vater bzw. von der Mutter. Mit Ausnahme der Geschlechtschromosomen haben sie jeweils einen einander entsprechenden Genbestand. Die Allele homologer Chromosomen sind jedoch meist nicht identisch. Ihre Chromatiden nennt man daher Nicht-Schwesterchromatiden.
Die Gesamtheit aller Chromosomen in der Zelle ist der *Chromosomensatz* (Genom). Anzahl und Form sind artspezifisch. So enthalten menschliche Körperzellen 46 Chromosomen.
In den Körperzellen der meisten Lebewesen liegen die Chromosomen paarweise vor, sie haben einen *diploiden Chromosomensatz* (2n). Die Keimzellen sind in der Regel haploid (n).
Die Geschlechtschromosomen werden als *Gonosomen* bezeichnet, die übrigen Chromosomen als *Autosomen*. Beim Menschen bestimmen die beiden 23. Chromosomen das Geschlecht. Bei der Frau sind sie gleich (XX), beim Mann ungleich gestaltet (XY).
Riesenchromosomen in Drüsenzellen von Fliegen und Mücken entstehen dadurch, dass sich die Chromatiden der gepaarten homologen Chromosomen vervielfachen, ohne dass Kernteilungen stattfinden.

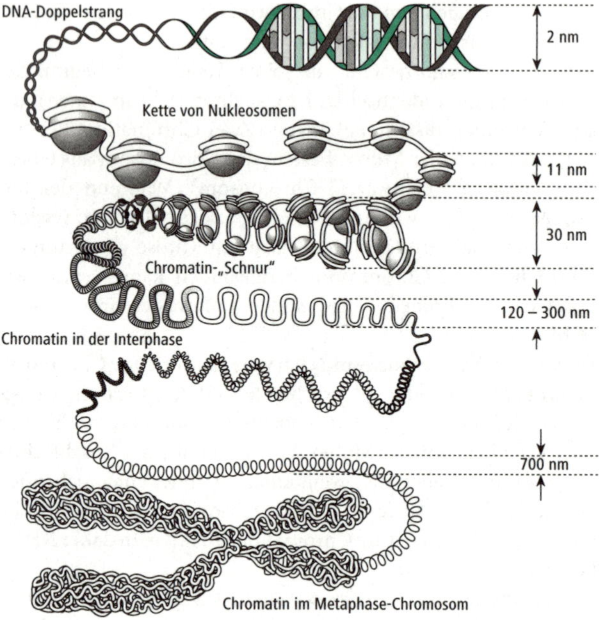

Modell der Feinstruktur eines Chromatids

Karyogramme bilden die Grundlage für Chromosomenanalysen. Die Chromosomen werden dazu durch ein Mikroskop fotografiert, dann einzeln ausgeschnitten und nach Größe, Gestalt und Bänderung als homologe Paare angeordnet.

Reifeteilung (Meiose)

Die Meiose liefert Geschlechtszellen (Keimzellen, Gameten) mit reduziertem haploidem Chromosomensatz (n).

Die entscheidenden Unterschiede zur Mitose (▸ S. 21 f.) sind:

- Die Meiose erfolgt in zwei Teilungsschritten, der 1. und 2. Reifeteilung.

1. Reifeteilung

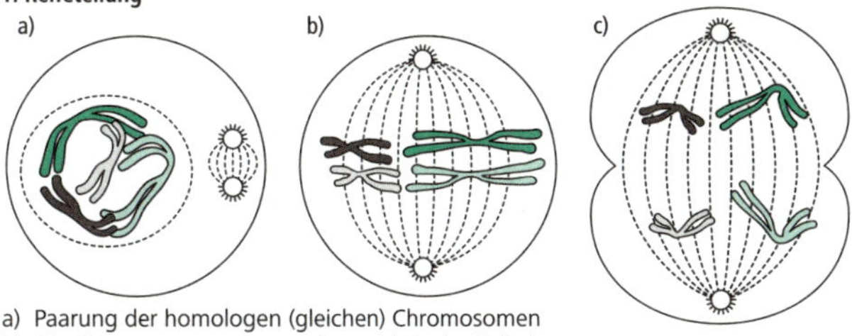

a) Paarung der homologen (gleichen) Chromosomen
b) Die Chromosomenpaare ordnen sich in der Zellmitte an
c) Trennung der Chromosomenpaare: Reduktion

2. Reifeteilung

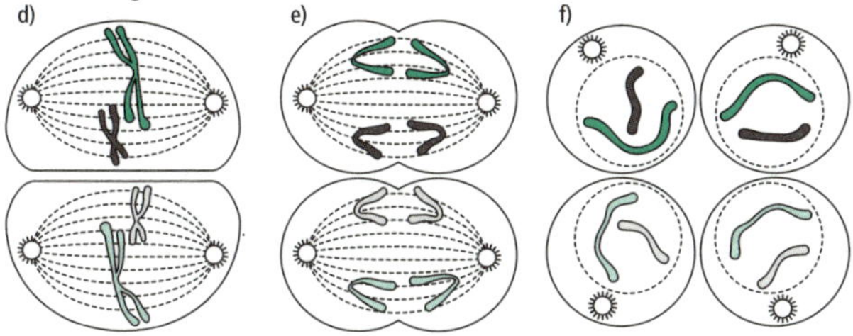

d) Die Chromosomen ordnen sich in der Mitte an
e) Trennung der Chromatiden
f) Vier Keimzellen mit haploidem Chromosomensatz (Chromatidensatz)

Meiose (vereinfachend ist nur ein Chromosomensatz von 2n dargestellt)

- Bei der 1. Reifeteilung (Reduktionsteilung) werden die homologen Chromosomen auf die Tochterzellen verteilt. Der Chromosomensatz wird haploid.
- Bei der anschließenden 2. Reifeteilung werden die Schwesterchromatiden getrennt. Dies entspricht einer mitotischen Teilung.

Rekombination

Die Verteilung der von Vater und Mutter ererbten Chromosomen erfolgt bei der 1. Reifeteilung zufällig. Dadurch wird das Erbgut in den Keimzellen neu kombiniert (Rekombination).

Interchromosomale Rekombination. Bei der Aufteilung der homologen Chromosomen (Anaphase der 1. Reifeteilung) werden Chromosomen väterlicher und mütterlicher Herkunft zufallsbedingt auf die beiden Pole verteilt.

Intrachromosomale Rekombination. Während der vorausgehenden Paarung der homologen Chromosomen (Pro- bis Metaphase der 1. Reifeteilung) besteht eine weitere Möglichkeit zur Neukombination des Erbgutes. In dieser Phase kann es bei den nebeneinanderliegenden homologen Chromosomen zu einem Bruch von Chromatidstücken zweier Nicht-Schwesterchromatiden kommen, wobei die Bruchenden anschließend über Kreuz verheilen. Die Überkreuzung (*Chiasma*) ist im Lichtmikroskop zu erkennen und führt zum Austausch zwischen mütterlichem und väterlichem Chromosom (*Crossing-over*).

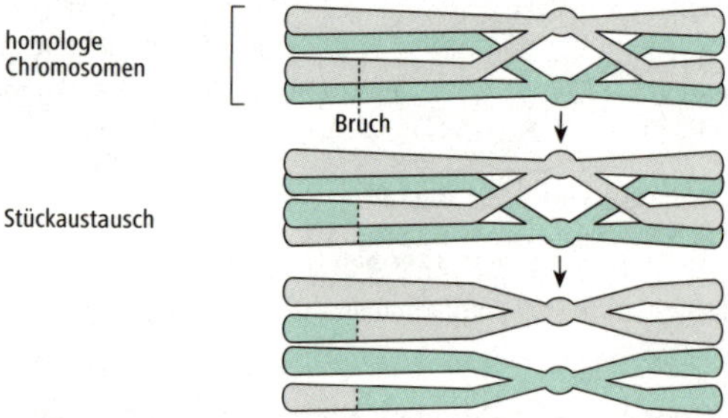

Crossing-over

Bildung von Spermien und Eizellen

Die Kernteilung der Meiose läuft bei der Bildung von männlichen und weiblichen Keimzellen gleich ab, die Teilung des Zellplasmas verschieden.

- Bei der Bildung der *männlichen Keimzellen* wird das Zellplasma jeweils in der Zellmitte geteilt. Es entstehen vier gleich große, haploide Keimzellen, die sich alle zu reifen Spermien entwickeln.

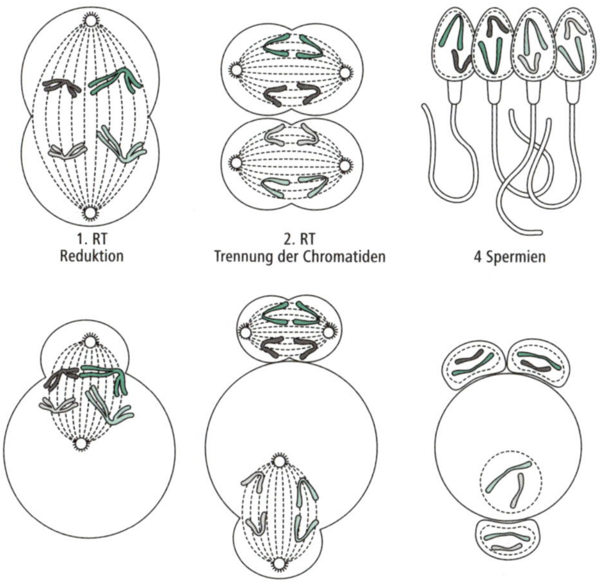

Bildung von Spermien (oben) und Eizelle (unten); RT: Reifeteilung

- Bei der Bildung der *weiblichen Eizelle* entstehen eine große zellplasmareiche haploide Eizelle und drei winzige haploide Zellen, die Polkörperchen, die bald absterben.

Die Zellkerne von Eizelle und Samenzelle verschmelzen bei der *Befruchtung*. Aus zwei haploiden Keimzellen entsteht eine diploide Zygote.

Geschlechtsbestimmung

Das Geschlecht von Tier und Mensch wird in der Regel durch genetische Faktoren bestimmt. Als Sonderfall wirken Umweltbedingungen (wie Temperatur) auf die Geschlechtsfestlegung ein.

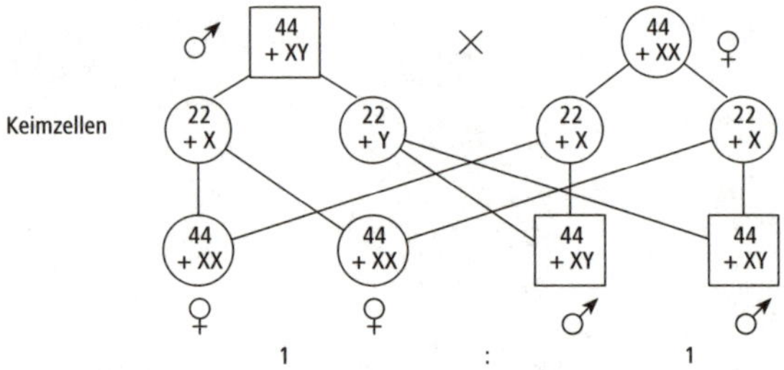

Genotypische Geschlechtsbestimmung beim Menschen

Genotypische Geschlechtsbestimmung. Meist liegen bei weiblichen Tieren die geschlechtsbestimmenden Gene reinerbig (homozygot) vor, bei männlichen mischerbig (heterozygot).
Beim Menschen und bei den Säugetieren bestimmt das Y-Chromosom die Ausbildung der männlichen Geschlechtsmerkmale. Da die Zahl der Spermien mit X- und Y-Chromosom gleich ist (22 + X ebenso häufig wie 22 + Y), liegt das Geschlechterverhältnis bei etwa 1 : 1.
Bei Vögeln und Schmetterlingen besitzen die Weibchen ein X- und ein Y-Chromosom, die Männchen zwei X-Gonosomen.
Bei der Taufliege Drosophila bestimmt das Verhältnis von X-Chromosom zu den Autosomensätzen das Geschlecht.

Chromosomentheorie der Vererbung

Ein Vergleich der Ergebnisse der Erbforschung und Zellforschung führte zur *Chromosomentheorie der Vererbung* und erbrachte völlige Übereinstimmung in folgenden Aussagen:

- Die Erbanlagen werden als selbstständige Einheiten weitergegeben.
- Die Erbanlagen liegen in den Körperzellen paarig vor.
- Die Gameten tragen nur einen einfachen Erbanlagensatz.
- Die Erbanlagen werden unabhängig auf die beiden Gameten verteilt. Sie werden also frei kombiniert.

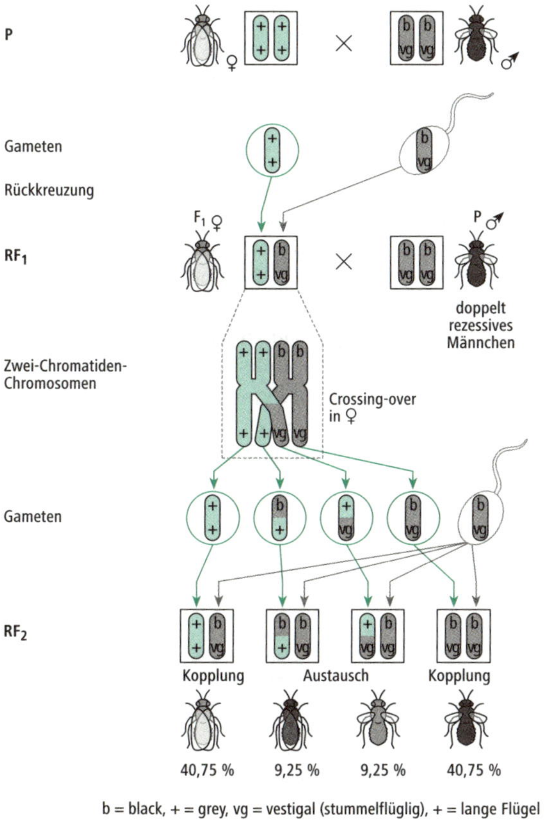

Kopplungsbruch und Faktorenaustausch bei Drosophila

Kopplung von Genen

Thomas H. Morgans Untersuchungen an der Fruchtfliege Drosophila ergaben, dass zahlreiche der untersuchten Gene von Drosophila nicht frei kombinierbar sind, sondern als sog. *Kopplungsgruppen* vorliegen.

Kopplungsbruch und Faktorenaustausch. Durch Crossing-over kann die Genkopplung durchbrochen werden. Es erfolgt ein Allel- oder Faktorenaustausch. In der dargestellten Kreuzung (▶ Abb. S. 135) müsste bei der Rückkreuzung von grau-langflügligen Weibchen (RF_1) mit schwarz-stummelflügligen Männchen in RF_2 ein Verhältnis von 1 : 1 auftreten. Tatsächlich ergeben sich aber vier Phänotypen.
Bei der Eizellbildung kam es zu *Chiasmata*, die zu einer Entkopplung der Gene durch Crossing-over führten.
Genkartierung. Die Austauschwerte gekoppelter Gene in Prozent lassen Rückschlüsse auf die Lage von Genen auf einem Chromosom zu. Ein hoher Austauschwert spricht für weit auseinanderliegende Gene, da die Wahrscheinlichkeit eines Crossing-over höher ist als bei eng beieinanderliegenden Genen. Mithilfe der Dreipunktanalyse lässt sich die Reihenfolge mehrerer Gene auf einem Chromosom ermitteln. Ein Austauschwert von 1 % wird als 1 MORGAN-Einheit bezeichnet.

Tatsächliche Austauschwerte:

b/cn:	9 %	b	= black
cn/vg:	8,5 %	cn	= cinnabar (zinnoberrot)
b/vg:	17,5 %	vg	= vestigal

Überlegung:

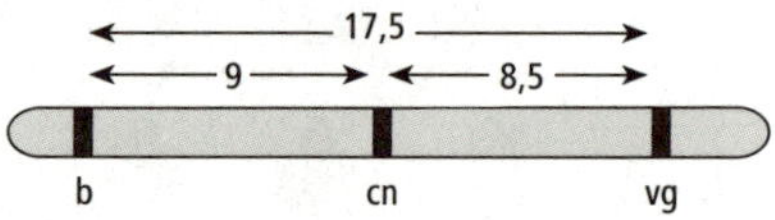

Die Reihenfolge der Gene ist b – cn – vg.

Dreipunktanalyse

X-chromosomale Vererbung. Hier liegt das untersuchte Gen auf dem X-Chromosom, das Y-Chromosom trägt kein entsprechendes Allel. Dadurch werden beim Männchen die rezessiven Allele im Phänotyp immer sichtbar (man spricht von Hemizygotie), beim Weibchen nur bei Homozygotie (d. h., das Allel muss auf

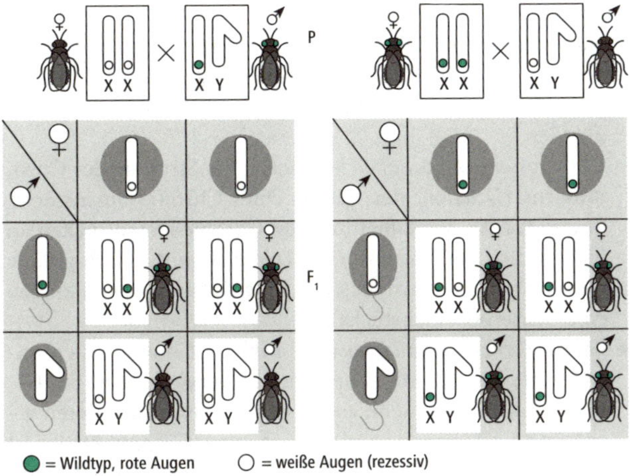

X-chromosomale Vererbung der Augenfarben bei Drosophila (keine Reziprozität)

5

beiden Chromosomen vorhanden sein). Das Kreuzungsergebnis ist nicht reziprok, sondern davon abhängig, welches Geschlecht das Merkmal trägt. (▶ Humangenetik, S. 157)

Interpretation von Erbgängen

Um Aussagen über Erbschemata machen zu können, muss geklärt werden, wie das untersuchte Merkmal vorliegt:

- dominant oder rezessiv (gehäuftes Auftreten in der F_2-Generation spricht für Dominanz),
- homozygot oder heterozygot (1 : 1-Aufspaltung bei einer Rückkreuzung spricht für Heterozygotie),
- gekoppelt oder ungekoppelt (geringe Anzahl verschiedener Phänotypen spricht für Kopplung),
- autosomal oder X-chromosomal (fehlende Reziprozität spricht für geschlechtsgebundene Vererbung).

Mutationen

Mutationen sind zufällig auftretende Veränderungen der Erbinformation. Man unterscheidet folgende *Mutationstypen*:

- *Genmutationen* (Punktmutationen) betreffen nur ein einzelnes Gen.
- *Chromosomenmutationen* verändern die Struktur des Chromosoms (*Deletion*, der Verlust eines Chromosomenstücks; *Translokation*, die Anheftung von Chromosomenstücken an nichthomologe Chromosomen; *Duplikation*, die Verdopplung eines Chromosomenstücks; *Inversion*, der umgekehrte Einbau eines Chromosomenstücks).
- Bei der *Genommutation* wird die Zahl der Chromosomen verändert (*Polyploidie* oder Euploidie, die Vervielfachung des Genoms; *Aneuploidie*, wenn einzelne Chromosomen verloren gegangen oder überzählig sind). Ursache einer Genommutation ist eine fehlende Trennung homologer Chromosomen (Nondisjunktion) in der Anaphase der 1. Reifeteilung. (▶ Meiose, S. 130 f.)

Mutagene sind Faktoren, die Mutationen auslösen. Physikalische Faktoren sind radioaktive Strahlung, UV-Strahlen und abnorme Temperaturen. Als chemische Faktoren sind mehrere Hundert Stoffe bekannt, von denen viele auch Krebs auslösend sind (z. B. das Schimmelpilzgift Aflatoxin).

Somatische Mutationen der Körperzellen sind im Gegensatz zu den *generativen Mutationen* der Keimzellen nicht vererbbar.

Modifikationen

Modifikationen sind Änderungen des Phänotyps, die auf Umwelteinflüssen beruhen. Diese individuell erworbenen Eigenschaften sind nicht erblich, da die Umweltfaktoren hier nicht die Erbinformation verändern, sondern die Merkmalsausbildung innerhalb einer genetisch festgelegten Norm. Die Variationsbreite (Reaktionsnorm) ist erblich festgelegt, die tatsächliche Variabilität der Merkmale beruht auf Umwelteinflüssen.

- Bei *fließenden Modifikationen* (z. B. Samengröße von Bohnen) ergibt die Variationsbreite für ein Merkmal bei erbgleichen Individuen eine glockenförmige Gausssche Verteilungskurve, bei der zu beiden Seiten eines Mittelwertes Abweichungen auftreten.

- Bei *umschlagenden Modifikationen* ändert sich ein bestimmtes Merkmal übergangslos. Beispiel: Die Chinesische Primel bildet unter 30 °C rote, über 30 °C weiße Blüten aus.

Polygenie und Polyphänie

Merkmale können durch ein Gen (monogen) oder durch mehrere Gene (polygen) bestimmt werden. Verstärken sich die Gene in ihrer Wirkung, nennt man dies additive *Polygenie*. Beispiele dafür sind die Hautfarbe und Körpergröße des Menschen und die Resistenz der Kartoffel gegenüber dem Kartoffelkäfer.
Tritt ein Gen in mehreren Allelen auf, liegt *multiple Allelie* vor. Ein Beispiel dafür sind die Blutgruppen des Menschen.
Bei *Polyphänie* (Pleiotropie) ist ein Gen für die Ausbildung verschiedener Merkmale verantwortlich. Das MARFAN-Syndrom (Spinnenfingrigkeit) beim Menschen ist ein Beispiel hierfür.

5.3 Molekulargenetik

Die Molekulargenetik befasst sich damit, wie Gene molekular aufgebaut sind und wie sie die Merkmalsentwicklung steuern.

Nukleinsäuren

Stoffliche Träger der Gene sind die Nukleinsäuren DNA (Desoxyribonukleinsäure bzw. desoxyribonucleic acid) und RNA (Ribonukleinsäure/ribonucleic acid). (▶ Zellbiologie, S. 30)

- DNA kommt in Chromosomen, Mitochondrien und Plastiden vor.
- Bei der RNA unterscheidet man *Nukleolus-RNA* im Kernkörperchen, *ribosomale RNA* in den Ribosomen, *messenger-RNA* (m-RNA), die die genetische Information der DNA vom Kern zum Plasma überträgt, und *transfer-RNA* (t-RNA), die Aminosäuren im Zellplasma zu den Ribosomen transportiert.

Die räumliche Struktur der DNA wird durch die *Doppelhelixstruktur* des WATSON-CRICK-Modells wiedergegeben: Zwei gegenläufige, antiparallele Polynukleotidstränge sind wendelartig umeinandergeschlungen. Jedes Nukleotid besteht aus einer Purinbase oder einer Pyrimidinbase sowie einem Zuckerrest und einem Phosphatrest. Bei der doppelsträngigen DNA stehen sich immer die Basen Adenin und Thymin bzw. Cytosin und Guanin gegenüber (komplementäre Basenpaarung). Die komplementäre Basenpaarung erfolgt über Wasserstoffbrücken. Die Basensequenz bestimmt die genetische Information.
Demgegenüber ist die RNA einsträngig. Sie ist kürzer als die DNA, anstelle der Desoxyribose ist das Zuckermolekül Ribose eingebaut. Statt der Base Thymin kommt die Base Uracil vor, die sich mit Adenin paaren kann.

Bakterien und Viren als Untersuchungsobjekte

Transformations-Experimente erbrachten den Beleg, dass die DNA der *Träger der Erbinformation* ist. Unter Transformation versteht man die Aufnahme und den Einbau von isolierter DNA in die Bakterienzelle. AVERY isolierte aus abgetöteten krankheitserregenden S-Pneumokokken DNA und übertrug diese in ein Nährmedium mit harmlosen R-Pneumokokken. In dieser Kultur fanden sich bald auch S-Pneumokokken. Da ausschließlich isolierte DNA übertragen wurde, muss die DNA der Träger der Erbinformation sein.

Viren und Transduktion. Viren sind Zellparasiten, die aus einer Proteinhülle bestehen, welche einen Nukleinsäurefaden umgibt. Das Genom von Viren enthält eine geringe Zahl von Genen und besteht entweder aus RNA oder DNA. Viren besitzen keinen eigenen Stoffwechsel und veranlassen fremde Zellen (Wirtszellen), ihre Vermehrung zu übernehmen.
Als *Bakteriophagen* (kurz: Phagen) bezeichnet man Viren, die sich vermehren, indem sie ihre DNA oder RNA in Bakterienzellen einschleusen. Der Vorgang der Überführung wird als *Transduktion* bezeichnet.

Entwicklungszyklen von Bakteriophagen. Man unterscheidet bei Bakteriophagen zwei Vermehrungszyklen:

- *Lytischer Zyklus:* Krankheitserregende (virulente) Phagen veranlassen eine Bakterienzelle nach erfolgter Anheftung (Adsorption) und Injektion ihrer Erbinformation zur Bildung von Phagenbausteinen. Diese lagern sich dann zu neuen Phagen zusammen (self-assembly). Die anschließende Phagenfreisetzung führt zur Auflösung der Bakterienzelle.
- *Lysogener Zyklus:* Dabei wird die Erbinformation eines Phagen vorübergehend in die Bakterien-DNA eingebaut. Diese temperenten Phagen verbleiben als sog. Prophagen im Bakterium, das sich weiter vermehren kann. Mit der Wirts-DNA wird dabei auch die Phagen-DNA verdoppelt und auf die Tochterzellen verteilt. Durch Außeneinflüsse wie UV-Licht kann aus dem temperenten Phagen ein lytischer werden.

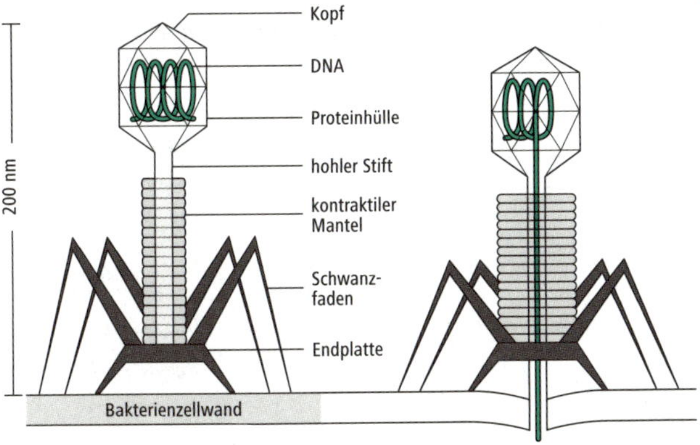

Bau eines Bakteriophagen und Vorgang der Injektion

Konjugation. Im Bakterienplasma kommen kleine DNA-Ringe, sog. Plasmide, frei vor. Sie können sich unabhängig von den Bakterien-Chromosomen vermehren; zuvor verdoppelte Plasmid-DNA kann auf andere Bakterien übertragen werden. Diese

Übertragung geschieht über die *Bildung einer Zellplasmabrücke* (Konjugation) von der Spenderzelle (F^+-Zelle) in die Empfängerzelle (F^-–Zelle). Dabei können auch *Resistenzgene* (Resistenz-Faktoren) gegen Antibiotika u. a. mit übertragen werden. Eine solche Übertragung von Resistenzgenen ist aber auch durch Viren-Transduktion möglich.

Replikation der DNA

Vor jeder Mitose wird in der Interphase des Zellzyklus die DNA identisch kopiert. Man spricht von Replikation. Dazu werden die Wasserstoffbrücken der beiden Stränge der DNA-Doppelhelix enzymatisch getrennt. An jedem Strang lagern sich einzelne Nukleotide mit den jeweils komplementären Basen an. So entstehen zwei identische DNA-Doppelketten, wobei jeweils eine von der alten DNA stammt und eine neu gebildet ist. Man spricht daher von *semikonservativer Replikation*. So wird in der Interphase der Mitose aus einem Ein-Chromatid-Chromosom ein Zwei-Chromatid-Chromosom. (▶ Mitose, S. 21 f.)

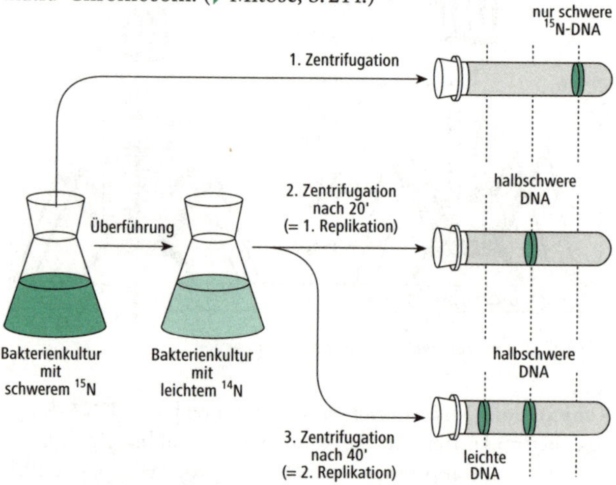

Meselson-Stahl-Experiment

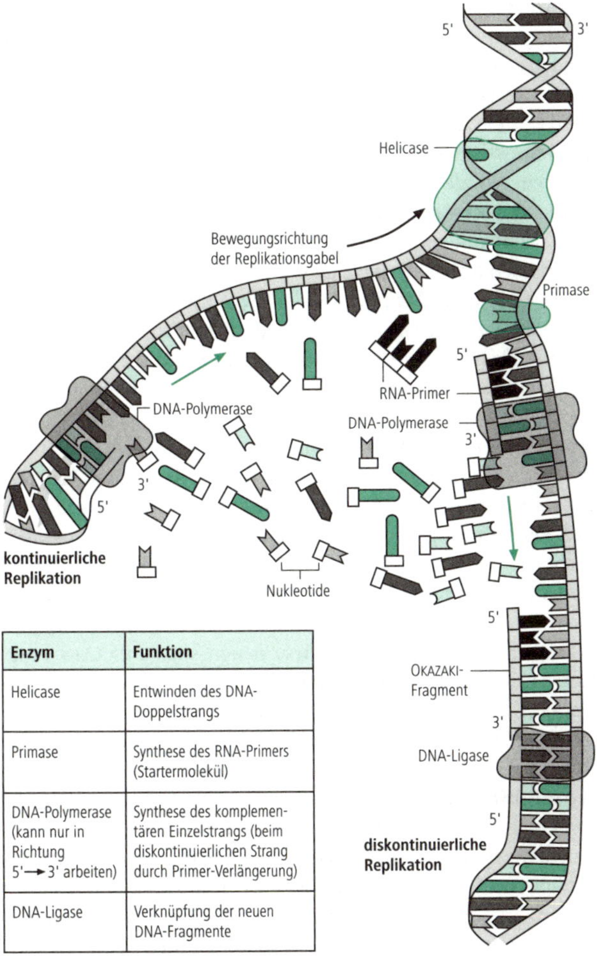

Enzym	Funktion
Helicase	Entwinden des DNA-Doppelstrangs
Primase	Synthese des RNA-Primers (Startermolekül)
DNA-Polymerase (kann nur in Richtung 5'→3' arbeiten)	Synthese des komplementären Einzelstrangs (beim diskontinuierlichen Strang durch Primer-Verlängerung)
DNA-Ligase	Verknüpfung der neuen DNA-Fragmente

Ablauf der Replikation

Das *Meselson-Stahl-Experiment* beweist die Theorie der semikonservativen Replikation. Escherichia-coli-Bakterien werden zunächst in einem Medium mit schwerem Stickstoffisotop ^{15}N gezüchtet. Die Bakterien bauen dieses in ihre DNA ein. Anschließend werden die Bakterien in ein Normalmedium mit dem leichteren Stickstoffisotop ^{14}N überführt und dort weitergezüchtet. Die neu gebildete DNA wird dadurch leichter. Durch Dichtegradienten-Zentrifugation können die unterschiedlich schweren DNA-Moleküle getrennt werden, die schwere DNA sedimentiert weiter nach unten als die leichte. Das Experiment zeigt nach der ersten Teilung im Medium mit leichtem ^{14}N halbschwere DNA, nach erneuter Teilung in diesem Medium halbschwere und leichte DNA. Das abgebildete Ergebnis (▸ Abb. S. 142) lässt sich durch die Hypothese der semikonservativen Replikation erklären.

Molekularer Ablauf der Replikation

Die beiden Stränge der DNA werden durch das Enzym Helicase gelöst. Das Enzym DNA-Polymerase katalysiert die Anlagerung und Verknüpfung von komplementären Nukleotiden als neue Tochterstränge, aber nur in der Richtung von 5' nach 3'. Daher wird nur ein neuer Tochterstrang kontinuierlich gebildet, der andere wird diskontinuierlich in kurzen neuen Abschnitten repliziert. Schließlich werden diese neuen sog. Okazaki-Fragmente mithilfe des Enzyms Ligase verknüpft. Ist die neue Basensequenz lang genug, löst sich der Enzymkomplex ab, aus einem DNA-Molekül sind zwei identische DNA-Moleküle entstanden.

Proteinbiosynthese

Genexpression. Unter Genexpression versteht man die Umsetzung der genetischen Information. Sie startet mit der Transkription, die für jedes Gen zur richtigen Zeit in genau festgelegtem Umfang in bestimmten Zellen abläuft und über die Proteinbiosynthese zur Ausprägung von Merkmalen führt.

Vom Gen zum Merkmal. Nach der *Ein-Gen-ein-Polypeptid-Hypothese* ist jeweils ein Gen für die Bildung eines Polypeptids

verantwortlich. Diese Polypeptide, Verbindungen aus mehreren Aminosäuren, sind z. B. als Enzyme zuständig für Stoffwechselvorgänge, die Merkmale des Phänotyps ausprägen. Ihre Aminosäurensequenz wird durch die Nukleotidsequenz der DNA festgelegt. Die genetische Information der DNA reguliert über die Vorgänge der *Transkription* und der *Translation* die Bildung der Proteine (Proteinbiosynthese).
Der Ausfall eines Gens durch eine Punktmutation kann zu einem Funktionsverlust und damit zum veränderten Phänotyp führen. Der *genetische Code* enthält die verschlüsselte Zuordnung der DNA-Basensequenz zur Aminosäurensequenz von Proteinen. Ein Basentriplett (Codon) entspricht einer Aminosäure. Bei vier verschiedenen Basen ergeben sich so $4^3 = 64$ verschiedene Kombinationsmöglichkeiten. Damit ist der Code redundant, d. h., es gibt deutlich mehr Tripletts als die zu codierenden 20 Aminosäuren. Da alle Lebewesen die Basensequenz in gleicher Weise übersetzen, ist der genetische Code universell gültig.

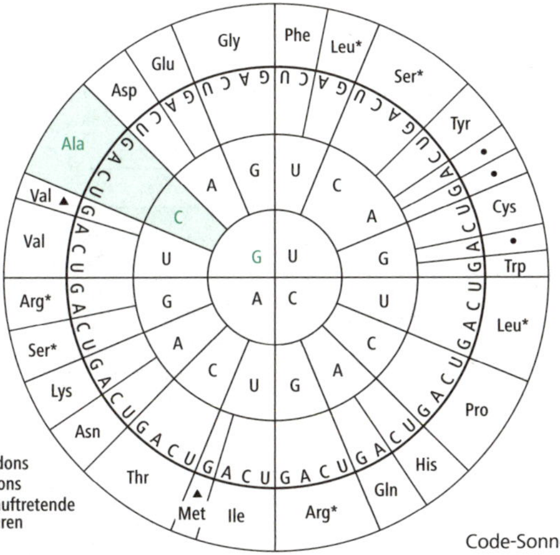

• Stopp-Codons
▲ Start-Codons
* zweimal auftretende Aminosäuren

Code-Sonne

In Code-Tabellen wie der *Code-Sonne* werden die Codons der m-RNA angegeben. Die Codons werden dabei von innen nach außen gelesen. Beispiel: Die Aminosäure Alanin (Ala) wird bestimmt durch die Tripletts GCU, GCC, GCA und GCG. Start-Codons geben den Anfangspunkt einer Übersetzung an, Stopp-Codons unterbrechen den Übersetzungsvorgang.

Ablauf der Proteinbiosynthese. Die DNA befindet sich im Zellkern, die Proteinsynthese findet an den Ribosomen im Zellplasma statt. Als Vermittler erstellt die RNA-Polymerase eine einsträngige Kopie der DNA (Transkription), die m-RNA. Diese wandert zu den Ribosomen. Den Aufbau des Proteins am Ribosom bezeichnet man als Translation.

Bei der *Transkription* wird ein DNA-Abschnitt in die Basensequenz einer m-RNA umgeschrieben. Dazu wird der entsprechende DNA-Abschnitt entwunden und in seine Einzelstränge aufgetrennt. Komplementäre Nukleotide lagern sich an und werden mithilfe des Enzyms RNA-Polymerase zu einem RNA-Einzelstrang verbunden. Die Transkription beginnt an der Promotorregion. Nur einer der beiden DNA-Einzelstränge wird als codogener Strang abgelesen. Stößt die RNA-Polymerase auf eine Stopp-Sequenz, beendet sie die Transkription. Die m-RNA

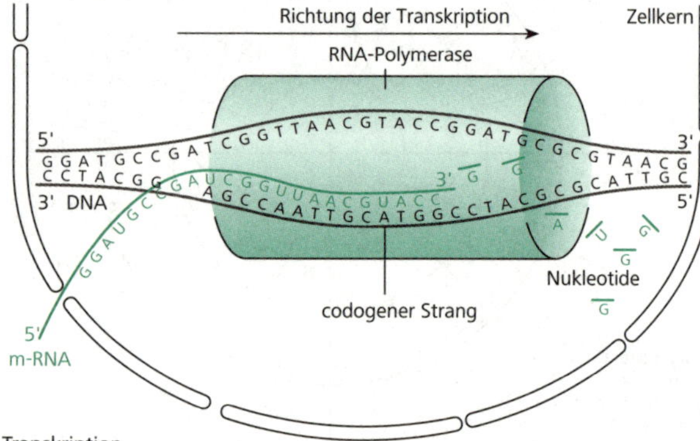

Transkription

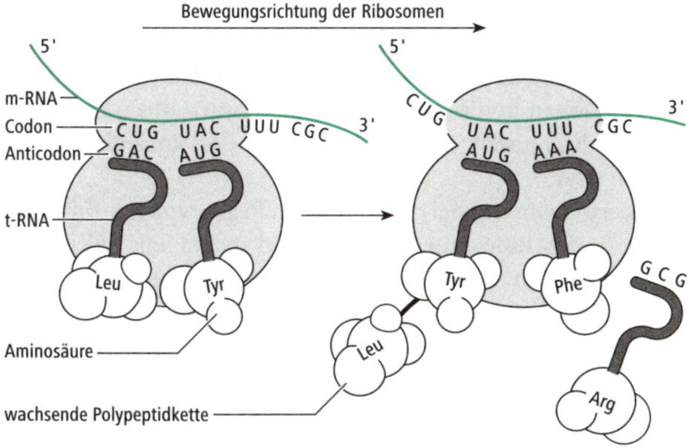

Translation

trennt sich dann von der DNA und wandert durch die Poren der Kernmembran zu den Ribosomen.

Bei der *Translation* wird ein Polypeptid aus Aminosäuren synthetisiert, deren Reihenfolge (Sequenz) durch die m-RNA vorgegeben ist. Kürzere RNA-Moleküle (t-RNA) transportieren im Zellplasma vorhandene Aminosäuren heran. Jede t-RNA besitzt eine Bindungsstelle für eine ganz bestimmte Aminosäure und ein spezifisches Anticodon. Mit diesem Anticodon heftet es sich am komplementären Codon der m-RNA an. Hier werden nun die verschiedenen Aminosäuren zum Polypeptid verknüpft. Frei werdende t-RNA-Moleküle können wieder gleiche Aminosäuren binden. Den Beginn der Translation steuert das Start-Codon der m-RNA, das Stopp-Codon beendet die Proteinsynthese. Meist lagern sich mehrere Ribosomen perlschnurartig an eine m-RNA an und bilden so ein Polyribosom (kurz: Polysom).

Die kleine Untereinheit des Ribosoms ist für die Erkennung und richtige Anlagerung der m-RNA verantwortlich, die größere Untereinheit übernimmt die katalytische Aktivität für die Ausbildung der Peptidbindungen.

Proteinbiosynthese bei Eukaryoten. Bei Eukaryoten werden meist nicht alle DNA-Sequenzen in die m-RNA übertragen. Die DNA besteht hier aus codierenden Abschnitten (Exons), deren Informationen in die m-RNA eingehen, sowie aus nicht codierenden Abschnitten (Introns), die für die Proteinsynthese unerheblich sind.

Spleißen. Während bei den kernlosen Prokaryoten die m-RNA direkt zu den Ribosomen gelangt, wird sie bei den Eukaryoten enzymatisch verändert, bevor sie den Zellkern verlässt.

Da die DNA der Eukaryoten aus codierenden und nicht codierenden Abschnitten besteht, schneiden spezielle Enzyme nach der Transkription aus der zunächst überlangen Vorläufer-m-RNA die nicht codierenden Intron-Basensequenzen heraus (Spleißen). Anschließend werden die codierenden Exons zur aktiven m-RNA enzymatisch zusammengefügt.

Genwirkkette. Als Genwirkkette bezeichnet man die durch die Wirkung zahlreicher Gene ausgelöste Stoffwechselkette von hintereinandergeschalteten Reaktionen.

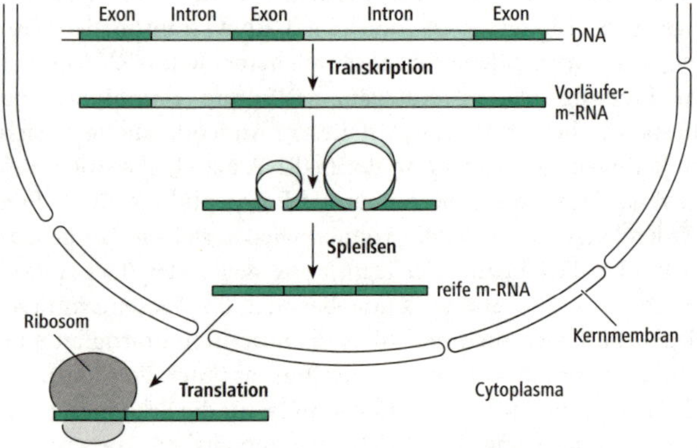

Reifung der m-RNA bei Eukaryoten

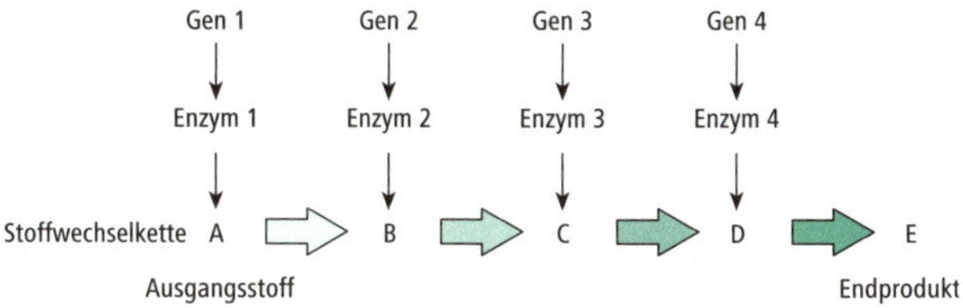

Genwirkkette

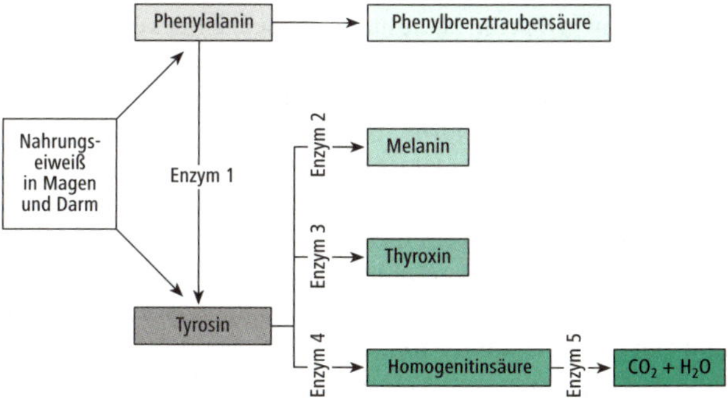

Genwirkkette am Beispiel des Phenylalanin-Stoffwechsels

Ein Beispiel einer Genwirkkette ist der Phenylalanin-Stoffwechsel beim Menschen. Mutiert ein Gen der Wirkkette, ist der Stoffwechselweg unterbrochen.

Regulation der Genexpression

Genaktivierung. Der Kern jeder Zelle enthält das gesamte Genom des Lebewesens. Während der Entwicklung eines Organismus spezialisieren sich die Zellen zu Zelltypen mit unterschiedlicher Funktion (z. B. Epidermiszelle, Nervenzelle). Dabei werden jeweils unterschiedliche Gene bzw. Gengruppen aktiv, alle anderen bleiben inaktiv (differenzielle Genaktivierung). Diese Genaktivierung lässt sich bei Riesenchromosomen von Insektenlarven mikroskopisch beobachten. Hier sind aufgeblähte Bereiche sichtbar (Puffs), an denen m-RNA-Bildung nachgewiesen werden kann. Während der Entwicklung der Larven verschwinden Puffs und neue treten an anderen Stellen der Chromosomen auf.

Operonmodell. Wie Gene zu bestimmten Zeitpunkten aktiviert oder gehemmt werden, wie die Aktivität der Gene also reguliert wird, haben JACOB und MONOD an Bakterien erarbeitet und als Operonmodell vorgestellt. Nach diesem Modell sind einzelne Gene zu einem *Operon* zusammenzufassen. Dieses enthält mehrere *Strukturgene* mit dem Code zur Bildung des Enzyms, *Regulatorgene*, die die Bildung von Repressor-Proteinen codieren, sowie *Operator-* und *Promotorgene*, die die Strukturgene kontrollieren.

Substratinduktion. Wird die Bildung eines Enzyms erst bei Anwesenheit eines bestimmten Substrats (Induktor) ausgelöst, spricht man von Substratinduktion. So bewirkt die Anwesenheit von Lactose (Milchzucker) eine Gestaltsänderung beim aktiven Repressor-Protein. Dieses wird nun als Repressor unwirksam und gibt das Operatorgen frei. Daraufhin veranlassen die Strukturgene die Bildung von Lactose abbauenden Enzymen.

Endprodukthemmung. Hierbei verhindert das Endprodukt einer Stoffwechselkette die Neubildung von Enzymen. So aktiviert z. B. die Aminosäure Tryptophan den inaktiven Repressor, der seinerseits über den Operator die Strukturgene hemmt. Die Enzymbildung wird eingestellt, weitere Endprodukte fallen vorerst nicht mehr an.

Genregulation bei Eukaryoten

Meist erfolgt die Regulation der Gene bei der Transkription. Hierzu sind bestimmte Proteine als sog. Transkriptionsfaktoren nötig.

Bei Eukaryoten gibt es eine besondere Gruppe von genregulierenden Proteinen, die an der Steuerung von Entwicklungs- und Differenzierungsprozessen beteiligt sind und sich an bestimmte DNA-Sequenzen (Hömöobox-Sequenzen) binden. Die Anord-

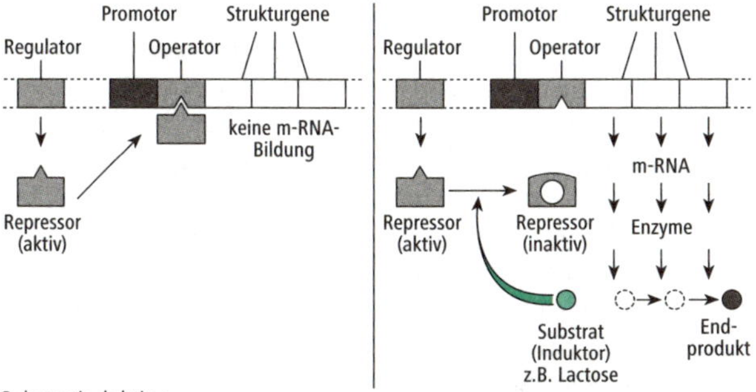

Substratinduktion

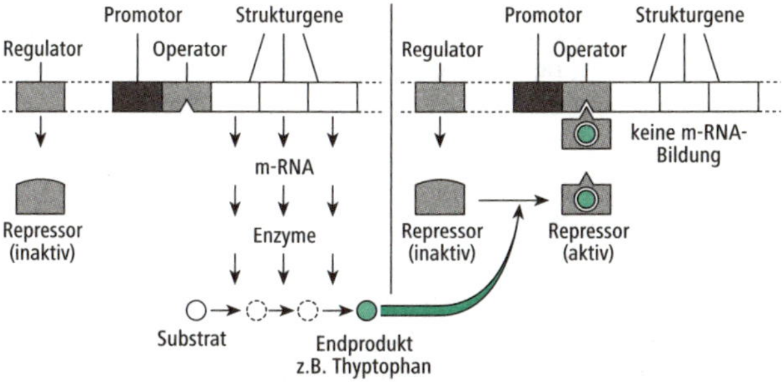

Endprodukthemmung

nung dieser Entwicklungsgene bezeichnet man als *Homöobox*. Die homöotischen Gene wirken auf die Ausbildung von Körpersegmenten und Organen während der Embryonalentwicklung vielzelliger Organismen ein. Sie sind für die Gliederung der Körpersegmente und die spezielle Ausstattung entlang der Kopf-Rumpf-Schwanz-Achse verantwortlich. Die Tatsache, dass die Homöobox-Gene im Genom verschiedener Tierarten in ähnlicher Reihenfolge vorkommen, lässt Rückschlüsse auf Verwandtschaft und damit auf eine gemeinsame evolutionäre Entwicklung zu.

Krebs als Regulationsproblem

Die Zellteilungsprozesse werden durch zwei verschiedene Gentypen reguliert: Proto-Onkogene codieren Proteine, die die Zellteilung fördern, Tumor-Suppressorgene wirken hemmend auf die Zellteilung. Durch chemische Karzinogene, energiereiche Strahlen oder Viren können Mutationen ausgelöst werden, die aus Proto-Onkogenen aktive Onkogene machen. Wird die Regulation der Zellteilung durch die Genprodukte solcher Onkogene gestört, führt dies zu einer ungehemmten Zellvermehrung, einem *Tumor*. Krebs kann aber auch durch Mutationen an Tumor-Suppressorgenen entstehen. So ist beim Retinoblastom, einem Tumor der Netzhaut, dasjenige Gen mutiert, welches für die Expression des Proteins zuständig ist, das die unkontrollierte Zellteilung hemmt. In der Regel zerstören sich Zellen mit DNA-Beschädigungen durch den programmierten Zelltod (*Apoptose*) selbst und beugen so einer Tumorbildung vor.

5.4 Humangenetik

Die Humangenetik erforscht die Vererbung von Merkmalen beim Menschen. Die Ergebnisse der Genetik gelten natürlich auch hier. Die meisten Merkmale des Menschen sind polygen (▶ S. 139) vererbt. Dies führt zu abgestuften Erscheinungsbildern wie z. B. die kontinuierliche Abstufung von Blond bis Schwarz bei der Haarfarbe. Beispiele für monogene Erbgänge beim Menschen sind die dominante Vererbung von krausem über glattes Haar und zahlreiche Erbkrankheiten wie die Sichelzellenanämie oder Chorea HUNTINGTON. (▶ S. 159)

Methoden und Erkenntnisse der Humangenetik

Vererbungsversuche schließen sich beim Menschen aus. Durch statistische Erhebungen in der Bevölkerung, durch Familien- und Zwillingsforschung verfolgt man die Weitergabe der Erbanlagen beim Menschen.

Populationsgenetik

Populationsgenetik befasst sich nicht mit Vererbungsvorgängen bei Einzelindividuen, sondern untersucht die Häufigkeit und Vererbung von Allelen in verschiedenen Bevölkerungsgruppen. **Beispiel: Vererbung der Blutgruppen.** Nach dem Vorhandensein bestimmter Antigene auf den Roten Blutkörperchen unterscheidet man verschiedene Blutgruppen. Die Vererbung der Blutgruppen A, B, AB und 0 (Null) folgt den MENDELschen Gesetzen (nicht gekoppelter Erbgang). Das Gen für die Blutgruppe liegt in drei verschiedenen Allelen vor (A, B und 0). Jeder Mensch hat jedoch für die Blutgruppe nur zwei Allele. Eine weitere Besonderheit des AB0-Systems liegt darin, dass die Allele A und B gleich stark ausgeprägt sind. Im Genotyp AB sind sie also *kodominant*, sie verhalten sich dominant gegenüber dem Allel 0. Bei den vier Phänotypen A, B, AB und 0 kommen demnach sechs verschiedene Genotypen vor.

Blutgruppen (Phänotyp)	mögliche Genotypen/ Häufigkeit in Mitteleuropa		mögliche Keimzellen
A 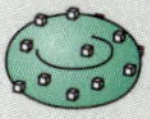	AA	31 %	nur A
	A0	11 %	A oder 0
B 	BB	1 %	nur B
	B0	14 %	B oder 0
AB 	AB	6 %	A oder B
0 	00	37 %	nur 0

mögliche Kombinationen elterlicher Allele

	A	B	0
A	AA	AB	A0
B	AB	BB	B0
0	A0	B0	00

Genotypen der Nachkommen

Blutgruppen und ihre Erbgänge

Beispiel: Rhesusfaktor. Bei mehr als 80 % der Europäer befindet sich auf den Roten Blutkörperchen das Antigen D, sie sind rhesus-positiv. Das Allel für den Rhesusfaktor verhält sich dominant, Menschen mit Rhesusfaktor haben also den Genotyp DD oder Dd, Nichtträger den Genotyp dd.

Familienforschung

Sie ermöglicht es, anhand von Stammbaumuntersuchungen den Erbgang eines bestimmten Merkmals zu verfolgen. Tritt dabei ein Merkmal über Generationen hinweg gehäuft auf, kann man vermuten, dass es erblich ist. Aus der Art, wie das Merkmal bei Vorfahren und Nachkommen auftritt, kann man auf Dominanz oder Rezessivität der Allele schließen. Gegenstand der Familienforschung ist insbesondere die Vererbung bestimmter Erkrankungen.

Autosomal-rezessiver Erbgang – Beispiel: Albinismus. Das Fehlen von Pigmenten in Haut, Haaren und Iris bezeichnet man als Albinismus. Der Stammbaum einer Familie zeigt, dass die Kinder von merkmalsfreien Eltern Albinos sein können. Die Eltern müssen also die Erbanlagen besitzen, das Allel für Albinismus verhält sich rezessiv.

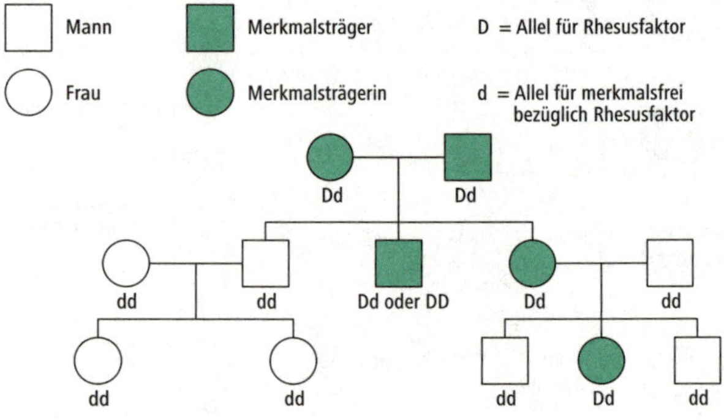

Erbgang: Rhesusfaktor einer Familie

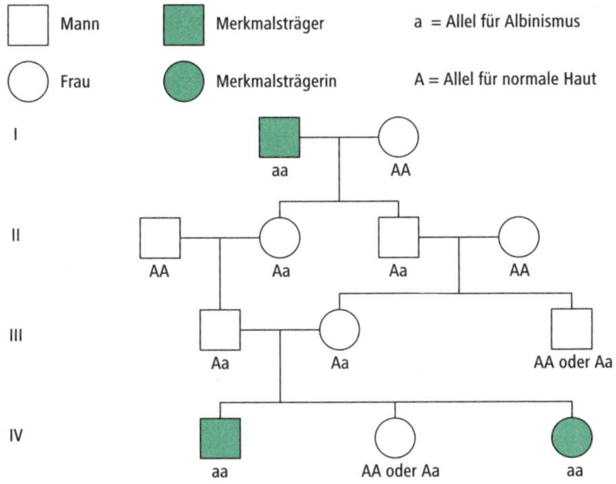

Autosomal-rezessiver Erbgang einer Familie (Beispiel: Albinismus)

Rezessive Anlagen können über viele Generationen hinweg verborgen bleiben. Erst bei Homozygotie, wenn also zwei rezessive Allele zusammenkommen, treten sie phänotypisch in Erscheinung.

Weitere Beispiele für autosomal-rezessive Erbgänge sind die Stoffwechselkrankheiten Phenylketonurie, Milchunverträglichkeit und Mukoviszidose.

Autosomal-dominanter Erbgang – Beispiel: Kurzfingrigkeit. Bei dieser Erbkrankheit treten durch Verwachsen zweier Fingerglieder verkürzte Fingerknochen auf. Der Stammbaum einer Familie zeigt, dass Kinder von merkmalstragenden Eltern auch gesunde Kinder haben. Es muss also eine dominante Vererbung dieses Merkmals vorliegen. Würde die Krankheit rezessiv vererbt, müssten beide Eltern reinerbige Merkmalsträger sein, damit die Krankheit bei ihnen auftritt. Als reinerbig rezessive Merkmalsträger könnten sie jedoch keine merkmalsfreien Kinder

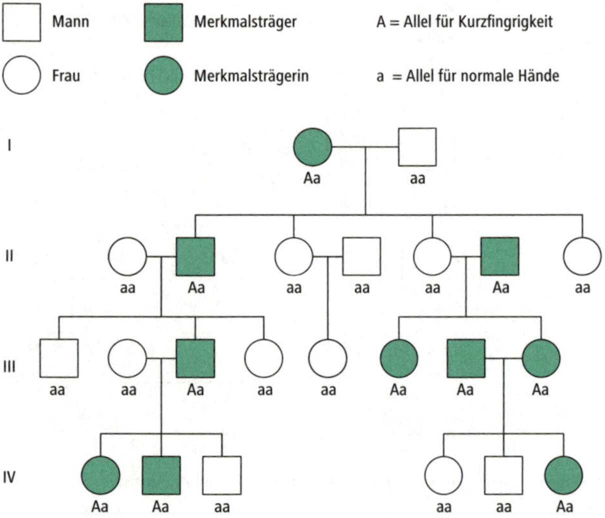

Autosomal-dominanter Erbgang einer Familie (Beispiel: Kurzfingrigkeit)

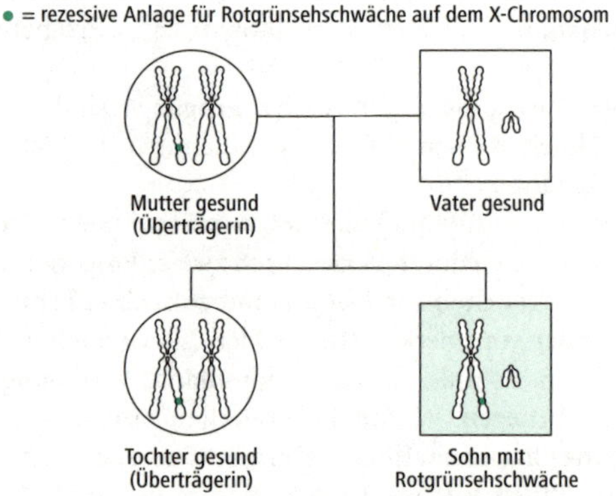

X-chromosomal-rezessiver Erbgang (Beispiel: Rotgrünsehschwäche)

haben. Weitere Beispiele für autosomal-dominante Erbkrankheiten sind Spaltfuß, Vielfingrigkeit und Chorea HUNTINGTON (Veitstanz).

X-chromosomal-rezessiver Erbgang – Beispiel: Rotgrünsehschwäche. Die Erbanlagen für die Unterscheidung der Farben Grün und Rot werden gonosomal (an Geschlechtschromosomen gebunden) vererbt und liegen auf dem X-Chromosom. Rotgrünsehschwäche wird rezessiv vererbt. Da Frauen zwei, Männer nur ein X-Chromosom besitzen, wirkt sich die X-chromosomale Vererbung bei Mann und Frau verschieden aus. Männer sind rotgrünsehschwach, wenn sie von ihrer Mutter das rezessive Allel vererbt bekommen. Frauen sind bei einem rezessiven Allel auf nur einem X-Chromosom merkmalsfrei, können die Anlage aber als Konduktorin übertragen. Frauen sind nur dann rotgrünsehschwach, wenn beide X-Chromosomen das rezessive Allel tragen. Die Bluterkrankheit ist ein weiteres Beispiel für eine X-chromosomal-rezessive Erbkrankheit. Zu den *X-chromosomal-dominanten Erbkrankheiten* zählen Verwachsungen im Mundbereich und Vitamin-D-resistente Rachitis.

5

Zwillingsforschung

Eineiige Zwillinge haben im Unterschied zu zweieiigen den gleichen Genotyp. Manche phänotypischen Merkmale wie Augenfarbe und Blutgruppe sind umweltstabil. Merkmale, die nur bei einem der beiden eineiigen Zwillinge vorkommen, sind nicht erblich, sondern umweltbedingt. So hängt z. B. das Körpergewicht stark vom Umweltfaktor Ernährung ab. Besonders der Vergleich von getrennt und gemeinsam aufgewachsenen eineiigen Zwillingen lässt Rückschlüsse zu, wie die Umwelt körperliche und geistige Merkmale beeinflusst.

Chromosomenanomalien

Man unterscheidet zwischen numerischen und strukturellen Abweichungen (Aberrationen) der Chromosomen, die beide Erbkrankheiten verursachen können. (▶ Mutation, S. 138)

- *Strukturelle Aberrationen* sind Veränderungen in der Gestalt eines Chromosoms. So beruht das sog. Katzenschrei-Syndrom, bei dem geistige und körperliche Unterentwicklung vorliegt, auf dem Verlust eines Stückes (Deletion) des 5. Chromosoms.
- *Numerische Aberrationen* sind Veränderungen in der Chromosomenanzahl (Genom-Mutation). Beim DOWN-Syndrom (Trisomie 21), bei dem es zu körperlichen Anomalien und geistiger Behinderung kommt, liegt das Chromosom 21 dreifach vor.
- *Gonosomale Aberrationen* beruhen auf fehlenden oder überzähligen Geschlechtschromosomen. So haben Frauen mit TURNER-Syndrom nur ein X-Chromosom (Chromosomensatz 45; X0-Typ). Dies führt zu Kleinwuchs und Unfruchtbarkeit. Männer mit KLINEFELTER-Syndrom besitzen zwei X-Chromosomen (Chromosomensatz 47; XXY-Typ), was zu überdurchschnittlicher Körpergröße und fehlender Spermabildung führt.

Genetische Beratung

Genetische Beratungsstellen informieren über mögliche genetische Risiken. Eine Beratung ist dort angezeigt, wo in der Familie bereits Erbkrankheiten vorliegen, bei Verwandtenehen, bei erhöhtem Alter der Eltern oder bei schädlichen Umwelteinflüssen vor oder während der Schwangerschaft.

- Bei der *Stammbaumanalyse* wird das Risiko nach Wahrscheinlichkeit abgeschätzt. Beim *Heterozygotentest* lassen sich anhand von Mikrosymptomen rezessive Stoffwechselerkrankungen auch bei heterozygoten Überträgern nachweisen (Beispiel: Phenylketonurie).
- Zur *pränatalen Diagnostik* (vorgeburtliche Untersuchung) zählen Untersuchungen des Blutes der Mutter, Ultraschalluntersuchungen und sog. invasive Methoden wie die Amniozentese, bei der man Fruchtwasser entnimmt und darin vorkommende Zellen des Fetus untersucht, und die Chorionbiopsie, bei der Zellen der äußeren Embryohülle (Chorion) entnommen und untersucht werden.

Gendiagnostik

Indirekt wurde das menschliche Genom schon seit längerer Zeit zu diagnostischen Zwecken herangezogen. Bekannte Verfahren sind Chromosomenanalysen nach Giemsafärbung oder anhand der Fluoreszenzbänderung. Die herkömmliche Diagnostik beruht auf dem Erkennen von Wirkungen, die durch fehlerhafte Genprodukte hervorgerufen werden.
Mithilfe der *Gendiagnostik* lassen sich aber nun schon die Ursachen von Funktionsstörungen und nicht erst die Wirkungen erkennen. Gegenüber den herkömmlichen Methoden ermöglicht die direkte *Genomanalyse* auf der Basis der isolierten DNA eine viel weitergehende Feststellung auch sehr feiner Genvariationen. Nun sind auch geringe Änderungen der DNA-Sequenz, die sich phänotypisch nicht auswirken, nachweisbar. Mithilfe von Restriktionsenzymen und nachfolgender Gel-Elektrophorese können diese deutlich sichtbar gemacht werden (▶ S. 33).
Allerdings sind nur die wenigsten Erbkrankheiten des Menschen monogen bedingt, also durch die Veränderung eines einzigen Gens verursacht. Die Mehrzahl der Erbkrankheiten hat multifaktorelle Ursachen, d. h., dass die Krankheit sowohl durch mehrere Gene als auch durch Umwelteinflüsse ausgelöst werden kann. Ob eine bestimmte genetische Disposition durch ein mutiertes Gen zum Ausbruch der Krankheit führt, hängt auch von der Lebensweise ab.

Fallbeispiel: Chorea HUNTINGTON (Veitstanz)

Bei dieser Krankheit handelt es sich um ein monogenes Erbleiden. Da ein dominanter Erbgang vorliegt, muss nur eines der beiden Allele den Gendefekt aufweisen. Die Krankheit bricht meist erst im mittleren Erwachsenenalter aus und führt zu Bewegungsstörungen, Wahnvorstellungen und im Spätstadium zum Verlust höherer geistiger Fähigkeiten. Seit 1993 lässt sich die Krankheit mit einem Gentest sicher nachweisen. Frühzeitige medikamentöse Behandlung kann die Symptome mildern, ohne eine Heilung zu bewirken.

Die Gendiagnostik stellt Betroffene vor ein mehrfaches Dilemma: Sie wissen nun, dass sie im Laufe ihres Lebens an diesem unheilbaren Leiden erkranken werden. Verwandte erfahren evtl. ebenfalls von ihrer hohen Erkrankungswahrscheinlichkeit, obwohl sie klinisch noch gesund sind und ihnen ein Nichtwissen lieber wäre. Auf der anderen Seite kann der Test Familienmitgliedern im Hinblick auf ihren Wunsch nach Kindern oder andere Aspekte ihrer Lebensplanung Gewissheit geben.

5.5 Angewandte Genetik

Maßnahmen, die dazu dienen, Eigenschaften von Kulturpflanzen und Nutztieren zu erhalten oder zu verbessern (z. B. Ertragssteigerung, Qualitätsverbesserung, Erhöhung der Widerstandsfähigkeit), nennt man Züchtung. Mithilfe der Gentechnik ist eine zielgerichtete, zuvor definierte Erbgutänderung möglich. Gewünschte Gene werden durch Vektoren (▶ S. 161) in das Erbgut einer ausgewählten Art eingeschleust, wobei der Gentransfer nicht an Artgrenzen gebunden ist. Bei konventionellen Züchtungsmethoden hingegen wird das Erbgut vergleichsweise ungerichtet innerhalb der Artgrenzen verändert.

Klassische Züchtungsmethoden

Auslesezüchtung. Individuen mit den gewünschten Merkmalen werden ausgewählt und zur Fortpflanzung gebracht. Bei vegetativer Vermehrung ist die Individualauslese rasch erfolgreich, da die Individuen hier Klone bilden, also genetisch gleich sind.
Kombinationszüchtung. Hierbei werden gewünschte Merkmale im Sinne der MENDELschen Regeln gezielt kombiniert. Häufig erzielt man die erwünschte reinerbige Merkmalskombination durch Inzucht über mehrere Generationen. Beispiel: Kombination von Winterhärte und Ertragssteigerung beim Panzerweizen.
Hybrid- oder Heterosiszüchtung. Sie beruht darauf, dass bei der Kreuzung zweier nahezu homozygoter Inzuchtlinien die F_1-Ge-

neration (F_1-Hybriden) eine auffallende Mehrleistung erbringt (Heterosiseffekt). Beispiele: Mais- und Schweinehybridzucht.

Moderne Verfahren der Züchtung

Mutationszüchtung. Mutationen werden durch mutagene Substanzen oder Röntgenstrahlen experimentell ausgelöst. Unter den zahlreichen Mutanten gibt es auch wenige, die gewünschte Merkmalsänderungen zeigen und deshalb weitergezüchtet werden. Beispiel: Mais mit hohem Anteil an essenziellen Aminosäuren.

Zell- und Gewebekulturen. Aus einzelnen Zellen oder Geweben lassen sich bei manchen Arten vollständige Pflanzen oder Tiere heranziehen. Beispiele: Kultur von Staubbeuteln (Antheren) bei Tabakpflanzen, Klonung embryonaler Zellen und Embryotransfer bei Hochleistungsrindern.

5

Methoden der Gentechnik

Unter Gentechnik versteht man die gezielte Übertragung von Genen in das Genom einer Zelle oder eines Organismus. Beispiele für gentechnisch veränderte (transgene) Lebewesen mit artfremden Genen sind Coli-Bakterien mit menschlichem Insulin-Gen, Karpfen mit Forellen-Wachstumsgenen und herbizidresistente Baumwolle.

Werkzeuge der Gentechnik sind:

- *Restriktionsenzyme* (Schneideenzyme), die die DNA an festgelegten Stellen aufspalten und in Spaltstücke zerlegen,
- *Ligasen* (Verknüpfungsenzyme), die die fremde DNA an den „klebrigen Enden" (sticky ends) der Wirts-DNA einbauen,
- *Vektoren*, das sind Transportsysteme, die die fremde DNA in die Zelle einschleusen (z. B. Viren oder Bakterien-Plasmide).

Chancen und Risiken der Gentechnik werden kontrovers diskutiert. Nutzpflanzen und -tiere können gentechnisch optimiert werden. Mithilfe der Gentechnik lassen sich Erbkrankheiten verlässlich feststellen, vorhersagen und behandeln sowie neuartige Arzneimittel herstellen. In Zukunft werden auch einzelne Gene des Menschen gezielt verändert werden können.

Risiken können z. B. entstehen, wenn gentechnisch veränderte Mikroorganismen unkontrolliert freigesetzt und ihre neuen Gene auf andere Organismen übertragen werden oder wenn das Wissen über die Erbinformation eines Menschen missbraucht wird. Bei der Risikoabschätzung sind die Naturwissenschaftler gefragt, die Diskussion der ethischen Normen und der gesetzlichen Grundlagen ist eine gesellschaftliche Aufgabe.

Methoden des Gentransfers

Die Gentechnik kennt verschiedene Methoden, um Fremdgene in Zellen einzuschleusen. Die Grafik zeigt das Prinzip des Gentransfers: Auf die dargestellte Weise überträgt man z. B. Insulin produzierende Gene in Plasmide von Coli-Bakterien.

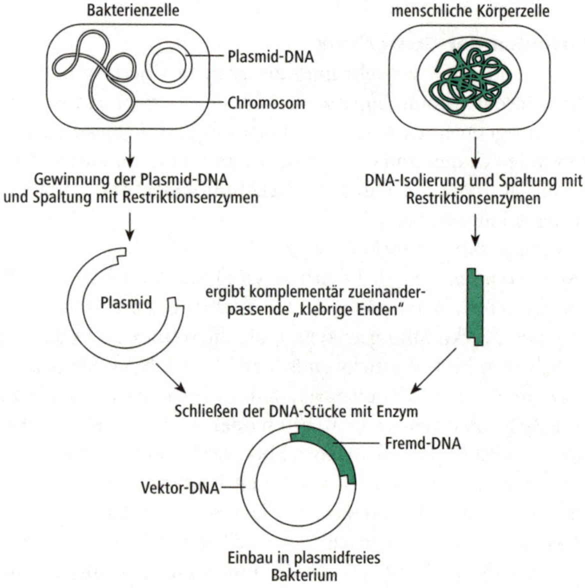

Prinzip der Genübertragung

Bei Eukaryoten ist der Gentransfer schwieriger als bei Bakterien, da das Fremdgen in den Zellkern gelangen muss. Erst wenn es stabil im Wirtsgenom eingebaut ist, kann es repliziert werden. Damit das Fremdgen in der Wirtszelle auch in sein entsprechendes Produkt umgesetzt (exprimiert) wird, muss es mit einem geeigneten Replikationsstartpunkt (Promotor) zusammengebracht werden. Erst jetzt liegt ein *Transgen* vor.
Neben dem Gentransfer durch Vektoren kennt man *physikalische Transfermethoden*:

- Bei der sog. *Genkanone* werden Gold- oder Wolframpartikel mit DNA beschichtet und mit hoher Geschwindigkeit auf Zellen geschossen. Die Partikel durchdringen die Zellmembran, die DNA-Fragmente lösen sich in der Zelle vom Trägermedium und werden zum Teil in das Genom eingebaut.
- Auch mittels Fettkügelchen (*Lipidvesikel*) lässt sich DNA ins Zellinnere schleusen.
- Das sicherste Verfahren des Gentransfers ist die *Mikroinjektion*, bei der DNA mit feinsten Glaskapillaren direkt in die Zelle eingebracht wird.

Genbibliotheken. Für molekularbiologische Untersuchungen werden isolierte Gene in sog. Genbibliotheken angelegt. Sie enthalten das gesamte Genom eines Organismus, das, mit geeigneten Restriktionsenzymen in zahlreiche Spaltstücke zerlegt, in entsprechend viele einzellige Trägerorganismen (Vektoren) eingebaut wurde.

Gensonden. Als *Screening* bezeichnet man die Suche nach dem gewünschten Gen, also der entsprechenden rekombinierten DNA aus der Genbibliothek. Dazu verwendet man kürzere, künstlich hergestellte und stets einsträngige DNA- oder RNA-Stücke, sog. Gensonden. Sie sind radioaktiv markiert und zu den gesuchten Gensequenzen komplementär.

DNA-Sequenzierung. Das gezielte Übertragen eines bestimmten Gens setzt die Kenntnis der jeweiligen DNA-Basensequenz voraus, die dieses Gen codiert. Eine Möglichkeit der Sequenzanalyse besteht darin, ein DNA-Fragment in alle denkbaren,

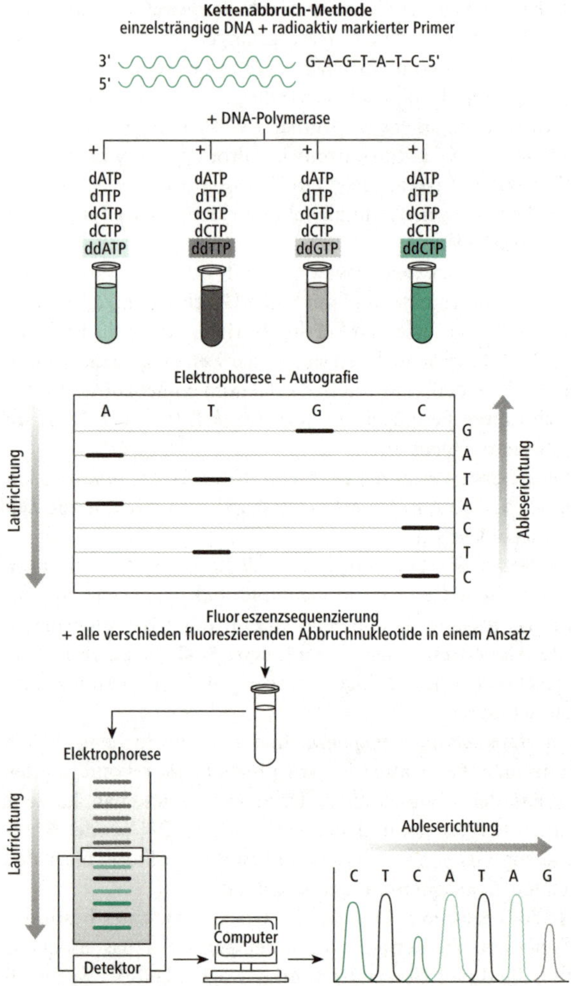

DNA-Sequenzierung

unterschiedlich langen Bruchstücke zu zerlegen. Anschließend wird das DNA-Molekül, das analysiert werden soll, mit radioaktiv markierten Primern hybridisiert und durch Denaturierung einsträngig gemacht.

Bei der Kettenabbruch-Methode nach SANGER synthetisiert eine DNA-Polymerase einen komplementären Strang. Die Synthese bricht ab, wenn chemisch modifizierte Nukleotide eingebaut werden. Anschließend werden die DNA-Bruchstücke durch Gel-Elektrophorese (▶ S. 33) entsprechend ihrer Größe aufgetrennt, autoradiografisch sichtbar gemacht und daraus die Reihenfolge der Nukleotide abgeleitet.

Polymerase-Kettenreaktion (PCR). Kennt man die Nukleotidsequenz eines Gens, lassen sich geringste Mengen dieser DNA im Reagenzglas unbegrenzt vermehren. Grundlage des Verfahrens der Polymerase-Kettenreaktion (polymerase chain reaction, PCR) ist ein wiederholt durchgeführter DNA-Syntheseschritt, wobei jeweils der gewünschte DNA-Abschnitt verdoppelt wird.

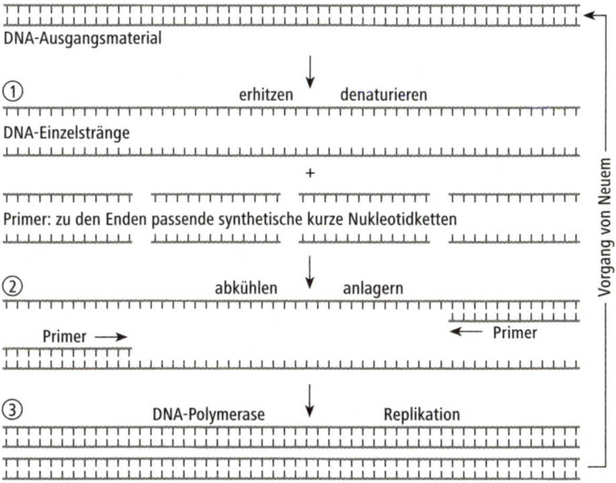

Polymerase-Kettenreaktion (PCR)

Zur Vermehrung benötigt man den gewünschten DNA-Abschnitt, die Grundelemente der DNA (die vier verschiedenen Nukleotide) sowie hitzebeständige DNA-Polymerase. Zum Start der Synthese benötigt die Polymerase kurze Startermoleküle (Primer), die zu den beiden Enden des Gens komplementär sind. Nun wird der DNA-Doppelstrang durch Erhitzen aufgetrennt und die beiden Primer werden angelagert. Nach Abkühlen synthetisiert die Polymerase neue DNA-Doppelstränge. Kurze Zeit später werden diese durch erneutes Erhitzen aufgetrennt. Nach rascher Abkühlung lagern die neuen DNA-Einzelstränge wieder an den Primer an und es erfolgt erneut eine Synthese zu Doppelsträngen.
In sog. Thermozyklern werden die Versuchsbedingungen vollautomatisch gesteuert und die Anzahl der Zyklen programmiert. Nach 25 solcher Zyklen sind dann beispielsweise 2^{25} Kopien der Ausgangssequenz entstanden.

DNA-Fingerprinting („genetischer Fingerabdruck"). Die DNA einer einzigen menschlichen Zelle genügt, um sie einer bestimmten Person zuordnen zu können. Der sog. genetische Fingerabdruck dient der Zuordnung von Spurenmaterial wie Blut, Sperma oder Speichel in der Kriminalistik, um Täter eindeutig zu identifizieren. Das Verfahren beruht darauf, dass die DNA verschiedener Menschen trotz weitgehender Übereinstimmung bestimmte Sequenzunterschiede zeigt.
Die DNA des Spurenmaterials wird durch PCR vermehrt und dann durch Restriktionsenzyme zerlegt. Mit der DNA Tatverdächtiger verfährt man ebenso. Die Fragmente werden gel-elektrophoretisch getrennt und mit Gensonden markiert. Für jeden Menschen ergibt sich ein charakteristisches Bandenmuster, das mithilfe strahlenempfindlicher Filme als Autoradiogramm sichtbar gemacht werden kann.
Dasselbe Verfahren verwendet man beim Vaterschaftsnachweis oder bei Tests auf bestimmte Erbkrankheiten.

5.6 Gentechnik in der Praxis

Pflanzenzucht

Zur Bildung transgener Pflanzen wird oft das Bodenbakterium Agrobacterium tumefaciens als Vektor gewählt. Man schleust damit ein neukombiniertes Plasmid in junge Pflanzenzellen, deren Zellwand enzymatisch entfernt wurde, sog. *Protoplasten.* Unter geeigneten Bedingungen wachsen sie zu vollständigen Pflanzen heran, deren Zellen in ihrem Genom alle das Fremdgen tragen.

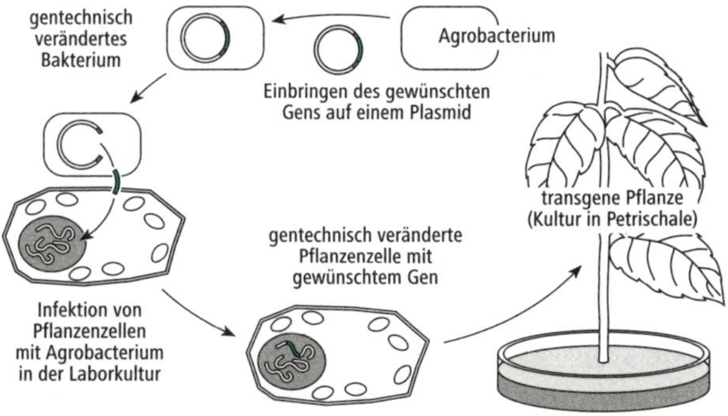

Gentransfer mit Agrobacterium tumefaciens

Umgangssprachlich hat sich für die Erzeugung gentechnisch veränderter Nutzpflanzen der Begriff *Grüne Gentechnik* eingebürgert. Ziele der Pflanzenzüchter sind dabei die Verstärkung bzw. Entwicklung erwünschter Eigenschaften wie höherer Ertrag, geringere Verderblichkeit, höhere Widerstandsfähigkeit gegen Pilz-, Insekten- oder Virusbefall, Resistenz gegen Herbizide, Unempfindlichkeit gegen begrenzende Umweltfaktoren (wie Kälte und Trockenheit) und auch ein höherer Gehalt an Vitaminen oder essenziellen Aminosäuren. Als Beispiele seien genannt: Bt-Mais mit Resistenz gegen die Larven des Maiszünslers, virusresistente Zuckerrüben, herbizidresistente Sojasorten oder Reis mit hohem Vitamin-A-Gehalt.

Tierzucht

Bei der Aufzucht von transgenen Nutztieren ist außer bei Fischen in absehbarer Zeit nicht mit marktreifen Ergebnissen zu rechnen. Davon zu trennen ist die Behandlung oder Fütterung von Nutztieren mit Produkten, die gentechnisch hergestellt werden. So bekommen Masttiere heute schon den Futterzusatz Phytase gegen Mangelerscheinungen und gentechnisch hergestellte Lebendimpfstoffe. Während in der EU das Rinderwachstumshormon rBST im Gegensatz zu den USA nicht zugelassen ist, darf auch bei uns das gentechnisch hergestellte Wachstumshormon Somatosalm in der Lachszucht eingesetzt werden.
In der Grundlagenforschung lassen sich mithilfe transgener Tiere die Regulationselemente der Genaktivierung studieren, Einsichten in das Zusammenwirken verschiedener Gene bei der Entwicklung tierischer und menschlicher Organismen gewinnen oder auch menschliche Erkrankungen simulieren, die dann Ansätze zu einer Gentherapie (▶ S. 170) eröffnen. In der Züchtungsforschung liegen die Schwerpunkte neben einer Ertragssteigerung bei Nutztieren in der Produktion biomedizinischer Stoffe und in der Erzeugung tierischer Gewebe für die Transplantationsmedizin.

Lebensmittelherstellung

Gentechnisch veränderte Mikroorganismen werden zur Gewinnung von Enzymen und Zusatzstoffen ebenso verwendet wie als Starterkulturen im Braugewerbe und in der Fleisch- und Milchverarbeitung. Lebensmittelzusatzstoffe werden zur Geschmacksveränderung, zur ernährungsphysiologischen Aufwertung und zum Schutz vor Verderb oder Krankheitserregern eingesetzt. Die aus transgenen Mikroorganismen gewonnenen Produkte sind in der Regel mit den traditionellen identisch.

Die Produktion gentechnisch veränderter Lebensmittel (Novel Food) führt zu einem verstärkten Einsatz von verschiedenartigen neuen Proteinen. Bei Menschen, die für Allergien anfällig sind, führt der Genuss dieser Lebensmittel zu einer Erhöhung der Grundbelastung.

Pharmazie

Neben Insulin gewinnt man heute auf gentechnischem Wege Heilmittel wie Interferon gegen bestimmte Krebserkrankungen, Wachstums- und Blutgerinnungsfaktoren oder Impfstoffe gegen Hepatitis B und Polio.
Gentechnisch erzeugte Impfstoffe weisen gleich mehrere Vorteile auf: Es lassen sich von harmlosen Mikroorganismen ausschließlich die zur Immunisierung notwendigen Bestandteile (Antigene) herstellen, sodass die Nebenwirkungen der Impfung minimiert sind. Für das ärztliche Personal besteht nun keine Ansteckungsgefahr mehr, da der Impfstoff keine infektiösen Bestandteile enthält.

Medizinische Diagnostik

Besonders bedeutsam ist die *Gendiagnostik* bei der Erkennung verborgener Viren (Proviren) und anderer parasitärer Erreger, deren Auswirkungen sich schleichend anreichern. Mithilfe der Gendiagnostik lässt sich die Anwesenheit bestimmter Nukleinsäuresequenzen des Genmaterials von Viren oder mikrobiellen Krankheitserregern bereits im Frühstadium sicher identifizieren.
Die Gendiagnostik ist gerade bei solchen Infektionskrankheiten vorteilhaft, bei denen der Nachweis von Erregern über die Antikörperbildung bisher schwierig war. Dies gilt z. B. für HIV (Aids) oder Hepatitis-B-Viren (Leberentzündung).
Zunehmend wichtig werden die gentechnischen Nachweisverfahren außerdem bei der genetischen Familienberatung und auch bei der pränatalen und der postnatalen Diagnostik. (▶ S. 158 f.)

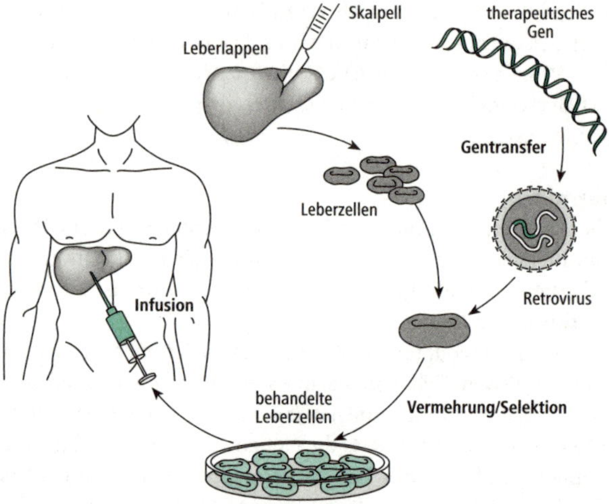

Somatische Gentherapie außerhalb des Körpers (Ex-vivo-Therapie): Die gentechnisch veränderten Leberzellen bilden ein zuvor fehlendes Eiweiß.

Gentherapie

Eine Reihe von Erbkrankheiten lassen sich durch eine Substitutionstherapie behandeln, bei der man fehlende Regulationsproteine zuführt. So erhalten Patienten mit Diabetes Insulin, Bluterkranke den Blutgerinnungsfaktor VIII oder IX. Beim Konzept der Gentherapie setzt man dagegen direkt am Ursprungsort der Erbkrankheit an, indem man die mutierten Gene durch funktionsfähige ersetzt. Insbesondere bei monogenen Krankheiten, bei denen der Gendefekt genau bekannt ist, verspricht man sich von der Gentherapie zukünftig erfolgreiche Behandlungen.
Während die *somatische Gentherapie* an Körperzellen durchgeführt wird und sich somit streng auf den behandelten Patienten beschränkt, ist das Ziel einer *Keimbahngentherapie*, intakte genetische Information direkt in die Keimzellen einzuschleusen. Damit erstreckt sich ihre Wirkung auf die folgenden Generationen. Eingriffe in die Keimbahn sind in Deutschland verboten.

Das Humangenomprojekt

In internationaler Zusammenarbeit hat die Human Genome Organisation (HUGO) die exakte Nukleotidfolge der menschlichen DNA, also die „Buchstabenfolge" des Genoms mit rund drei Milliarden Basenpaaren entziffert. Dabei sind nur rund 1,5 % dieser Basenpaare als Gene angelegt und codieren Proteinstrukturen. Die restlichen 98,5 % setzen sich aus Abschnitten zusammen, die zwischen und innerhalb von Genen liegen und deren genaue Bedeutung unbekannt ist. In der Anwendung wird versucht, Informationen aus der Genomanalyse für maßgeschneiderte Medikamente oder eine exaktere Gendiagnostik zu nutzen. Die Bedeutung des Genbegriffs hat sich immer wieder geändert. Gegenwärtig gilt als Gen ein DNA-Abschnitt, der eine Informationscodierung für einen bestimmten funktionellen Produktbereich enthält und dem Regulationsabschnitte zugeordnet sind.

KOMPETENZEN UND BASISKONZEPTE

- Methoden und Ergebnisse der MENDELschen Erbversuche
- Belege für die Chromosomentheorie der Vererbung
- Experimente, die belegen, dass die DNA stoffliche Grundlage der Erbinformation ist
- Mutation und Modifikation im Vergleich
- Mitose und Meiose im Vergleich
- Bedeutung der Meiose für Vererbung und Evolution
- *Struktur-Funktions-Prinzip* am Beispiel der DNA
- Basiskonzept *Information* am Beispiel des genetischen Codes
- Umsetzung der Erbinformation durch die Proteinbiosynthese (Genexpression)
- Ablesen der Code-Sonne und Übersetzen in „Peptidschrift" (Aminosäuresequenz)
- Basiskonzept *Regulation* am Beispiel des JACOB-MONOD-Modells
- Interpretation von Erbgängen
- Methoden und Erkenntnisse der Humangenetik
- Klassische und moderne Verfahren der Züchtung
- Methoden der Gentechnik
- Bedeutung, Chancen und Risiken der Gentechnik

6 Immunbiologie

Die *unspezifische Abwehr* des Menschen richtet sich unspezifisch gegen körperfremde Stoffe. Wird diese unspezifische Abwehr bei einer Infektion überwunden, tritt die *spezifische Abwehr* in Funktion. Bei dieser spezifischen Abwehrreaktion werden gegen die als Antigene bezeichneten Fremdstoffe spezifische *Antikörper* gebildet.

6.1 Infektion und Abwehr

Infektionskrankheiten

Krankheiten, die durch Erreger ausgelöst werden, nennt man Infektionskrankheiten. Eine solche Ansteckung (Infektion) kann durch Viren, Bakterien, Pilze, Einzeller oder Würmer hervorgerufen werden. Krankheitserreger schädigen den Körper vor allem durch Giftstoffe (Toxine). Die Zeitspanne von der Infektion bis zum Auftreten der Beschwerden bezeichnet man als Inkubationszeit, die typischen Anzeichen einer Krankheit als Symptome.

Unspezifische Abwehr

Der menschliche Körper verfügt über verschiedene *unspezifische Abwehrmechanismen* (Resistenz). Den äußeren Schutz bildet die Haut. Flimmerhaare (Cilien) der Schleimhäute transportieren Eindringlinge aus den Atemwegen, der Schleim enthält Eiweiß spaltende Enzyme. Magensäure, Speichel und Tränenflüssigkeit wirken desinfizierend, mit dem Harn werden Erreger ausgespült. Bestimmte Weiße Blutkörperchen, die Fresszellen (Makrophagen), umschließen eingedrungene Mikroorganismen und Viren und lösen sie auf.

Spezifische Abwehr

Gelingt es der unspezifischen Abwehr nicht, Erreger unschädlich zu machen, gelangen diese mit dem Lymphstrom zu den Lymphorganen. Hier werden die Antigene von den *Lymphozyten* erkannt und es setzt eine *spezifische Immunreaktion* ein. B- und T-Lymphozyten sind die wichtigsten Zelltypen der spezifischen Abwehr.

6.2 Das System der körpereigenen Abwehr

Elemente des Immunsystems

Weiße Blutkörperchen (Leukozyten) bilden das Hauptabwehrsystem des Körpers gegen Erreger und Fremdstoffe. Sie gehen durch Teilung aus Stammzellen im roten Knochenmark hervor. Leukozyten sind amöboid beweglich und können die Kapillarwände durchdringen. Man unterscheidet mehrere Arten Weißer Blutkörperchen: unspezifisch reagierende Granulozyten und Monozyten (zu denen auch die Makrophagen zählen) und spezifisch abwehrende Lymphozyten.

6

Das **Lymphsystem** ist ein wesentlicher Teil des Abwehrsystems und besteht aus den primären Lymphorganen (Thymusdrüse und rotes Knochenmark) und den sekundären Lymphorganen (Lymphknoten, Milz, Wurmfortsatz und Mandeln), wo die Lymphozyten heranreifen. In den Lymphorganen findet wie auch im Blut die Antikörperbildung durch Lymphozyten statt. (▶ Stoffwechsel, S. 66)

Bei unspezifischer und spezifischer Abwehr wird zwischen humoraler und zellulärer Abwehr unterschieden.

- Zum *humoralen Abwehrsystem* in Körperflüssigkeiten (humor = Flüssigkeit) zählen Abwehrstoffe wie Lysozym, Interferone gegen Viren und das Komplementsystem mit inaktiven Enzymvorstufen, das die Immunreaktionen ergänzt, sowie die Antikörper bildenden B-Lymphozyten. Mit dem humoralen Abwehrsystem bekämpft der Körper extrazelluläre Erreger.

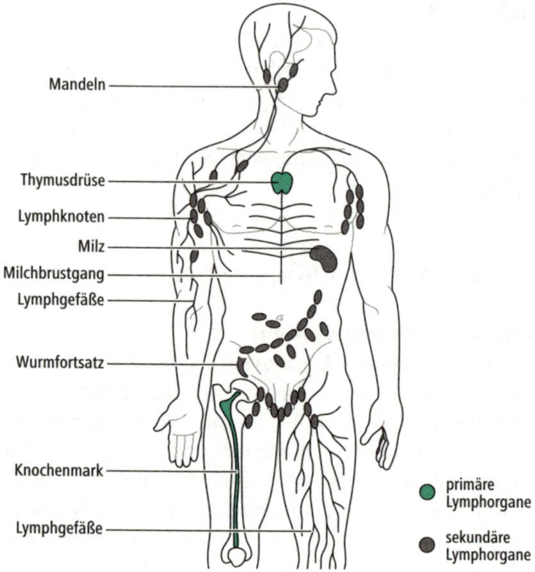

Lymphorgane des Menschen

- Zum *zellulären Abwehrsystem* rechnet man die unspezifischen Granulozyten und Monozyten in Blut, Lymphe und Geweben – die Antigene tragende Zellen über Phagozytose und Pinozytose auflösen – sowie die spezifischen T-Lymphozyten, die infizierte Zellen zerstören. (▸ Zellbiologie, S. 19 f.)

Lymphozyten

Rund 25 % der Leukozyten sind Lymphozyten. Im Blut und in der Lymphe sind sie frei beweglich, in den lymphatischen Organen stationär. Die jeweils benötigten Lymphozyten müssen zuerst vermehrt werden. Es entstehen:

- *B-Lymphozyten*, die zur Teilung angeregt werden, wenn sie mit passenden Antigenen in Berührung kommen. Sie differenzieren sich zu Plasmazellen, die spezifische Antikörper gegen die Erreger bilden. Die Antikörper heften sich an die Antigene. Der Antikörper-Antigen-Komplex kann von Fresszellen leichter aufgenommen werden.

- *T-Lymphozyten*, die als Killerzellen in Körperzellen eingedrungene Erreger angreifen und unschädlich machen. Bestimmte T-Lymphozyten werden zu *T-Helferzellen*, die die Plasmazellen zur Vermehrung veranlassen.
- Andere T-Lymphozyten und B-Lymphozyten bleiben als *Gedächtniszellen* viele Jahre erhalten. Bei einem erneuten Kontakt mit dem Antigen vermehren sie sich rasch und verleihen dem Körper Immunität gegen den Erreger. Damit kann die betreffende Krankheit nicht mehr ausbrechen.

Klonselektion und selektive Antikörperproduktion

Aus der riesigen Zahl von B-Lymphozyten werden nur diejenigen Zellen aktiviert, die ein Antigen erkannt haben. Sie vermehren sich nach dem Antigen-Kontakt durch Teilung und stellen als Plasmazellen die passenden Antiköper in großen Mengen her. Es findet also eine selektive Produktion der wirksamen Antikörper statt.

Antikörper

Antikörper sind globuläre Eiweiße, Immunglobuline genannt, die von B-Lymphozyten speziell gegen ein jeweiliges Antigen gebildet werden.

Die häufigsten Immunglobuline sind vom Typ Immunglobulin G (IgG). Ein solches Molekül besteht aus vier Y-förmig angeordneten Polypetidketten, je zwei leichten und zwei schweren, die über Sulfidbrücken miteinander verbunden sind. Innerhalb der Ketten gibt es einen Bereich, in dem die Aminosäuresequenz konstant ist. An den beiden Gabelenden ist die Sequenz variabel. Hier können sich die IgG-Moleküle mit einem bestimmten Teil des entsprechenden Antigens, dem Epitop, verbinden. (▶ Abb. S. 177)

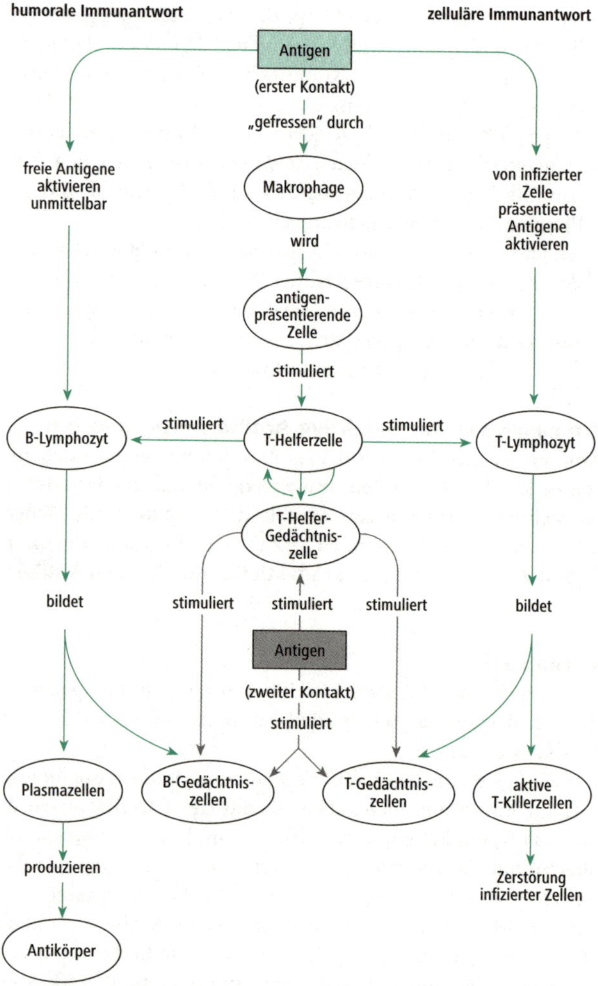

Primäre (grün) und sekundäre (grau) Immunantwort im Überblick

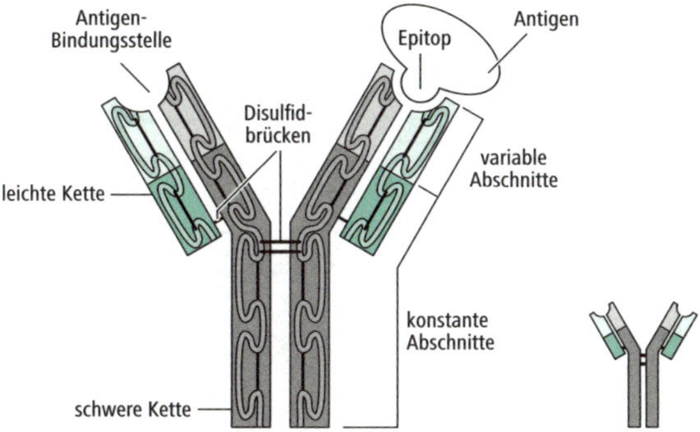

Immunglobulin-G-Molekül

Der Ablauf der Immunreaktion (Immunantwort)

Erkennungsphase. Dringt ein als Antigen wirkender Fremdstoff in den Körper ein, wird er von Makrophagen umschlossen und abgebaut (phagozytiert). Bruchstücke des Antigens werden an die Membranproteine in den Makrophagen (Fresszellen) gebunden. Dadurch werden die MHC-Proteine (Major Histocompatibility Complex, Gewebsverträglichkeit-Komplex) in der Fresszellenmembran verändert und ruhenden passenden T- oder B-Lymphozyten präsentiert, die sich nun vermehrt teilen.

Differenzierungsphase. Die T-Lymphozyten vermehren und differenzieren sich zu T-Killerzellen, T-Suppressorzellen und T-Helferzellen. T-Helferzellen bilden Gewebshormone (Interleukine) zur Stimulierung der B-Lymphozyten. Die B-Lymphozyten vermehren sich und differenzieren sich zu Plasmazellen, die nun Antikörper produzieren. T-Killerzellen erkennen und zerstören körpereigene infizierte Zellen bzw. körperfremde Zellen. Einige B- und T-Lymphozyten entwickeln sich zu langlebigen Gedächtniszellen.

Wirkungsphase. Antikörper und Epitope der Antigene verbinden sich zu Antigen-Antikörper-Komplexen. Phagozytierende Zellen nehmen diese auf und bauen sie enzymatisch ab.

6

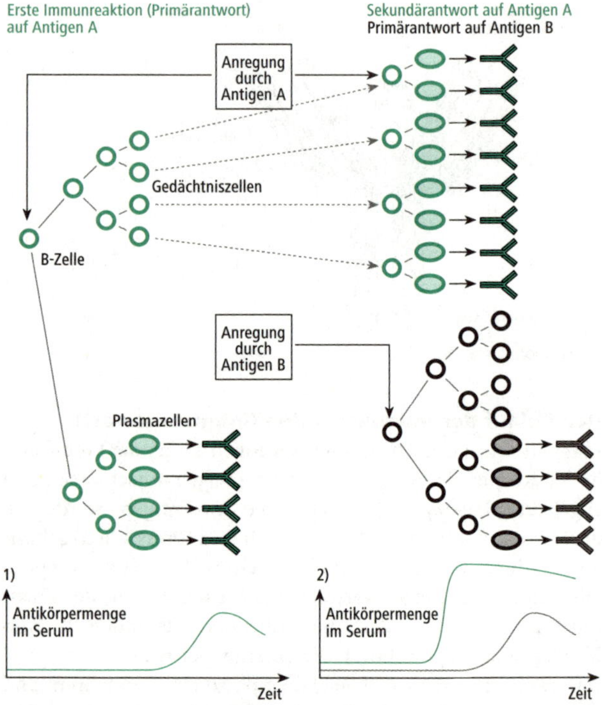

Nachweis der ersten und zweiten Immunreaktion

Abschaltphase. T-Suppressorzellen beenden die Antikörperbildung.

Auch **Mastzellen** sind an den Immunreaktionen beteiligt. Diese im Bindegewebe vorkommenden Lymphozyten mit hohem Gehalt an Histaminen erweitern die Blutgefäße und verbessern die Durchblutung. Hierdurch kommt es z. B. bei lokaler Schädigung durch Mikroorganismen oder Giftstoffe zu einer intensiven örtlichen Immunreaktion, die als Entzündung mit Erwärmung und Rötung erkennbar wird.

Erst- und Zweitinfektion (Immungedächtnis)

Nachdem Antigene in den Körper eingedrungen sind, dauert es rund zwei Tage, bis als Primärantwort im Blut Antikörper nachgewiesen werden können. Infiziert man sich ein zweites Mal, treffen die Antigene auf bereits vorhandene Gedächtniszellen, die sich nun rasch teilen und vermehrt Antikörper bilden. Die zweite Immunreaktion (Sekundärantwort) verläuft daher viel schneller als die erste, sodass meist keine Krankheitssymptome auftreten.

Da Antikörper zwei oder mehr gleich gestaltete Bindungsstellen für Antigene besitzen, können größere Komplexe entstehen. Bei der *Neutralisation* von Viren besetzen Antikörper die Rezeptoren auf der Virusoberfläche. Die Viren können dann eine Wirtszelle nicht mehr infizieren. Wenn Antikörper an Zellen binden (z. B. Bakterienzellen) und diese miteinander verkleben, spricht man von *Agglutination*. Fallen lösliche Antigene (meist Proteine) durch Bindung an Antikörper als unlösliche Komplexe aus, spricht man von *Präzipitation*.

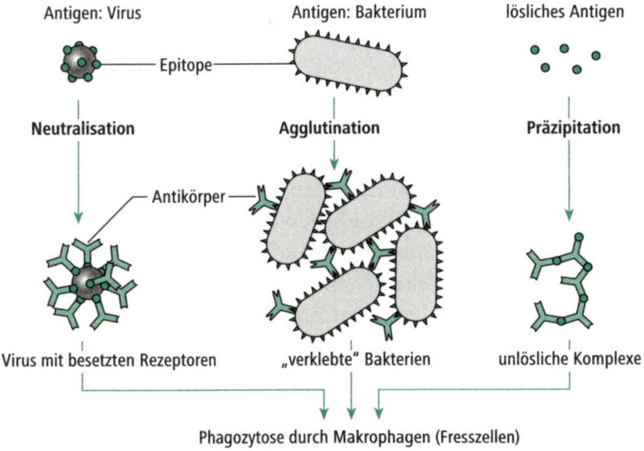

Antikörper vermittelte Abwehrmechanismen

6.3 Angewandte Immunbiologie

Schutzimpfungen

Passive Immunisierung. Hierbei wird ein Heilserum geimpft, das Antikörper gegen einen ganz bestimmten Krankheitserreger enthält. Diese Immunisierung unterstützt die körpereigene Abwehr, nachdem eine Infektionskrankheit bereits ausgebrochen ist. Der passive Impfschutz durch fremde Immunglobuline hält nur kurze Zeit an.

Die Antikörper hierfür werden aus dem Blutserum von Tieren gewonnen. Gegen diese körperfremden Eiweiße kommt es zu einer Abwehrreaktion. Bei einer zweiten Behandlung kann es daher zu einer heftigen Reaktion kommen, die zu einem anaphylaktischen Schock führen kann.

Aktive Immunisierung. Diese Form der Immunisierung wendet man als Vorbeugung gegen Infektionskrankheiten an. Man impft abgeschwächte oder abgetötete Erreger oder deren Toxin, was zu einer körpereigenen Antikörperbildung führt. Durch die Gedächtniszellen kann dies zu einer lebenslangen Immunität führen.

Organtransplantation

Das Immunsystem kann bei Transplantationen fremdes und eigenes Gewebe unterscheiden, da die Zellmembranen durch MHC-Proteine gekennzeichnet sind. Diese Proteine, sog. Transplantationsantigene, sind für jeden Menschen charakteristisch. T-Lymphozyten und Makrophagen kontrollieren diese Membranproteine und erkennen fremdes Spendergewebe, das sie sofort angreifen. Die Stärke der einsetzenden Abstoßungsreaktion hängt vom Grad der Übereinstimmung der Transplantationsantigene von Spender und Empfänger ab.

Bei unvollständiger Übereinstimmung muss die Immunreaktion durch immunsuppressive Stoffe blockiert werden, um das Transplantat zu schützen. Dies führt dann aber zu einer Verringerung anderer Immunreaktionen.

Monoklonale Antikörper

Die Produktion von Antikörpern durch B-Zellen kann man auch im Reagenzglas („in vitro") herbeiführen. Aus erbgleichen B-Zellen des Immunsystems werden biotechnisch durch Zellfusion im Molekülbau identische (monoklonale) Antikörper gebildet. Um größere Mengen eines bestimmten Antikörpers zu gewinnen, benötigt man B-Lymphozyten einer ganz bestimmten Sorte. Man gewinnt solche gewünschten Antikörper, indem man Lymphzellen aus der Milz eines Tieres mit einem bestimmten Antigen impft und diese Zellen mit unbegrenzt teilungsfähigen Tumorzellen verschmilzt. Die so gewonnenen Hybridzellen teilen sich fortwährend und bilden große Mengen der Antikörper, auf die sie zuvor durch die Antigen-Impfung „programmiert" wurden. Monoklonale Antikörper werden eingesetzt, um Tumorzellen zu identifizieren, Viren nachzuweisen oder Impfstoffe zu gewinnen. Auch Schwangerschaftstests werden oft mit monoklonalen Antikörpern durchgeführt.

6.4 Immunkrankheiten

Immunschwäche (Immundefizienz) kann auf angeborenem Lymphozyten- oder Antikörpermangel beruhen, sie kann aber auch Folge einer Infektion sein (erworbene Immunschwäche).

Autoimmunkrankheiten. Richten sich Antikörper gegen gesundes körpereigenes Gewebe, kommt es zu einer *Autoimmunkrankheit.* So greifen z. B. bei einer Form der Zuckerkrankheit (juveniler Diabetes) Antikörper die Insulin produzierenden Inselzellen der Bauchspeicheldrüse an und bauen diese ab.

Aids (Acquired Immunodeficiency Syndrome) ist eine erworbene Immunschwächekrankheit. Der Erreger, das HI-Virus (Human Immunodeficiency Virus), wird mit Körperflüssigkeiten wie Blut und Sperma übertragen. Hauptübertragungswege sind daher Geschlechtsverkehr ohne Kondom und die gemeinsame Verwendung von Injektionsspritzen bei Drogenabhängigen.

Das HI-Virus gehört zu den RNA-Viren (Retroviren). Ihre RNA wird in den befallenen Zellen durch das Enzym *Reverse Transkriptase* in DNA umgebaut und als Virus-DNA in die DNA von T-Helferzellen eingebaut. Hier kann die Virus-Erbinformation jahrelang ruhen, bis es schließlich doch zu einer Vermehrung der Viren kommt. Die dadurch veränderten T-Helferzellen werden von T-Killerzellen zerstört. Bei einer zu geringen Zahl an T-Helferzellen bricht das Abwehrsystem zusammen. Der Patient erkrankt an Folgeinfektionen mit anderen Krankheitserregern.
In der Regel ist die Konzentration von HI-Viren im Blut für einen direkten Nachweis zu gering. Daher wird bei *HIV-Tests* die Menge der gegen HIV gebildeten Antikörper ermittelt. Beim ELISA-Test (Enzyme-Linked Immunoabsorbent Assay = enzymgekoppelter Immunabsorptions-Test) werden Teströhrchen mit Antigenen von HI-Viren beschichtet. Enthält das Blutserum der Testperson HIV-Antikörper, bilden diese mit den Antigenen Komplexe. Der Nachweis erfolgt dann nach Zugabe eines Enzyms und eines Farbstoffs durch eine Farbreaktion. Kommt es zu einer Kopplung mit dem Antigen-Antikörper-Komplex, verändert sich der Farbstoff, die Testperson ist HIV-positiv.

Allergien sind übermäßige Abwehrreaktionen des Körpers auf Antigene, die eigentlich harmlose Stoffe sind. Solche Allergene können Blütenstaub, Chemikalien, Nahrungsmittel und vieles andere sein. Der Verzehr, das Einatmen oder Berühren eines Allergens kann die Allergie auslösen. Plasmazellen produzieren vermehrt Antikörper vom Typ IgE. Daraufhin setzen Mastzellen vermehrt das Gewebshormon Histamin frei, das die Blutgefäße erweitert, die Schleimhäute anschwellen lässt und die Bronchien verengt. In schweren Fällen können sich durch explosive Histaminausschüttung die Blutgefäße so sehr erweitern, dass der Blutdruck lebensgefährlich absinkt (anaphylaktischer Schock). Beim häufigsten Allergie-Typ I (Soforttyp) liegen Allergenkontakt und immunologische Reaktion zeitlich nah beisammen. Weitere Allergieformen sind Immunkomplexbildung, cytotoxische Überempfindlichkeit und Kontaktekzem.

Krebs und Immunsystem

Bösartige Geschwülste (Karzinome) werden als Krebs bezeichnet. Zellen vermehren sich ungehemmt und zerstören gesundes Gewebe. Über die Blutbahn gelangen Krebszellen in den Körper und können Tochtergeschwülste (Metastasen) bilden. Normalerweise werden Krebszellen von T-Killerzellen zerstört. Auslösende Faktoren für eine Krebserkrankung können erbliche Veranlagung, Viren oder Umwelteinflüsse wie Rauchen oder intensives Sonnenbaden sein. Klassische Therapiemethoden sind das Entfernen des Tumors durch Operation und radioaktive Bestrahlung oder der Einsatz von Zellteilung hemmenden Stoffen (Cytostatika). Da ein gesundes Immunsystem Krebszellen an den Tumorantigenen erkennt, versucht man heute, Immunzellen in Zellkulturen zu züchten und in den Körper zurückzubringen. Koppelt man monoklonale Antikörper (▸ S. 181) mit Zellgiften, wirken diese gezielt auf Krebszellen. Die Ansiedlung von Metastasen lässt sich dadurch verhindern, dass die Oberflächenstrukturen ihrer Zellen durch entsprechende Antikörper blockiert werden. Je früher Krebs durch Vorsorgeuntersuchungen erkannt wird, umso besser greift die Therapie.

KOMPETENZEN UND BASISKONZEPTE

- Unspezifische und spezifische Abwehr im Überblick
- Ablauf einer Immunreaktion
- Antigen-Antikörper-Komplexe als Beispiel einer spezifischen Molekülinteraktion
- Prinzip der *Kommunikation* zwischen Zellen bei der Immunreaktion (über Signalstoffe sowie durch direkte Zellkontakte)
- Passive und aktive Immunisierung
- Klonselektion und selektive Antikörperproduktion als Beispiel für *Variabilität* auf zellulärer Ebene
- Störungen des Immunsystems
- Komplexer Zusammenhang von Zellzyklus, Genregulation, Umwelteinwirkung und Immunabwehr bei einer Krebserkrankung

7 Neurobiologie

Die Fähigkeit der Aufnahme, Verarbeitung und Beantwortung von Reizen (Reizbarkeit) ist ein wesentliches Merkmal aller Lebewesen. Durch den Besitz eines Nervensystems allerdings unterscheiden sich der Mensch und der größte Teil der vielzelligen Tiere von der Pflanzenwelt. Reize erregen Sinneszellen (Rezeptoren). Bei komplizierteren Gebilden aus vielen Rezeptoren und zugehörigen Hilfsstrukturen spricht man von Sinnesorganen. Nerven leiten die Informationen zu einer zentralen Verrechnungsstelle, bei höher entwickelten Lebewesen meist zum Gehirn. Nach Auswertung der Information laufen von dort aus Befehle zu den Erfolgsorganen (Muskeln und Drüsen). Ein Teil der Information wird gespeichert. An der Weiterverarbeitung der Informationen ist auch das Hormonsystem beteiligt.

7.1 Bau und Funktion von Nervenzellen

Das Neuron

Nervenzellen (Neuronen) sind für die Aufnahme, Weiterleitung und Verarbeitung von Informationen zuständig. Ihr Aufbau unterscheidet sich je nach ihrer Aufgabe erheblich, ihre Länge reicht von wenigen Mikrometern bis zu über einem Meter. Gemeinsam sind den meisten folgende Grundstrukturen:

- Der *Zellkörper* (Soma, Perikaryon) enthält den Zellkern, den Großteil des Cytoplasmas und wichtige Organellen.
- Am Zellkörper entspringen viele fein verzweigte kurze Fortsätze, die *Dendriten,* die der Reizaufnahme dienen.
- Vom Axonhügel geht ein langer dünner Zellfortsatz aus, das *Axon* (Neurit), das die aufgenommenen Impulse weiterleitet. An des-

sen Ende liegt eine Verzweigungsregion mit verdickten Endigungen, den synaptischen Endknöpfchen. Bei Wirbeltieren und Mensch gibt es markhaltige und marklose Axone. Markhaltige Axone sind von einer Markscheide umgeben, die von den SCHWANNschen Zellen gebildet wird. Ihre Zellmembranen bilden eine eiweiß- und lipidreiche Myelinhülle. Zwischen den einzelnen Hüllzellen bleiben in Millimeterabständen kleine Lücken, die RANVIERschen Schnürringe. Das Axon mit den Hüllzellen wird als *Nervenfaser* bezeichnet. Viele Nervenfasern sind gebündelt von Bindegewebe umgeben und bilden einen *Nerv*.

- Jedes Neuron ist mit anderen Nerven-, Muskel- oder Drüsenzellen verbunden. Die Kontaktstellen heißen *Synapsen*. Zwischen einem Endknöpfchen des Axons und der Folgezelle liegt ein winziger synaptischer Spalt. An einem Neuron enden meist Axone zahlreicher anderer Nervenzellen, während sein Axon selbst wiederum Synapsen mit vielen anderen Zellen bildet. Ein Neuron kann so bis zu 10 000 Synapsen haben.

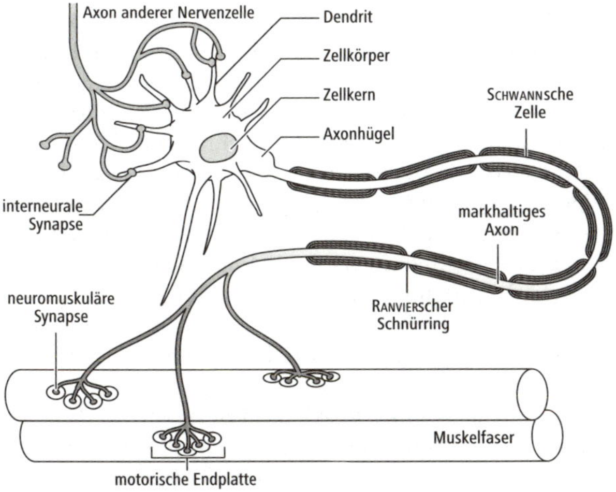

Bau einer markhaltigen Nervenzelle

7

Ruhepotenzial und Aktionspotenzial

Aufnahme und Weiterleitung von Reizen sind an elektrische Vorgänge gekoppelt, die das Vorhandensein von beweglichen Ladungsträgern wie Ionen voraussetzen. Änderungen der Membranspannung der Nervenzelle übermitteln die Informationen.

Ruhepotenzial. Das Messen des Membranpotenzials ist mit winzigen Mikroelektroden möglich. Bei der intrazellulären Ableitung der Spannung wird eine Messelektrode in das Axon eingestochen. Die Bezugselektrode bleibt im Außenmedium, der extrazellulären Flüssigkeit, die die Nervenzellen umgibt. Über einen Verstärker sind die Elektroden mit dem Oszilloskop verbunden, das den Spannungsverlauf anzeigt. Am ungereizten Axon besteht zwischen der Innenseite der Zellmembran und der Zelloberfläche eine elektrische Spannung, die als Ruhepotenzial (RP) bezeichnet wird. Beim Ruhepotenzial ergibt sich gegenüber dem Außenmedium eine Potenzialdifferenz von 60 bis 90 mV (Millivolt) – je nach Tierart. Die negative Spannung liegt innen, das RP wird demnach mit –60 bis –90 mV angegeben.

Nach der Ionentheorie ist die Ursache des Ruhepotenzials die unterschiedliche Ionenverteilung innerhalb und außerhalb der Nervenzelle sowie die selektive Durchlässigkeit der Membran für verschiedene Ionen. Innerhalb des Neurons ist die Konzentration der Kaliumionen (K^+) und der Protein-Anionen hoch, während außen die Konzentration der Natriumionen (Na^+) und der Chloridionen (Cl^-) hoch ist. Im ungereizten Zustand ist die Membran für K^+-Ionen gut durchlässig, für Na^+-Ionen sehr schlecht und für Protein-Anionen gar nicht. Aufgrund der unterschiedlichen Ionenkonzentration besteht zwar ein Diffusionsgefälle, doch nur die K^+-Ionen können durch die Membran nach außen. Es ergibt sich also außen ein Überschuss an positiven Ionen. Das Ruhepotenzial ist somit ein Kaliumdiffusionspotenzial.

Natrium-Kalium-Pumpe. In Wirklichkeit strömen verlangsamt auch andere Ionen durch die Membran, sodass Konzentrationsunterschiede allmählich ausgeglichen und das Membranpotenzial abgebaut würde. Mithilfe von Trägermolekülen in der Mem-

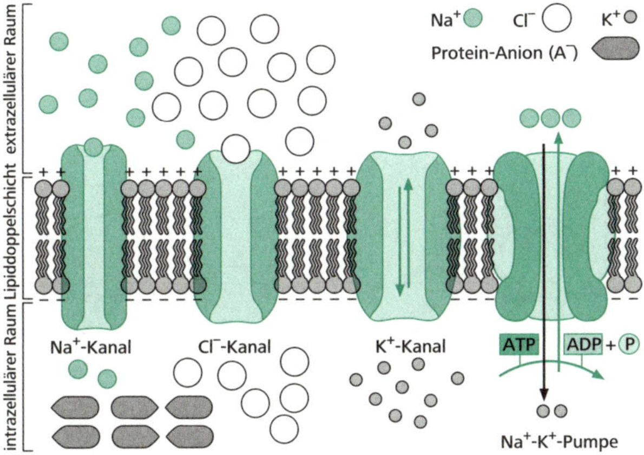

Ionentheorie zur Entstehung und Aufrechterhaltung des Ruhepotenzials (Durchlässigkeit für Kaliumionen hoch, für Natriumionen niedrig)

bran (Ionenpumpen) hält das Neuron das Ruhepotenzial aufrecht. Die Na^+-K^+-Pumpe transportiert unter Energieverbrauch Na^+-Ionen nach außen und K^+-Ionen nach innen. 7

Aktionspotenzial. Wird die Axonmembran stark genug gereizt (depolarisiert), nimmt die Durchlässigkeit für Na^+-Ionen kurzzeitig stark zu. Spannungsabhängige Na^+-Kanäle in der Membran öffnen sich, Na^+-Ionen strömen in die Zelle, die Spannung zwischen innen und außen geht auf null zurück, die Ladungsverhältnisse werden sogar umgekehrt. Auf dem Oszilloskop erkennt man den typischen Verlauf eines Aktionspotenzials (AP):

- *Depolarisation:* Das Ruhepotenzial wird bis zu einem Schwellenwert erniedrigt, die Spannung verringert sich bis zur Ladungsumkehr.
- *Repolarisation:* Das Ruhepotenzial wird wieder aufgebaut. Dazu werden die Na^+-Kanäle geschlossen, K^+-Kanäle öffnen sich.
- *Hyperpolarisation:* Der erhöhte K^+-Ausstrom schießt kurzzeitig etwas über den des Ruhewertes hinaus, sodass die Spannung vorübergehend niedriger als −80 mV ist.

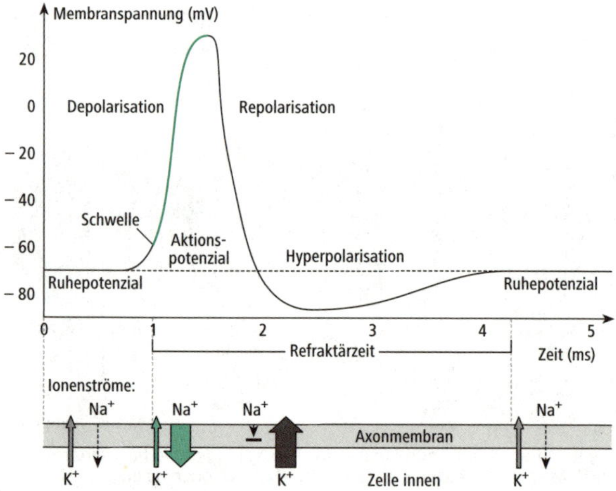

Verlauf eines Aktionspotenzials

APs werden nur ausgelöst, wenn ein bestimmter Schwellenwert erreicht ist. Stärkere Depolarisationen verändern den Verlauf nicht, das AP folgt dem Alles-oder-nichts-Gesetz. Ein einzelnes Aktionspotenzial dauert 1 bis 2 Millisekunden (ms). Die Zeit von der Öffnung der Na^+-Kanäle bis zur Wiederherstellung des Ruhepotenzials wird als *Refraktärzeit* bezeichnet. In dieser Zeit kann kein neues AP entstehen.

Erregungsleitung

Die Weiterleitung von APs über die Axone nennt man Erregungsleitung.

Kontinuierliche Erregungsleitung. Bei Axonen ohne Markscheide stoßen an einem gereizten Membranbereich entgegengesetzt geladene Zonen aneinander. Ausgleichsströmchen fließen, die die Membran im benachbarten Bereich depolarisieren. Ein neues Aktionspotenzial entsteht und damit liegen wiederum unterschiedliche Ladungen nebeneinander. Die Erregung wird so kontinuierlich weitergeleitet.

Saltatorische Erregungsleitung. Bei markhaltigen Axonen können nur an den Ranvierschen Schnürringen Aktionspotenziale ausgebildet werden. Die Ausgleichsströmchen überbrücken sehr schnell die isolierenden Myelinbereiche. Die neu entstehenden APs springen gewissermaßen von Schnürring zu Schnürring. Die saltatorische Erregungsleitung ist schneller und energiesparender.

Die Richtung der Erregungsleitung ist festgelegt und nicht umkehrbar, weil die Membran unmittelbar nach dem AP an diesem Ort nicht erregbar ist. Die *extrazelluläre Ableitung* der Spannung, bei der beide Messelektroden im Außenmedium angelegt sind, ermöglicht die Messung der Geschwindigkeit der Erregungsleitung.

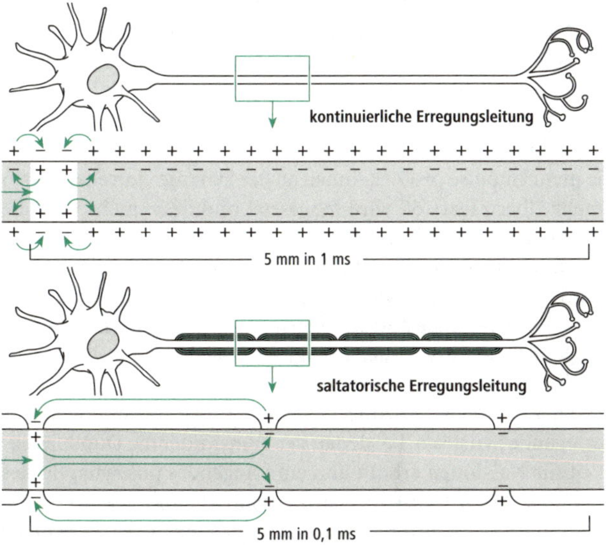

Erregungsleitung

Vorgänge an der Synapse

Synapsen sind Kontaktstellen, an denen Erregungen von einem Neuron auf ein anderes Neuron oder eine Muskel- oder Drüsenzelle übertragen werden. Dabei werden elektrische Signale (APs) mithilfe von Überträgerstoffen (Transmitter) in chemische Signale umgewandelt. Ein häufiger Transmitter neuromuskulärer Synapsen ist Acetylcholin (ACh). An einer Synapse kann Erregung nur in eine Richtung übertragen werden, Synapsen haben eine Ventilwirkung.

Eine Synapse besteht aus einem verdickten Axonende (Endknöpfchen), einem flüssigkeitsgefüllten synaptischen Spalt von etwa 20 nm Breite und dem postsynaptischen Membranbereich der folgenden Empfängerzelle.

Ein ankommendes AP löst die Freisetzung von Überträgermolekülen aus den Transmitterbläschen im präsynaptischen Teil aus. Der Transmitter diffundiert durch den synaptischen Spalt und wird an Rezeptormoleküle der postsynaptischen Membran gebunden. Dadurch öffnen sich Na^+-Kanäle, es kommt zu einem Einstrom von Na^+-Ionen in die postsynaptische Zelle. Die Membran wird depolarisiert, ein postsynaptisches Potenzial (PSP) entsteht.

Je mehr Impulse pro Zeiteinheit an der Synapse eintreffen, desto mehr Überträgerstoff wird freigesetzt und desto mehr wird die Spannung in der Folgezelle verändert. Der Transmitter wird rasch von der postsynaptischen Membran entfernt. Acetylcholin wird vom Enzym Acetylcholinesterase gespalten. Die Reaktionsprodukte Cholin und Acetat werden aktiv in das Endknöpfchen aufgenommen und unter Energieverbrauch wieder zu Acetylcholin umgesetzt.

Erregende und hemmende Synapsen. Im Nervensystem gibt es erregende Synapsen, bei denen der Transmitter die Durchlässigkeit für Na^+-Ionen erhöht und ein erregendes postsynaptisches Potenzial (EPSP) entsteht. Daneben gibt es hemmende Synapsen, bei denen der Transmitter die Durchlässigkeit der K^+-Kanäle erhöht. Dies führt kurzzeitig zur Hyperpolarisation der Folge-

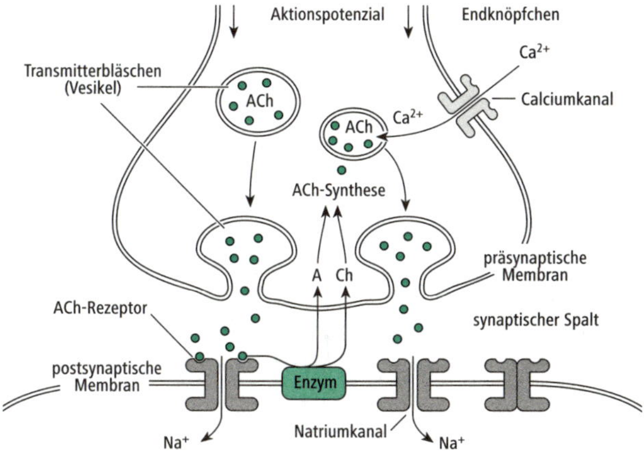

Erregungsübertragung an einer Synapse

zelle. Dadurch entsteht ein hemmendes (inhibitorisches) postsynaptisches Potenzial (IPSP), es wird kein AP weitergeleitet.

Verrechnung. Meist hat eine Nervenzelle viele synaptische Verbindungen mit Nachbarzellen. Erregende und hemmende postsynaptische Potenziale werden miteinander verrechnet. So ergibt sich ein bestimmter Erregungszustand der Folgezelle. Erst wenn viele erregende Synapsen zugleich oder kurz hintereinander aktiv werden, wird am Axonhügel der Folgezelle ein Aktionspotenzial ausgelöst. Die Addition postsynaptischer Potenziale (PSP) mehrerer Synapsen wird als *räumliche Summation*, die Addition mehrerer PSP kurz hintereinander an derselben Synapse als *zeitliche Summation* bezeichnet.

Synapsengifte. Die Funktion der Synapsen kann durch bestimmte Gifte gestört werden, so durch Blockierung der Transmitter-Rezeptor-Moleküle (z. B. Curare, Atropin), Nachahmung von Transmittern (z. B. Mescalin, LSD), Beeinflussung von Enzymen (z. B. Insektizide wie E 605) oder Hemmung der Transmitterausschüttung (z. B. Tetanusgift, Botulin).

7

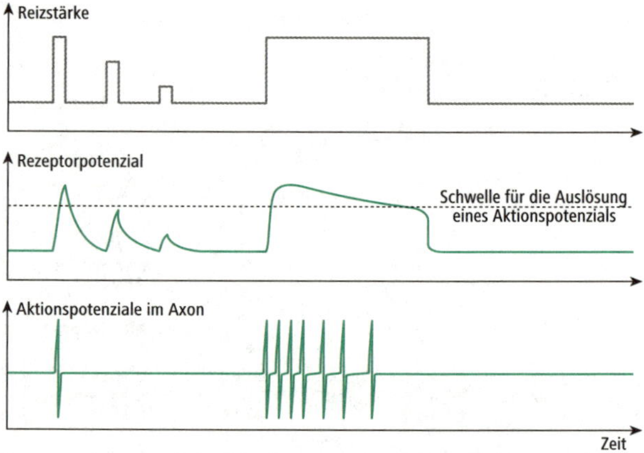

Zusammenhang von Reizstärke, Rezeptorpotenzial und Aktionspotenzial-Frequenz

7.2 Reizbarkeit und Codierung

Codierung der Nervensignale

Bei der Informationsübermittlung muss codiert werden, welche Reizart vorliegt und wie stark der Reiz ist.

- Die *Art des Reizes* wird dadurch übermittelt, dass jedes Sinnesorgan über eigene Nervenbahnen zum Zentralnervensystem meldet. Man spricht von Kanalspezifität.
- Die *Stärke des Reizes* wird durch die Häufigkeit der Nervensignale übermittelt. Die Impulsfrequenz (Zahl der Impulse pro Zeiteinheit) nimmt mit der Reizstärke zu. Die Stärke der Aktionspotenziale (die Amplitude der Impulse) bleibt dabei gleich (Alles-oder-nichts-Gesetz).

Aufnahme und Verarbeitung von Sinnesreizen

Sinneszellen nehmen Reize aus der Umwelt auf und wandeln sie in Erregung um. Reize, die bestimmte Rezeptoren besonders stark erregen und schon bei minimaler Reizenergie eine Erregung auslösen, bezeichnet man als *adäquate Reize*. Reizarten, die erst bei viel höherer Reizenergie eine Erregung hervorrufen, werden *inadäquate Reize* genannt. Starker Druck oder ein Schlag auf das Auge können als inadäquate Reize beispielsweise eine Lichtempfindung auslösen.

- Nach der *Reizart*, die für Rezeptoren adäquat ist (z. B. Licht, Druck, pH-Wert, Geschmack, Temperatur), unterscheidet man bei Sinneszellen zwischen Foto-, Mechano-, Chemo- und Thermorezeptoren.
- Nach dem *Bau der Sinneszellen* wird unterschieden zwischen primären Sinneszellen, die den Reiz aufnehmen und auch die Erregung weiterleiten, sekundären Sinneszellen, bei denen die Bildung von APs durch gesonderte Nervenzellen erfolgt, sowie Sinnesnervenzellen, bei denen die reizaufnehmenden Dendriten unmittelbar in das Axon übergehen, während der Zellkörper in einem Ganglion liegt und an der Erregungsleitung nicht beteiligt ist.

Codierung der Reizstärke. Nimmt eine Sinneszelle einen adäquaten Reiz auf, erzeugt dies eine Depolarisation. Es entsteht ein Rezeptorpotenzial (Generatorpotenzial). Das Rezeptorpotenzial ist proportional zur Reizstärke. Es dauert so lange an, wie der Reiz einwirkt. Bei primären Sinneszellen breitet sich das Rezeptorpotenzial mit Abschwächung durch Ausgleichsströmchen bis zum Axon aus. Ist es dort noch stark genug, um den Schwellenwert zu erreichen, werden Aktionspotenziale ausgelöst. Die Frequenz der APs ist proportional zum Rezeptorpotenzial. Die Codierung der Reizstärke erfolgt also zunächst über die Höhe des Rezeptorpotenzials und anschließend über die Frequenz der APs.

Adaptation. Bei gleich bleibender Reizstärke verhalten sich die Rezeptoren in ihrer Empfindlichkeit gegenüber dem Reiz unterschiedlich.

- Bei *phasisch-tonischen Sinneszellen* (dem häufigsten Typ) fällt die anfänglich hohe Impulsfrequenz auf eine konstante niedrigere ab.

- Bei *phasischen Sinneszellen* sinkt die Impulsfrequenz schließlich auf null.
- *Tonische Sinneszellen* behalten eine gleichbleibend hohe Impulsfrequenz bei.

7.3 Lichtsinn

Typen von Lichtsinnesorganen

Einzeller wie Eugelia besitzen bereits *einzelne Fotorezeptoren*, die es ihnen ermöglichen, günstige Helligkeitsbereiche zu erkennen. Bei manchen Würmern und Muscheln sind Lichtsinneszellen über die Haut verstreut (*Hautlichtsinn*) und ermöglichen Hell-Dunkel- und einfaches Richtungssehen. Höhere Organisationsformen des Lichtsinns bei wirbellosen Tieren sind das *Flachauge* (z. B. bei Quallenarten), das *Pigmentbecherauge* (z. B. bei Schneckenarten), das *Blasenauge* (z. B. bei Hohltieren und Ringelwürmern) und das *Linsenauge* (z. B. bei Tintenfischen).

Insekten und Krebstiere besitzen ein aus vielen Einzelaugen zusammengesetztes *Facettenauge* (Komplexauge). Das Einzelauge (Ommatidium) besteht aus einem Lichtbrechungsapparat (Chitinlinse und Kristallkegel), Pigmentzellen zur Lichtabschirmung und meist acht Sinneszellen, die einen Sehstab (Rhabdom) bilden. Aus den Informationen der Einzelaugen wird ein Mosaik von Bildpunkten zusammengesetzt und durch neuronale Verschaltung zu einem Gesamtbild. Facettenaugen ermöglichen Bild-, Farb- und Richtungssehen sowie eine hohe zeitliche Bildauflösung.

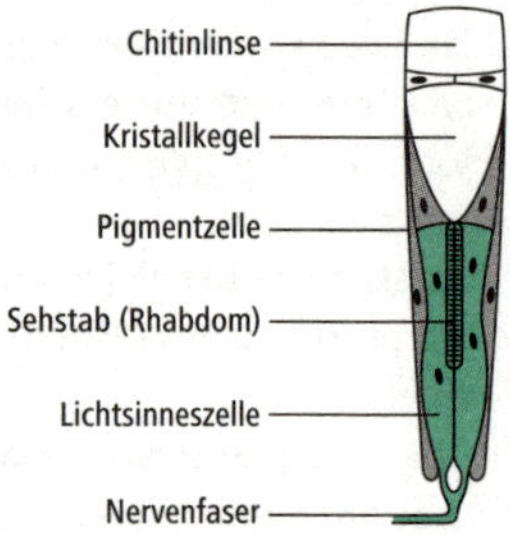

Bau eines Ommatidiums

- Beim *Appositionsauge* der Taginsekten sind die Ommatidien durch Pigmentzellen gegeneinander abgeschirmt. Die Bildschärfe ist groß, die Lichtempfindlichkeit gering.

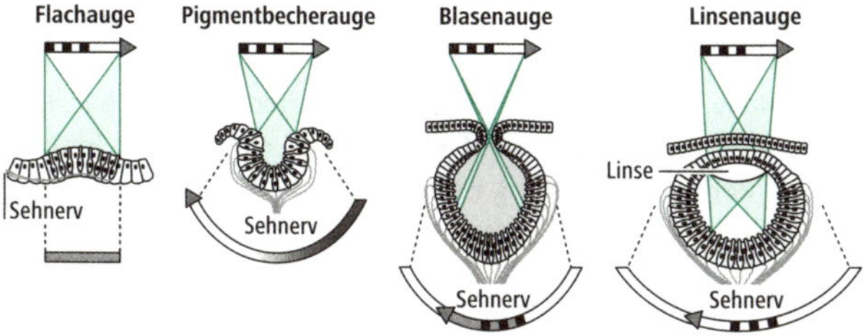

Augentypen mit zugehörigem Abbildungsmechanismus

Flachauge: Eine Ansammlung lichtempfindlicher Zellen an wenigen Stellen des Organismus ermöglicht die Bestimmung der ungefähren Richtung des Lichteinfalls.
Pigmentbecherauge: Wenige pigmentumhüllte Fotorezeptoren sind becherförmig eingesenkt. Das Sehfeld ist dadurch verkleinert, das Richtungssehen verbessert.
Blasenauge: Die Sehgrube hat Blasenform, die Sehöffnung ist zu einem kleinen Loch verengt. Das Bild ist lichtschwach, aber neben dem Bewegungssehen ist einfaches Bildsehen möglich.
Linsenauge: Eine Linse sammelt das einfallende Licht und macht das Bild lichtstärker und schärfer.

- Beim *Superpositionsauge* vieler Nachtinsekten ist die optische Abschirmung unvollständig. Entsprechend gering ist die Bildschärfe, die Lichtempfindlichkeit dafür hoch. Lichtempfindlichkeit und Bildschärfe gut ausgebildeter Facettenaugen entsprechen etwa den Leistungen gleich großer Linsenaugen.

Das Linsenauge des Menschen

Der optische Apparat. Die vorgewölbte Hornhaut, das Kammerwasser und die Augenlinse sind an der Lichtbrechung beteiligt. Die Brechkraft (D) von Hornhaut und Kammerwasser beträgt 43 Dioptrien (dpt). Die Dioptrie ist das Maß für die Brechkraft von Linsen und linsenförmigen Gebilden. Eine Linse mit einer Brennweite von 1 m hat 1 dpt, eine Linse von 2 dpt hat eine Brennweite von 0,5 m. Dabei bezeichnet die Brennweite den Abstand von der Mittelebene der Linse zur Brennebene (z. B. Netzhaut).

Akkommodation nennt man die Anpassung der Brechkraft an unterschiedliche Entfernungen. Die Brechkraft der elastischen Augenlinse ist zwischen 16 und 30 Dioptrien veränderbar. Ihre Anpassung erfolgt mithilfe des Ciliarmuskels und der Linsenbänder. Bei Ferneinstellung ist die Linse durch den Zug der Linsenbänder abgeflacht. Kontrahiert der Ciliarmuskel, entspannen sich die Linsenbänder und die Linse wölbt sich, wodurch sich ihre Brechkraft erhöht. Das Auge akkommodiert also aktiv auf die Nähe. Akkommodationsfehler wie Weit- oder Kurzsichtigkeit entstehen durch Verformungen des Augapfels. Aufgrund abnehmender Elastizität der Linse kommt es zur Altersweitsichtigkeit.

Adaptation nennt man die Anpassung des Auges an unterschiedliche Helligkeiten. Diese erfolgt in mehreren Teilvorgängen. Die Kontraktion der Irismuskeln verkleinert die Pupille, wodurch weniger Licht auf die Netzhaut fällt.

Eine Rolle spielt auch, dass die Sehsinneszellen durch mehr oder weniger starken Zerfall des Sehfarbstoffs unterschiedlich auf Lichtstärken reagieren und aufgrund ihrer phasisch-tonischen Reaktion veränderte Lichtstärken nach einiger Zeit schwächer weiterleiten.

Die Netzhaut. Die Sehsinneszellen liegen auf der lichtabgewandten Seite der Netzhaut (Retina) unmittelbar vor der Pigmentschicht.

Zwei Arten von Fotorezeptoren lassen sich unterscheiden: die *Stäbchen* zum Hell-Dunkel-Sehen und die *Zapfen* zum Farbensehen. Sie bilden beide keine Aktionspotenziale, sind also sekundäre Sinneszellen. Über Synapsen sind sie mit Bipolarzellen und diese wiederum mit Ganglienzellen verbunden. Die Axone der Ganglienzellen bilden den Sehnerv. Außerdem gibt es Querverschaltungen über die Horizontalzellen und Amakrinzellen, die eine erste Verrechnung der Seheindrücke schon in der Netzhaut ermöglichen. Stäbchen und Zapfen sind unterschiedlich dicht über die Netzhaut verteilt. Im Zentrum gibt es nur Zapfen, an der Peripherie nur Stäbchen.

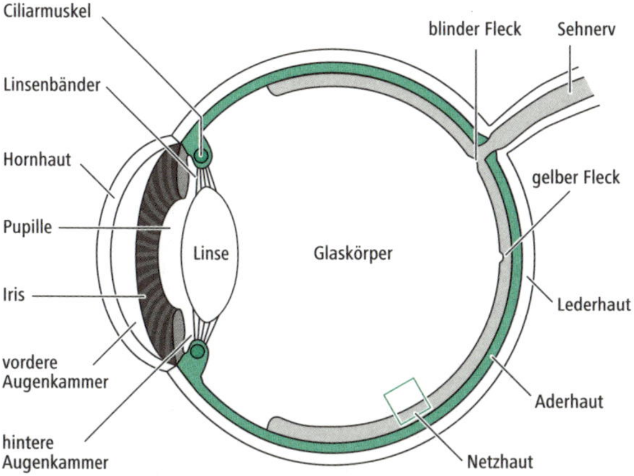

Bau des menschlichen Auges

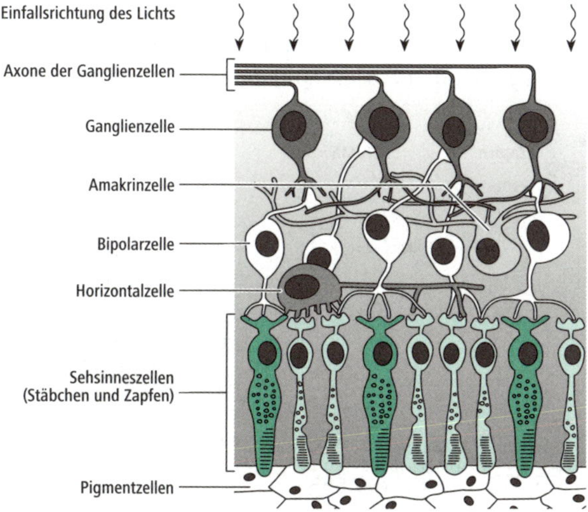

Bau der Netzhaut

Der gelbe Fleck (Zentralgrube) ist das Gebiet des schärfsten Sehens, hier liegen die Zapfen am dichtesten. Am blinden Fleck, wo der Sehnerv durch die Augenwand tritt, liegen keine Sehzellen. Der Teil des Bildes, der dadurch fehlt, wird vom Gehirn ergänzt.
Den Teil der Umwelt, den ein Auge ohne Bewegung überschaut, bezeichnet man als das *Gesichtsfeld* des Auges. Es wird mit dem *Perimeter* bestimmt. Dabei zeigt sich, dass das Gesichtsfeld für Hell-Dunkel-Wahrnehmungen viel größer ist als das für Farbwahrnehmungen.

Vorgänge in den Sehzellen

Im Außensegment der Sehsinneszellen entstehen durch Einfaltungen der Zellmembran Scheibchen (Discs). Bei den Stäbchen enthält die Membran der Scheibchen den Sehpurpur (Rhodopsin). Rhodopsin ist eine Verbindung aus dem Eiweiß Opsin und dem Kohlenwasserstoff Retinal, einem Aldehyd des Vitamins A. Retinal kann in verschiedenen Raumstrukturen vorkommen. Nur als 11-*cis*-Retinal ist es mit Opsin verbunden. Durch Lichteinwirkung verändert es seine Struktur zu einem all-*trans*-Reti-

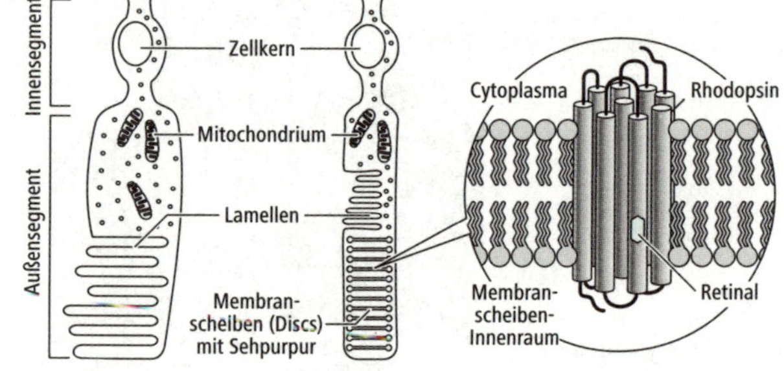

Bau der Sehsinneszellen und Ausschnitt aus einer Membranscheibe

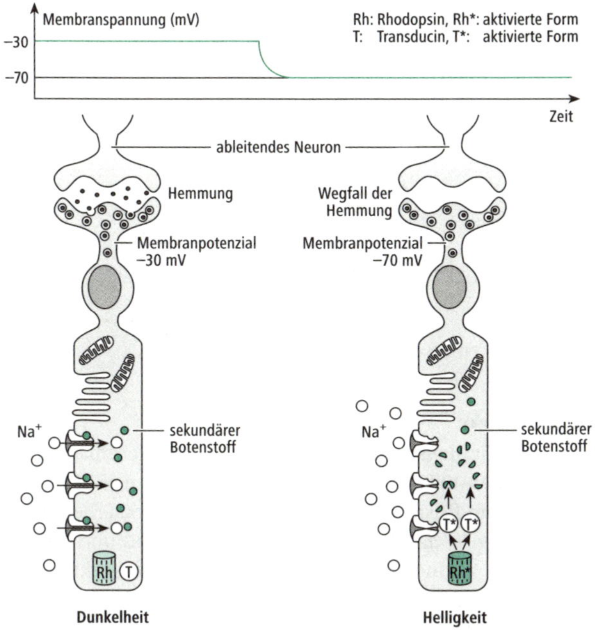

Stäbchen unbelichtet (links) und belichtet (rechts)

nal und löst sich vom Opsin. Dadurch wird eine *Signalkette* in Gang gesetzt. Während bei Dunkelheit die Na^+-Kanäle geöffnet sind, werden sie im Licht geschlossen. Das all-*trans*-Retinal (Rh*) aktiviert das Protein Transducin (T), wodurch ein sekundärer Botenstoff enzymatisch gespalten wird. Dieser führt zum Schließen der Na^+-Kanäle. Das im ungereizten Zustand relativ geringe Rezeptorpotenzial wird nun hyperpolarisiert. Während die Synapsen der Sinneszellen im Dunkeln viel Transmitter ausschütten, wird die Transmitterausschüttung durch Belichtung verringert. Unter Energieverbrauch wird aus Retinal und Opsin wieder Rhodopsin synthetisiert.

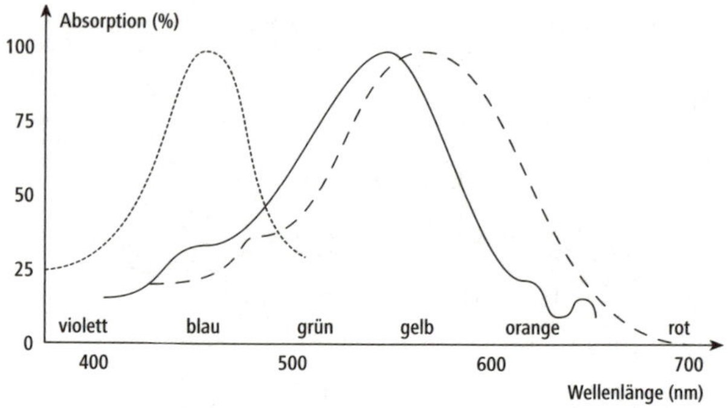

Absorptionskurven der drei Zapfentypen

Farbensehen

Licht. Das für Menschen sichtbare Licht liegt im Wellenlängenbereich zwischen 400 (Violett) und 700 nm (Rot). Weißes Licht lässt sich mit einem Prisma in die verschiedenen Spektralfarben zerlegen. Die *Theorie des Dreifarbensehens* von YOUNG und HELMHOLTZ wird dadurch belegt, dass die Absorptionsspektren der Sehfarbstoffe und die Aktionsspektren der Zapfen miteinander korrelieren. Der Mensch besitzt drei Sorten von Zapfen mit jeweils einem anderen lichtempfindlichen Farbstoff. Die Absorptionsmaxima der verschiedenen Zapfentypen liegen bei den Farben Blau-Violett (450 nm), Grün (535 nm) und Gelb (570 nm). Die Empfindlichkeitsbereiche der Sehzellen überlappen sich aber teilweise. Durch die Verrechnung der Impulse aus allen drei Zapfentypen wird im Gehirn der eigentliche Farbeindruck ermittelt. Der Ausfall einzelner Zapfentypen führt zur Farbenblindheit.

Auswertung optischer Information

Auflösungsvermögen. Das räumliche Auflösungsvermögen wird von der Dichte der Sehsinneszellen bestimmt. Weil diese zur Netzhautperipherie hin abnimmt und außerdem viele Sinneszellen auf eine Ganglienzelle verschaltet sind, ist dort die

Sehschärfe geringer. Das zeitliche Auflösungsvermögen ist durch die Dauer der fotochemischen Reaktion bedingt. Treffen mehr als 18 Bilder pro Sekunde auf die Netzhaut, können wir sie nicht mehr auseinanderhalten. Es entsteht der Eindruck einer zusammenhängenden Bewegung (Filmsehen).

Räumliches Sehen. Die Bilder, die in der Netzhaut der beiden Augen entstehen, sind aufgrund der unterschiedlichen Augenposition nicht genau deckungsgleich. Jedes Auge sendet leicht unterschiedliche Informationen an das Gehirn. Die Verrechnung der Bilder in beiden Augen, der Augenstellung und der Augenakkommodation ergibt den räumlichen Eindruck. Nahe Gegenstände erscheinen räumlicher als ferne (Entfernungsschätzen).

Erkennen von Kontrasten und Veränderungen. Die Kontrastverstärkung durch *laterale Inhibition* (Modell der seitlichen Hemmung) ist ein Beispiel für Informationsverarbeitung in der Netzhaut. Dabei sind benachbarte Sehsinneszellen durch Horizontalzellen vernetzt, die auf die jeweiligen Nachbarzellen einer belichteten Sehsinneszelle eine hemmende Wirkung haben. Ähnlich sind auf einer nächsten Verarbeitungsebene der Netzhaut Ganglienzellen zu *rezeptiven Feldern* vernetzt. Diese dienen der Form-, Farb- oder Bewegungswahrnehmung.

Die Rolle des Gehirns beim Sehen. Optische Täuschungen, Farbensehen, Filmsehen und räumliches Sehen zeigen, dass Sehen eine Gemeinschaftsleistung von Augen und Gehirn ist.

7.4 Weitere Sinne

Die Sinnesorgane des Ohres

Gehörsinn

Der Bau des Ohres. Das *Außenohr* besteht aus Ohrmuschel, Gehörgang und Trommelfell. Im *Mittelohr* liegen die Gehörknöchelchen. Das mit Ohrlymphe gefüllte *Innenohr* umfasst drei Bogengänge für den Drehsinn, Vorhofsäckchen für den Lagesinn und die knöcherne Hörschnecke. Der mittlere Gang (Schnecken-

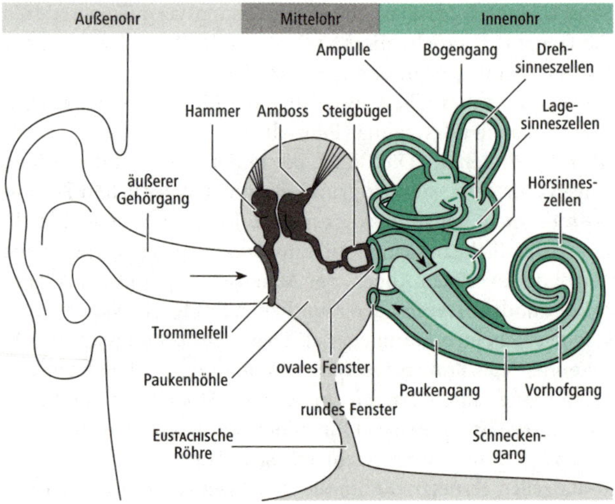

Bau des menschlichen Ohres

gang) enthält die Hörsinneszellen mit feinen Sinneshärchen. Den Boden des Schneckengangs bildet die Basilarmembran, auf der die Sinneszellen sitzen, darüber liegt eine die Basilarmembran berührende Deckmembran. Die Hörsinneszellen bilden das CORTIsche Organ, das eigentliche Hörorgan.

Schallübertragung im Ohr. Luftschwingungen bezeichnet man als Schall. Die Ohrmuscheln fangen den Schall auf, der Gehörgang leitet ihn zum Trommelfell weiter und versetzt dieses in Schwingung. Dadurch werden die Gehörknöchelchen (Hammer, Amboss und Steigbügel) mitbewegt, ihre Hebelwirkung hat eine Verstärkerfunktion. Am ovalen Fenster wird nun die Ohrlymphe des Innenohres in Schwingung versetzt, wodurch die Härchen der Hörsinneszellen gereizt werden. Als sekundäre Sinneszellen geben sie die Erregungen an Nervenzellen weiter, deren Axone den Hörnerv bilden und die Erregungen zum Gehirn leiten. Der Ausgleich des Schalldrucks erfolgt über das runde Fenster.

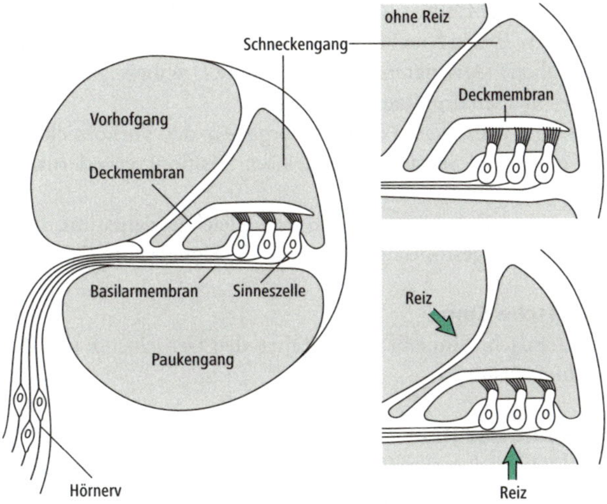

Schnitt durch die Hörschnecke und Reizung des Cortischen Organs

Leistungen des Gehörs. Das Hörorgan sendet folgende Informationen an das Gehirn:

- *Tonhöhe:* Der Unterschied zwischen hohen und tiefen Tönen besteht in der Zahl der Schwingungen. Im vorderen Teil der Schnecke werden die hohen, weiter hinten die tiefen Töne registriert. Durch die örtliche Zuordnung innerhalb der Schnecke kann das Gehirn die Töne unterscheiden. Der Mensch kann im Frequenzbereich zwischen 16 Hz und 20 000 Hz hören. (1 Hz = 1 Schwingung pro Sekunde)
- *Lautstärke:* Je stärker der Schall, desto mehr Signale senden die Hörsinneszellen an das Gehirn. Die Maßeinheit der Lautstärke ist Dezibel (dB). Lärm kann die Basilarmembran ausbeulen und so schädigen, dass Schwerhörigkeit die Folge ist.
- *Richtungshören:* Aus dem winzigen Zeitunterschied zwischen dem Eintreffen des Schalls in den beiden Ohren ermittelt das Gehirn die Richtung, aus der der Schall kommt.

Gleichgewichtssinn

Drehsinn. In den bauchigen Ausweitungen der drei Bogengänge (Ampullen) registrieren Sinneszellen die Drehbewegungen des Kopfes in allen drei Raumrichtungen.

Lagesinn. Die beiden Lagesinnesorgane in den Vorhofsäckchen (Utriculus und Sacculus) registrieren Positionsveränderungen des Kopfes.

Drehsinn und Lagesinn bilden den Gleichgewichtssinn. Über Dreh- und Lagesinnesnerv gelangen die Signale zum Gehirn.

Chemische Sinne

Als chemische Sinne bezeichnet man den *Geruchssinn* und den *Geschmackssinn*.

Die Sinne der Haut

Drucksinneszellen sind für Berührung und Tasten zuständig. Lamellenkörperchen in der Unterhaut sprechen auf Schwingungen an, freie Nervenendigungen umspinnen Haarwurzeln und melden Berührungen. Auch für *Schmerzempfindungen* sind freie Nervenendigungen verantwortlich. Der Temperatursinn ist in *Kälte-* und *Wärmesinn* unterteilt. Kälterezeptoren werden durch Temperaturen unter 36 °C gereizt, Wärmepunkte durch höhere.

7.5 Bau und Funktion des Nervensystems

Typen von Nervensystemen

Nervennetz. Bei Hohltieren sind Nervenzellen über den ganzen Körper verteilt, ohne jedoch Nervenzentren zu bilden. Über Dendriten und Axone sind diese Nervenzellen miteinander verknüpft und bilden ein Nervennetz, das eine einfache Koordination der Körperbewegungen ermöglicht.

Nervensysteme. Im Verlaufe der Evolution der Tiere kam es zu einer Konzentration von Nervenzellen in bestimmten Körperregionen. Bei höher organisierten Tieren besteht das Nervensys-

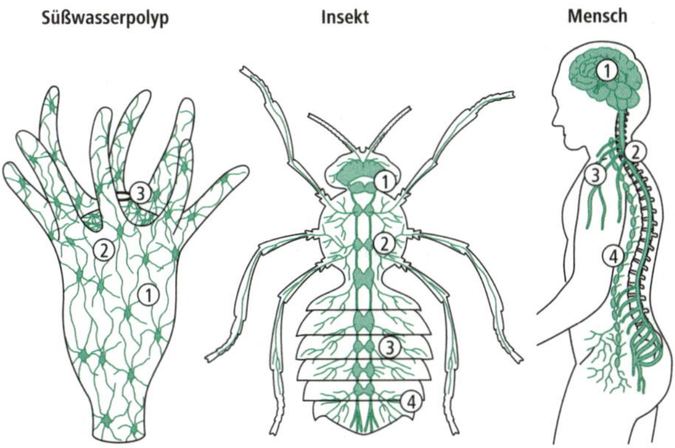

① Nervennetz

② gleichmäßige Verteilung der Nervenzellen

③ Verdichtung des Netzes im Mundbereich

Strickleiternervensystem:

① Oberschlundganglion im Kopfbereich

② bauchseitig paarige Leitungsbahnen

③ mit einem Ganglienpaar pro Segment

④ periphere Nervenfasern

① Gehirn

② Rückenmark

③ peripheres Nervensystem: Nervenzellen außerhalb von Gehirn und Rückenmark

④ vegetatives Nervensystem: mit Anteilen aus zentralem und peripherem Nervensystem

Nervensysteme

tem aus Ansammlungen verbundener Nervenzellen (Nervenknoten, Ganglien), in denen eine Informationsverarbeitung stattfindet (Zentralnervensystem), sowie zuleitenden (afferenten, sensorischen) und wegführenden (efferenten, motorischen) Nervenbahnen (peripheres Nervensystem).

Strickleiternervensystem. Bei Gliedertieren sind Nervenknoten (Ganglien) durch Querstränge (Kommissuren) und Längsstränge (Konnektive) miteinander verbunden. Bei Gliederfüßern kommt es zu einer Konzentration mehrerer Ganglienpaare über dem Schlund, die das Gehirn bilden. Die einzelnen Ganglienpaare arbeiten weitgehend autonom, trotzdem kommt dem Gehirn eine übergeordnete Koordinationsaufgabe zu.

Das Zentralnervensystem von Wirbeltieren und Mensch

Bei Wirbeltieren und Mensch bilden Ganglien im Kopfbereich ein komplexes Gehirn. Auf der Körperrückseite liegt eine Ganglienkette als Rückenmark geschützt im Wirbelkanal der Wirbelsäule. Gehirn und Rückenmark bilden das Zentralnervensystem (ZNS).

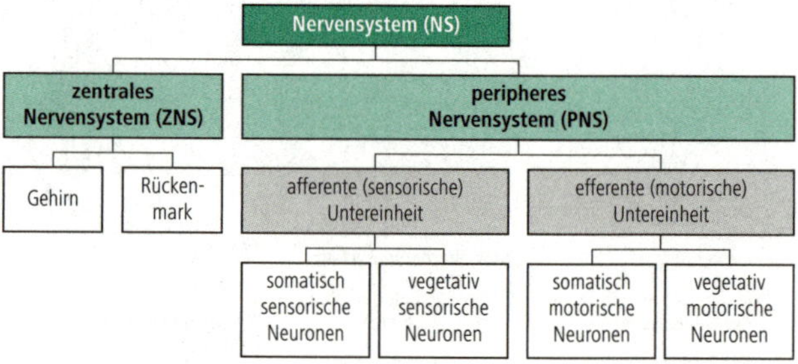

Unterteilung des Nervensystems der Wirbeltiere

Rückenmark. Die innen liegende graue Substanz des Rückenmarks enthält die Zellkörper der Neuronen und ist von der weißen Substanz umgeben, in der die Axone der auf- und absteigenden Nervenbahnen liegen. Aufsteigende Bahnen leiten Nervenimpulse aus der Peripherie zum Gehirn, absteigende Bahnen leiten Impulse vom Gehirn zu den Erfolgsorganen. Wegführende motorische Axone verlassen das Rückenmark bauchwärts, hinführende sensorische treten rückenwärts ein.

Neben seiner Funktion als Durchgangsstation von und zum Gehirn hat das Rückenmark die Funktion eines selbstständig arbeitenden Reflexzentrums.

Reflexe führen auf kürzestem Weg zu einer zweckmäßigen Reaktion. Beim Kniesehnenreflex wird durch plötzliche Anspannung der Kniesehne der Streckmuskel des Oberschenkels gedehnt. Sensorische Nervenfasern leiten die Erregung von den Muskelspindeln im Streckmuskel (Rezeptor) zum Rückenmark.

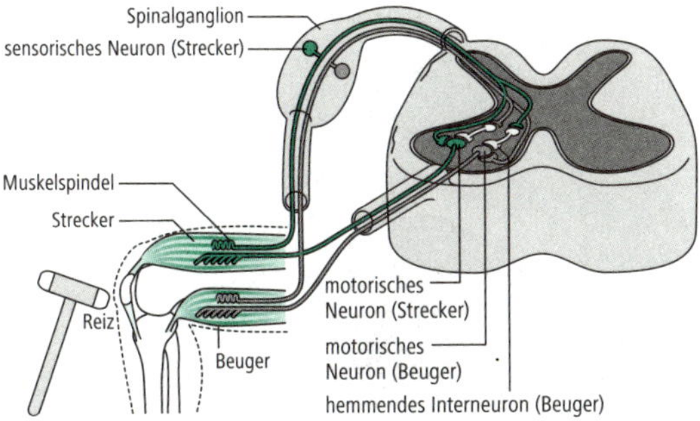

Kniesehnenreflex

In der grauen Substanz erfolgt eine Umschaltung auf motorische Neuronen, die den Streckmuskel (Effektor) zur Kontraktion veranlassen. Zugleich muss der Antagonist, der Beugemuskel, gehemmt werden. Die beiden Gegenspieler sind daher verbunden über ein Interneuron mit hemmender Wirkung.

Da bei diesem Reflexbogen nur eine synaptische Übertragung beteiligt ist, spricht man von einem monosynaptischen Reflex, weil der Rezeptor im Erfolgsorgan liegt, auch von Eigenreflex.

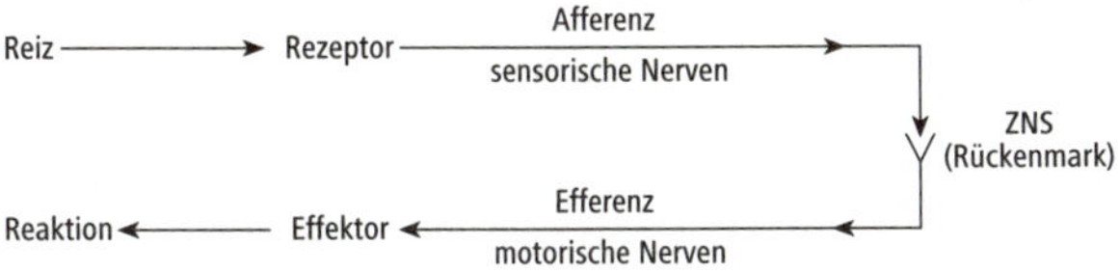

Schema eines Reflexbogens

Gehirn. Im Verlauf der Embryonalentwicklung entstehen aus dem Neuralrohr im Kopfbereich fünf Hirnabschnitte: Vorderhirn (Großhirn beim Menschen), Zwischenhirn, Mittelhirn, Hinterhirn (Kleinhirn beim Menschen) und Nachhirn (verlängertes Mark beim Menschen). Die einzelnen Hirnabschnitte haben unterschiedliche Funktionen und sind daher je nach Wirbeltierklasse verschieden entwickelt.

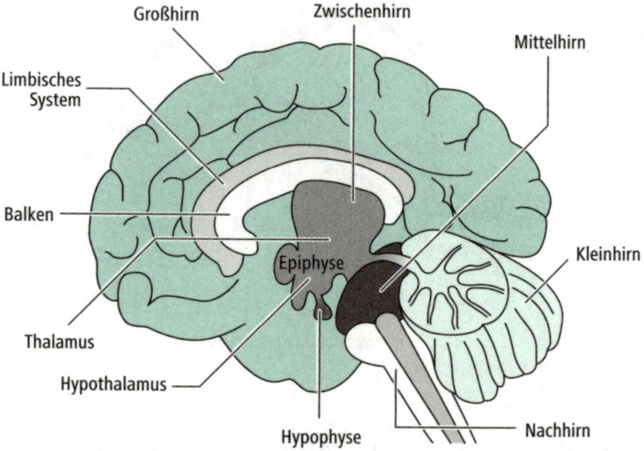

Bau des menschlichen Gehirns

Reiz – Entschluss – Ausführung. Informationsverarbeitung erfolgt nach dem Prinzip Eingabe – Verarbeitung – Ausgabe.
Informationseingabe: Sinneszellen nehmen Reize aus der Umwelt oder dem Körper auf und leiten die entsprechende Information über sensorische Neurone als *Aktionspotenziale* zum Zentralnervensystem (ZNS).
Informationsverarbeitung: Im ZNS werden die Informationen erkannt und bewertet. Dabei bilden zahlreiche zwischengeschaltete Nervenzellen (Interneurone) komplexe neuronale Schaltkreise. Im menschlichen Gehirn entsteht beispielsweise als Ergebnis der Informationsverarbeitung in den *Assoziationsfeldern* des Großhirns ein Entschluss zur Bewegung. Basalganglien des Großhirns und das Kleinhirn beteiligen sich am Entwurf eines Handlungsplanes.
Informationsausgabe: Als Ergebnis der Verarbeitung geben die motorischen Regionen der Großhirnrinde Information über motorische Nerven an die Muskulatur. Dort werden die Aktionspotenziale in Muskelkontraktionen umgesetzt, eine Reaktion wird sichtbar, die als *Verhaltensweise* beschreibbar ist.

Leistungen des menschlichen Gehirns

Beim Menschen dominieren Großhirn und Kleinhirn die übrigen Hirnabschnitte Mittelhirn, Nachhirn und Zwischenhirn, die man auch als Stammhirn oder Hirnstamm zusammenfasst.

Großhirn. Das Großhirn steuert das bewusste Denken. Es ist Sitz von Bewusstsein und Persönlichkeit. Die Großhirnrinde (Cortex) weist durch Einfurchung eine stark vergrößerte Oberfläche auf. Die äußere graue Substanz besteht überwiegend aus Zellkörpern, die innere weiße Substanz aus markhaltigen Axonen (▶ Abb. S. 185). Ganz bestimmte Bereiche der Großhirnrinde sind für bestimmte Funktionen zuständig. Man unterscheidet sensorische Rindenfelder für die Analyse ankommender Meldungen (z. B. sensorisches Sprachzentrum), motorische Rindenfelder für die Steuerung willkürlicher Bewegungen (z. B. motorisches Sprachzentrum) und Assoziationsfelder für die Kombination von Informationen. Bei den sensorischen Feldern lassen sich Wahrnehmungs- und Erinnerungsfelder unterscheiden.

Das Großhirn ist in zwei Halbkugeln (Hemisphären) unterteilt, die durch den Balken verbunden sind. Die beiden Hemisphären sind nicht gleichartig. Die linke dominiert eher beim Lesen, Schreiben, Rechnen und analytischen Denken, die rechte beim Erfassen räumlicher Strukturen und bei abstrakten Leistungen.

Das *Gedächtnis* ist eine Gesamtleistung vieler Großhirnbereiche. Als Gedächtnis bezeichnet man die Fähigkeit des Gehirns, Informationen zu speichern und bei Bedarf abrufen zu können. Man unterscheidet drei Stufen des Gedächtnisses: das Ultrakurzzeit-, das Kurzzeit- und das Langzeitgedächtnis.

Zwischenhirn. Es besteht aus Thalamus und Hypothalamus. Der *Thalamus* ist Hauptschaltstation zwischen Sinnesorgan und Großhirn und erstes unbewusstes Verarbeitungszentrum. Der *Hypothalamus* ist ein wichtiges Regulationszentrum für das vegetative Nervensystem und die Hormonproduktion der Hypophyse.

Das **Limbische System**, das den Balken wie ein Saum umgibt, umfasst stammesgeschichtlich alte Teile des Großhirns und Tei-

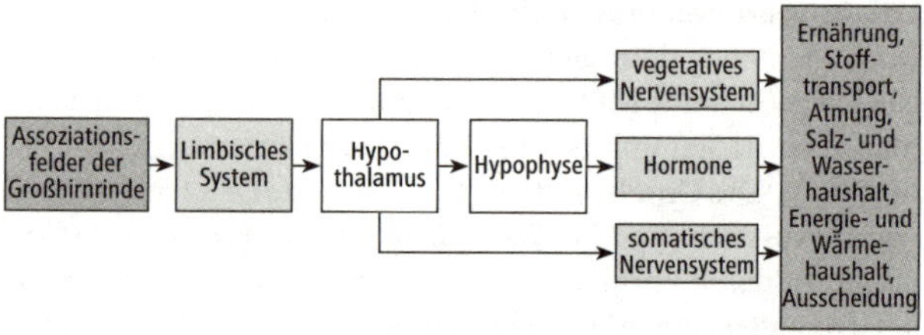

Steuerung von vegetativen Funktionen durch den Hypothalamus

le des Zwischenhirns. Es gilt als Sitz der Gefühle und Stimmungen. Das Limbische System liefert die emotionale Bewertung der Informationen und ist entscheidend für die Übertragung ins Langzeitgedächtnis.

Das **Kleinhirn** dient der Bewegungskoordination und der Erhaltung des Gleichgewichts. Es arbeitet eng mit den motorischen Feldern des Großhirns zusammen.

Mittelhirn und **Nachhirn** sind wichtige Schaltstationen zwischen den Hirnteilen und Steuerzentrale für viele ursprüngliche Körperfunktionen wie Reflexe (Kauen, Schlucken, Husten), Atmung und Herzschlag.

Das vegetative Nervensystem

Vom willkürlichen Nervensystem, das bewusste und kontrollierbare Vorgänge steuert, wird das unwillkürliche (vegetative) Nervensystem unterschieden. Das vegetative Nervensystem steuert die Funktion der inneren Organe. Es ist kaum willentlich beeinflussbar und arbeitet weitgehend autonom.

Das vegetative Nervensystem besteht aus zwei Teilsystemen, *Sympathicus* und *Parasympathicus*. Sie arbeiten als Gegenspieler. Der Sympathicus wirkt anregend auf Organe, die die körperliche Leistungsfähigkeit steigern (Leistungsnerv), während der Parasympathicus aktivierend auf Organe wirkt, die der Energieeinsparung, Erholung und dem Körperaufbau dienen.

Organ	Sympathicus	Parasympathicus
Auge	weitet Pupillen	verkleinert Pupillen
Lunge	weitet Bronchien	kontrahiert Bronchien
Herz	beschleunigt Herzschlagfrequenz	verlangsamt Herzschlagfrequenz
Leber	Glykogenabbau	Glykogenaufbau
Darm	hemmt Darmtätigkeit	regt Darmtätigkeit an
Blase	entspannt Blase	kontrahiert Blase

Beispiele der Wirkung von Sympathicus und Parasympathicus

Zentrales Steuerungsorgan des vegetativen Nervensystems ist der Hypothalamus im Zwischenhirn, von wo aus die Regulierung der Körperfunktionen über Nerven oder Hormone erfolgen kann.

KOMPETENZEN UND BASISKONZEPTE

- Aufnahme und Verarbeitung von Informationen und deren Codierung und Weiterleitung
- Bau und Leistung von Nervenzellen und Sinneszellen
- Basiskonzept der interzellulären *Kommunikation* am Beispiel der Erregungsübertragung
- Spezifische Molekülinteraktion am Beispiel von Transmittermolekülen
- Sinnesorgane und Nervensysteme im Vergleich
- Bau und Funktion des menschlichen Auges mit Netzhaut
- Grundprinzip der *Regulation* auf Organebene am Beispiel der Pupillenreaktion (Adaptation)
- Die funktionellen Untereinheiten des menschlichen Nervensystems und deren Bedeutung

8 Hormone

Hormone sind Wirkstoffe, die mit Ausnahme der Gewebshormone von besonderen Hormondrüsen gebildet werden. Als Botenstoffe dienen sie der Informationsübermittlung im Körper. Sie werden mit dem Blut im ganzen Körper verteilt und wirken in geringsten Mengen. Nur bestimmte Zellen in den Erfolgsorganen sprechen auf die jeweiligen Hormone an. Durch Hormone werden Informationen langsamer transportiert als durch Nerven. Da Hormone aber längere Zeit im Blutkreislauf bleiben, wirken sie nachhaltiger.

	Nervensystem	Hormonsystem
Geschwindigkeit der Übertragung	schnell (100 m/s)	langsam (5 mm/s)
Dauer der Wirkung	kurz (wenige ms)	länger (20 Min. u. mehr)
Entfernung der Empfängerzelle von der Senderzelle	kurz (10^{-6} cm)	weit (1 cm bis 1 m)

Vergleich von Nerven- und Hormonsystem

8.1 Eigenschaften von Hormonen (Beispiel Schilddrüse)

Das Schilddrüsenhormon Thyroxin

Die Schilddrüse bildet täglich 100–300 µg des iodhaltigen Hormons Thyroxin (1 µg = 1 Mikrogramm = 1/1 000 000 Gramm). Die Herstellung von Thyroxin in der Schilddrüse wird von Hormonzellen im Gehirn (Hypothalamus) und in der Hypophyse veranlasst.

Wirkung des Thyroxins. Thyroxin beeinflusst den Stoffwechsel des Körpers. Es steigert den Grundumsatz und beeinflusst das Körperwachstum. Bei Störungen des Hormonhaushalts unterscheidet man zwischen Über- und Unterfunktion. Bei *Schilddrüsenüberfunktion* bildet die Schilddrüse zu viel Thyroxin. Stoffumsatz, Herztätigkeit und Atmung steigen krankhaft an. Bei *Schilddrüsenunterfunktion* bildet die Schilddrüse zu wenig Thyroxin, der Stoffwechsel sinkt stark ab. Dies führt zu Müdigkeit, körperlicher und geistiger Trägheit.

Durch Entfernen der Schilddrüse bei Tieren und das Untersuchen der auftretenden Ausfallerscheinungen konnte die Bedeutung der Schilddrüse erforscht werden. Zur Kontrolle wurde die Drüse wieder eingesetzt bzw. deren Gewebsextrakte injiziert. Nach Isolierung des Hormons konnte die Strukturformel ermittelt und das Hormon synthetisch hergestellt werden. Das Entfernen und Wiedereinpflanzen der Drüse und die Behandlung mit Hormonen sind klassische Methoden der Hormonforschung.

Regelung der Thyroxinausschüttung. Oberste Steuerinstanz der Hormonregulation ist das Gehirn. Neurosekretorische Zellen des Hypothalamus bilden das Neurohormon TRH, das auf die Hypophyse wirkt. Das Hypophysenhormon Thyreotropin (TSH) regt die Schilddrüse zur Thyroxinausschüttung an.

Hypophyse und Schilddrüse stehen in einem gegenseitigen Regulationsverhältnis. Wenig Thyroxin im Blut löst die Ausschüttung von Thyreotropin aus, viel Thyroxin dagegen unterdrückt seine Freisetzung, die Tätigkeit der Schilddrüse wird gedrosselt. Daneben beeinflussen Sympathicus und Parasympathicus die Arbeit der Schilddrüse.

Regelkreise

Unter gleich bleibenden äußeren Bedingungen hält der Körper den Stoffwechsel auf konstantem Wert. Auftretende Abweichungen werden ausgeglichen oder geregelt. Die Regelung wird über Nerven und Hormone vorgenommen. Regelkreise veranschaulichen das Prinzip der Regelung.

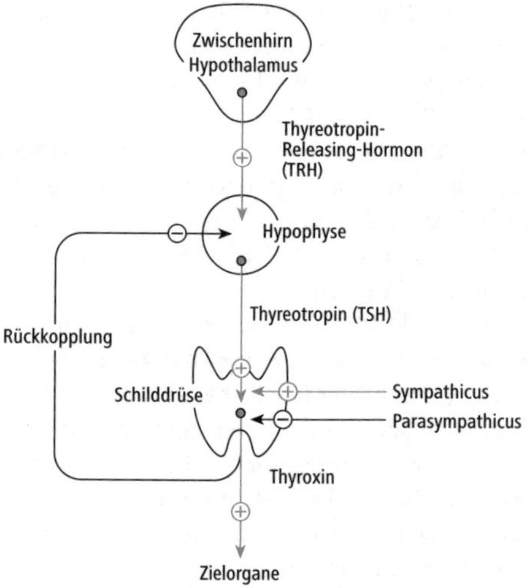

Regulation der Schilddrüsentätigkeit durch Rückkopplung

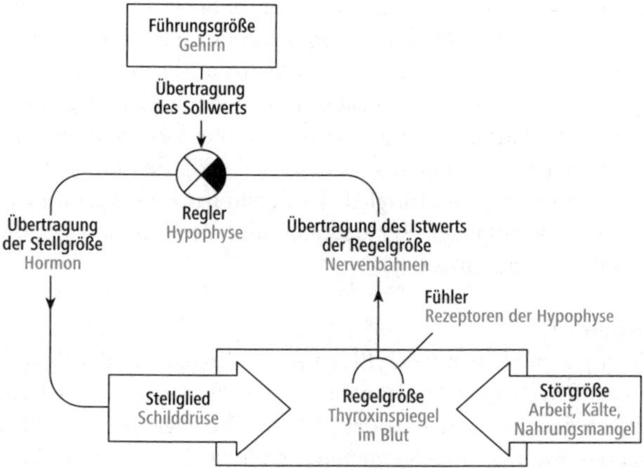

Regelkreisschema am Beispiel der Regelung des Thyroxinspiegels

8.2 Hormondrüsen des Menschen

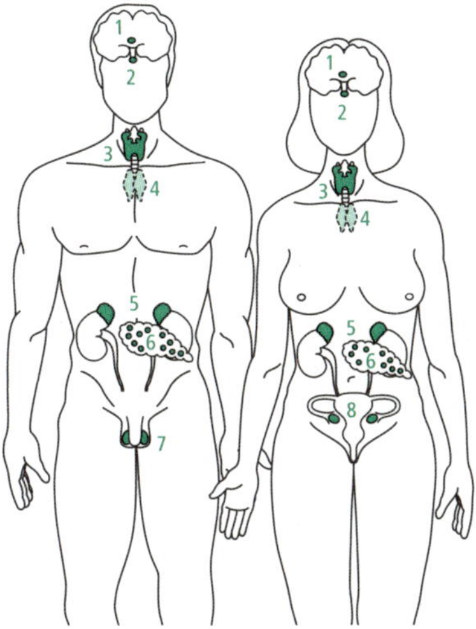

Hormondrüsen des Menschen

1 Zirbeldrüse (Epiphyse): Ihre Hormone beeinflussen die Reifung der Geschlechtsmerkmale.

2 Hirnanhangsdrüse (Hypophyse): Sie bildet mehr als zehn Hormone, die den gesamten Hormonhaushalt des Körpers steuern und das Längenwachstum sowie die Bildung der Keimzellen beeinflussen.

3 Schilddrüse: Eines ihrer Hormone (Thyroxin) beeinflusst den Stoffwechsel aller Zellen.

4 Thymusdrüse: Sie ist besonders bei Kindern ausgebildet und beeinflusst die Entwicklung des Immunsystems.

5 Nebenniere: Hormone des Nebennierenmarks (Adrenalin) steigern die Leistungsbereitschaft des Körpers. Die Hormone der Nebennierenrinde (Cortisol) mobilisieren als Stresshormone die Reserven des Körpers.

6 Bauchspeicheldrüse: Die LANGERHANSschen Inseln bilden das Blutzucker senkende Hormon Insulin und das Blutzucker erhöhende Glukagon.

7 Männliche Keimdrüsen, Hoden: Geschlechtshormone (Testosteron) bewirken die Ausbildung der Geschlechtsmerkmale und befruchtungsfähiger Spermien.

8 Weibliche Keimdrüsen, Eierstöcke: Zusammen mit den Hypophysenhormonen regeln die Hormone der Eierstöcke (Östrogen, Progesteron) den Zyklus der Frau.

8

8.3 Wirkung von Hormonen

Chemischer Bau von Hormonen

Nach ihrer chemischen Struktur unterscheidet man drei Klassen von Hormonen: Steroid-, Aminosäuren- und Peptidhormone. Steroidhormone wie Corticoide und Östrogen werden im Verdauungstrakt nicht abgebaut und können bei Bedarf oral verabreicht werden. Peptidhormone werden verdaut und müssen daher direkt in die Blutbahn injiziert werden (z. B. Insulin).

Das Second-messenger-Konzept

Peptidhormone und Adrenalin als Aminosäurenhormon können die Zellmembran nicht passieren. Sie reagieren deshalb mit Rezeptoren an der Membranaußenseite und aktivieren dadurch ein Enzym an der Innenseite der Membran. Dieses bildet einen zweiten Botenstoff (*second messenger*) wie z. B. das c-AMP. Er gibt die Information des Hormons weiter, indem er innerhalb der Zelle durch Aktivierung anderer Enzyme die eigentliche Wirkung (z. B. Erhöhung des Blutzuckerspiegels) auslöst.

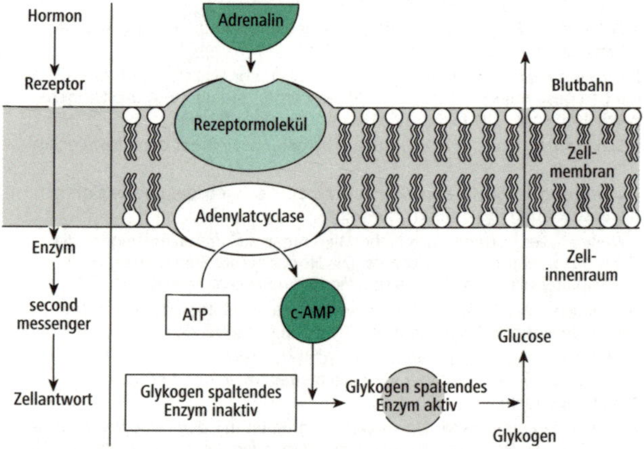

Second-messenger-Konzept (Beispiel Adrenalin)

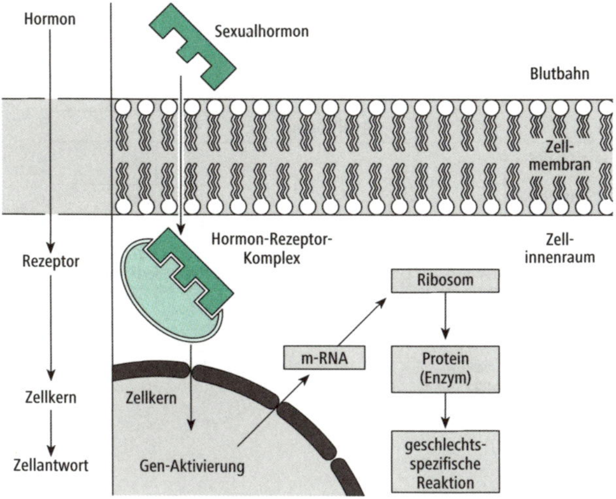

Gen-Aktivierungsmechanismus (Beispiel Sexualhormon)

Der Gen-Aktivierungsmechanismus

Steroidhormone können die Zellmembran durchdringen und werden in der Zelle an Hormonrezeptoren gebunden. Als Hormon-Rezeptor-Komplex lagern sie sich an die DNA an und können bestimmte Gene blockieren oder aktivieren.

8.4 Nebennieren und Stress

Nebennierenmark und Nebennierenrinde

Die Nebennieren sitzen kappenartig auf den beiden Nieren und bestehen zu etwa 80 % aus Rindengewebe und zu etwa 20 % aus Markgewebe. Hormone des Nebennierenmarks sind Adrenalin und Noradrenalin, Hormone der Nebennierenrinde sind Corticoide wie Cortisol und Corticosteron.

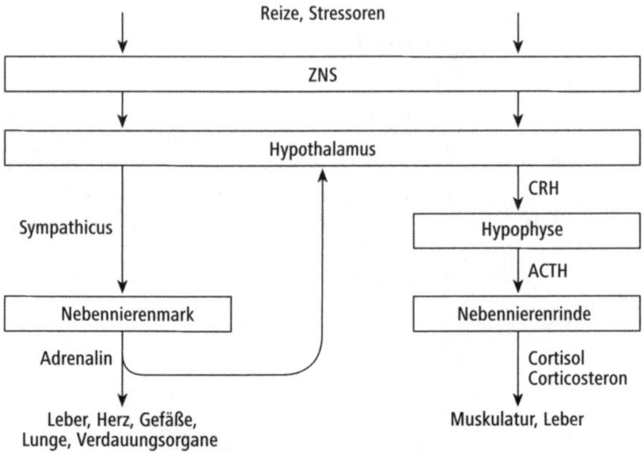

Reaktion des Körpers auf Stressoren

Stress

Stress ist eine unspezifische Reaktion des Körpers auf Umweltreize wie Hitze, Kälte, Hunger, Verletzung und Schmerz. Zu diesen Stressoren zählen auch psychische Belastungen wie Leistungsdruck und Kummer. Der Körper kann sich sowohl an plötzliche Notsituationen als auch an Dauerbelastungen anpassen. Bei einer raschen Anpassung an eine Notsituation (*Fight-or-Flight-Syndrom*) veranlasst das vegetative Nervensystem das Nebennierenmark, schlagartig das Hormon Adrenalin freizusetzen. Adrenalin erhöht Herzschlag und Atmung, es hemmt Magen- und Darmtätigkeit. Da die Halbwertszeit des Adrenalins mit 3–5 Minuten kurz ist, halten die Wirkungen nicht lange an. Bei einer Dauerbelastung (eigentlicher Stress) reicht Adrenalin allein nicht aus. Die Nebennierenrinde bildet Stoffwechsel anregende Hormone wie z. B. Cortisol. Der Mensch kann nun über längere Zeit Hitze, Kälte, Hunger und auch seelische Belastungen aushalten. Hält dieser Stress aber zu lange an, wird die Leistungsfähigkeit des Körpers überfordert. Stress-Schäden wie Gefäßkrankheiten und Herzinfarkt können eintreten.

8.5 Regulation des Blutzuckerspiegels

Die Bauchspeicheldrüse

Die Bauchspeicheldrüse (Pankreas) hat eine zweifache Aufgabe: Sie erzeugt Verdauungsenzyme und sie bildet Hormone zur Blutzuckerregulation.

Zellen der LANGERHANSschen Inseln in der Bauchspeicheldrüse geben die Hormone Insulin und Glukagon ins Blut ab. Beide Hormone sind Peptide.

- *Insulin* veranlasst die Zellen von Leber und Muskeln, Traubenzucker (Glucose) aus dem Blut aufzunehmen und zu Glykogen umzuwandeln. Die Konzentration des Blutzuckers (Blutzuckerspiegel) sinkt auf diese Weise.
- *Glukagon* veranlasst die Zellen von Leber und Muskeln, Glykogen wieder in Traubenzucker abzubauen und in das Blut zurückzugeben. So steigt der Blutzuckerspiegel.

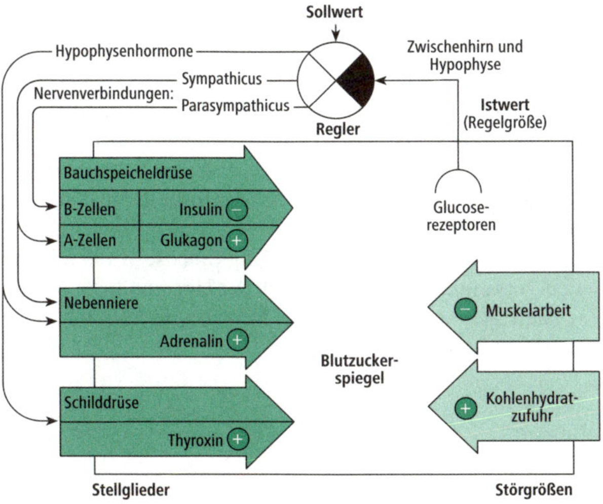

Regelung des Blutzuckerspiegels

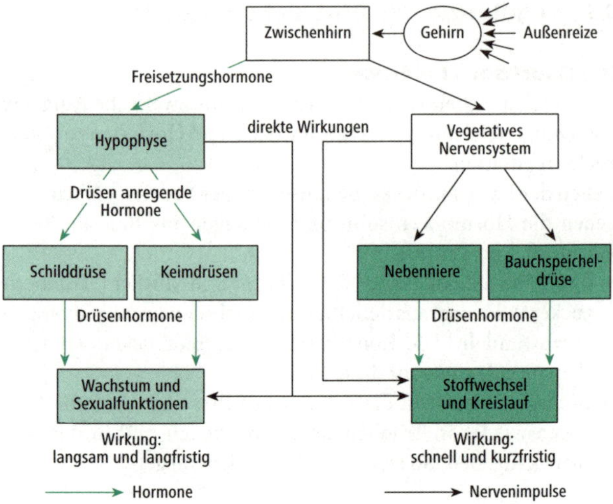

Zusammenwirken von Nerven- und Hormonsystem

Bei körperlicher Belastung wird mehr Glucose benötigt, der Blutzuckerspiegel sinkt. Nach einer kohlenhydratreichen Mahlzeit steigt er. Da der Blutzuckerspiegel also stets Schwankungen unterliegt, muss er über die Gegenspieler Insulin und Glukagon genau reguliert werden.

Ein gesunder Mensch hat 80 bis 100 mg Glucose in 100 ml Blut. Bei Zuckerkrankheit (Diabetes) fehlt das Hormon Insulin. Glucose häuft sich im Blut an. Augen, Nerven und Nieren können geschädigt werden.

Zusammenspiel von Nerven- und Hormonsystem

Die Blutzuckerkonzentration wird außer vom Insulin-Glukagon-Konzept von weiteren Hormonen und vom vegetativen Nervensystem reguliert. Der vermaschte (in Wechselwirkung stehende) Regelkreis zeigt die Einzelheiten der Regelung. (▸ Abb. S. 219)

KOMPETENZEN UND BASISKONZEPTE

- Das Hormonsystem des Menschen im Überblick
- *Steuerung* und *Regelung* als Grundprinzip des Lebendigen
- Regelkreise mit negativer Rückkopplung als Modellvorstellung
- Folgen von Über- und Unterfunktion von Hormondrüsen
- Molekularer *Struktur-Funktions*-Zusammenhang beim Wirkungsprinzip von Hormonen
- *Informationsfluss und Kommunikation* zwischen Organen bei Nerven- und Hormonsystem im Vergleich
- Beispiele für das Zusammenwirken von Nervensystem und Hormonsystem

9 Verhaltensbiologie

Unter Verhalten versteht man Bewegungen, Körperhaltungen, Lautäußerungen und das Aussenden von Signalstoffen bei Tier und Mensch.
Innerhalb des gesamten beobachtbaren Verhaltens kann man nach Funktionen geordnet zwischen Ruheverhalten, Fortbewegung, Körperpflege, Nahrungserwerb, Angriff und Flucht sowie Fortpflanzungsverhalten unterscheiden. Ein zeitlich und funktional abgrenzbarer Teilbereich daraus wird als Verhaltensweise bezeichnet. Grundlagen und Auswirkungen von Verhaltensweisen sind der Forschungsgegenstand der Verhaltensbiologie (Ethologie).

9.1 Methoden und Fragestellungen der Verhaltensbiologie

Betrachtungsebenen

Um Verhalten zu verstehen, ist eine ganzheitliche Betrachtung des Lebewesens erforderlich. Neben der Erforschung des Zusammenwirkens von Erbanlagen und Umwelteinflüssen ergeben sich zwei grundsätzlich verschiedene Fragestellungen:

- Welches sind die *proximaten Ursachen* des Verhaltens, also die unmittelbaren physiologischen und psychologischen Voraussetzungen?
- Worin liegen die *ultimaten Ursachen*, d.h., welches ist der Überlebenswert einer Verhaltensweise?

Mit der Frage nach dem evolutionsbiologischen Nutzen von Verhalten im Hinblick auf das Überleben und den Fortpflanzungserfolg beschäftigt sich die Soziobiologie.

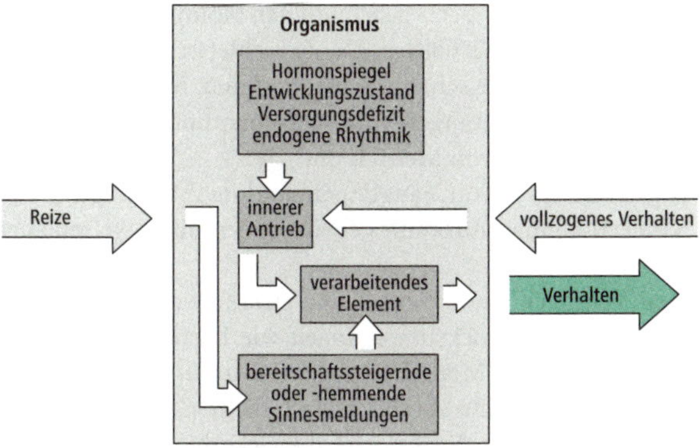

Funktionsschema zur Wirkung proximater Ursachen

Methoden der Verhaltensforschung

Die *Verhaltensforschung an Tieren* bedient sich folgender Methoden:

- *Laborversuche*, also Beobachtungen unter kontrollierbaren, übersichtlichen Bedingungen, lassen Aussagen über Ursache-Wirkung-Zusammenhänge zu. Das Verhalten gefangener Tiere kann jedoch gegenüber ihrem natürlichen verändert sein.
- *Freilandbeobachtungen* zeigen Wirkung und Erfolg einer bestimmten Verhaltensweise im angestammten Lebensraum. Angestrebt wird eine Bestandsaufnahme aller Verhaltensweisen einer Tierart. Eine Verbindung von Beobachtung und gezieltem Experiment ermöglichen zahme freilebende Tiere.
- *Isolierungsexperimente* (Kaspar-Hauser-Experimente) enthalten dem Tier durch isolierte Aufzucht bestimmte Erfahrungen vor. Der Vergleich mit normal aufgezogenen Tieren lässt Schlüsse über angeborene und erworbene Verhaltensanteile zu.
- *Technische Hilfsmittel*, z. B. Filme, Tonbandaufzeichnungen, ermöglichen die Dokumentation der Beobachtungen und die Überprüfung der Ergebnisse. Tragbare Antennen erlauben die telemetrische Verfolgung von Tieren über weite Entfernungen.

Die *Humanethologie* befasst sich mit den biologischen Grundlagen menschlichen Verhaltens. Dabei verbieten sich Experimente am Menschen, die schädlich sein könnten. Möglich sind vergleichende Beobachtungen von Menschen untereinander, aber auch der Vergleich von Mensch und Tier.

- Beobachtungen von Säuglingen und taubblind geborenen Kindern können Auskunft geben, ob Verhaltensweisen angeboren sind.
- Der Vergleich von Menschen verschiedener Kulturstufen zeigt, dass Ausdrucksbewegungen wie Lachen, Grüßen und Abwehr bei allen Menschen gleiche Grundmuster zeigen.
- Beim Tier-Mensch-Vergleich darf nicht einfach von tierischem auf menschliches Verhalten geschlossen werden, es ergeben sich dabei jedoch Arbeitshypothesen für die Untersuchung menschlichen Verhaltens.

9.2 Verhaltensphysiologie

Reflexe

Reflexe sind schnelle, spezifische und kaum veränderbare Bewegungsabfolgen, die durch bestimmte Reize ausgelöst werden. Sie zeigen also eine relativ starre Reiz-Reaktions-Kopplung. Beispiele menschlicher Reflexe sind Schutzreflexe (z. B. Rückzieh-, Husten-, Nies- oder Pupillenreflex) sowie Klammer- und Saugreflex bei Säuglingen.

- Als *unbedingte Reflexe* bezeichnet man solche, die genetisch vorprogrammiert sind, also von ererbten Reizmustern ausgelöst werden.
- Viele unbedingte Reflexe können durch Erfahrung zu einem *bedingten Reflex* werden. Dabei wird ein neutraler Reiz mit einem unbedingten Reiz kombiniert. (▶ Abb. S. 225) Nach mehrmaligem Wiederholen kann der neutrale Reiz zu einem bedingten Reiz werden, der dann eine bedingte Reaktion auslöst (▶ Konditionierung, S. 229).

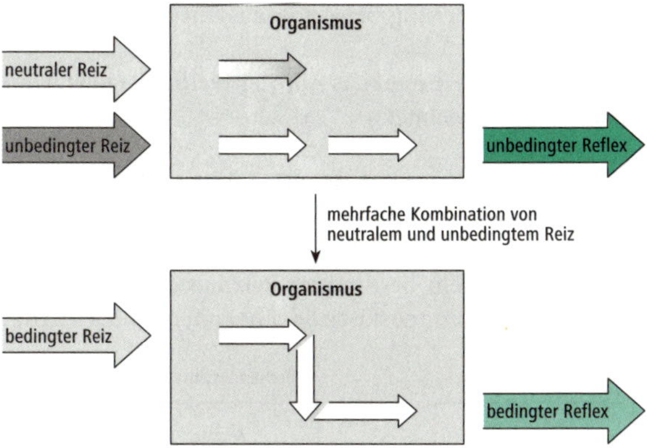

Schema zur Entstehung eines bedingten Reflexes

Erbkoordination

Unter *Erbkoordination* versteht man einen genetisch fixierten, formstarren Bewegungsablauf. Beispiele sind isolierte Balzbewegungen, Eirollbewegungen bei Vögeln oder die Beutefangbewegung der Krötenzunge. Früher sprach man auch von *Instinkthandlung*. Da für Instinkte auch ein „innerer Antrieb" angenommen wurde, der nicht nachweisbar ist, wird der Instinktbegriff heute in der Verhaltensbiologie abgelehnt.

Reizfilterung

Zur Vermeidung von Reizüberflutung verfügen Tier und Mensch über sog. Reizfilter. Sinnesorgane sind *periphere Reizfilter*, die nur Informationen über adäquate Reize einer bestimmten Stärke zum Zentralen Nervensystem (ZNS) weiterleiten. *Zentrale Reizfilter* im ZNS bewerten die Bedeutsamkeit eines Reizes und lösen u. U. eine Reaktion wie z. B. eine Erbkoordination aus.
Als *Appetenzverhalten* bezeichnet man ein Verhalten, das darauf abzielt, eine für eine bestimmte Verhaltensweise auslösende Reizsituation zu finden.

Die gerichtete Orientierungsbewegung auf einen Reiz hin nennt man *Taxis*.
Die Erbkoordination, die auf das Appetenzverhalten folgt, wird als *Endhandlung* bezeichnet.

Das Schlüsselreiz-Konzept der Klassischen Ethologie
Eine Erbkoordination wird von bestimmten Reizen ausgelöst, die als Schlüsselreize oder Auslöser bezeichnet werden.
Ein *Schlüsselreiz* ist ein bestimmtes Reizmuster, das eine bestimmte Verhaltensweise auslösen oder hemmen kann. Geht das

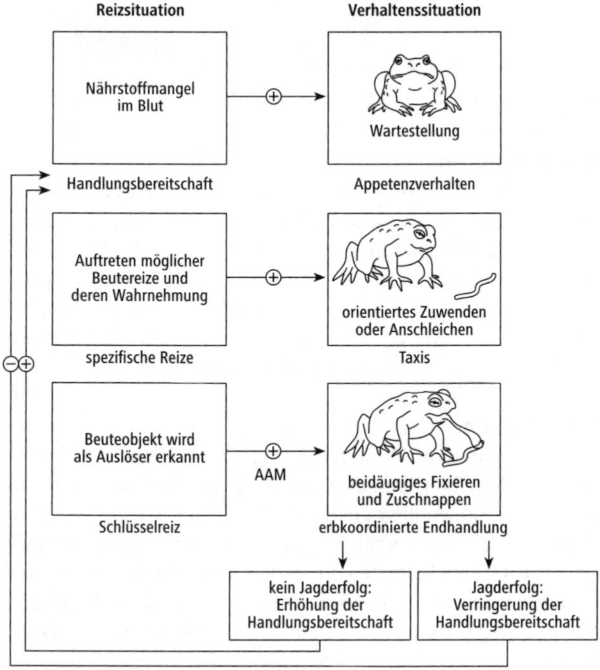

Beutefangverhalten der Erdkröte

Reizmuster von Artgenossen aus, spricht man auch von einem Auslöser.
Eine Funktionseinheit des Gehirns filtert dabei unter den zahlreichen angebotenen Reizen diejenigen heraus, die als Schlüsselreize wirken. Dabei wird ein *angeborener Auslösemechanismus* (AAM) von den entsprechenden Schlüsselreizen erregt, was die Auslösung einer zugehörigen Endhandlung veranlasst.
Schlüsselreize oder Auslöser starten komplexe Verhaltensweisen und Erbkoordinationen aber nur dann, wenn eine *Handlungsbereitschaft* (innere Gestimmtheit, Motivation oder Antrieb) vorliegt. Sie wird von inneren Faktoren (z. B. Hormonspiegel oder Hunger) und von äußeren Faktoren (z. B. Wetter oder Tageslänge) beeinflusst.
Mit der doppelten Bedingtheit einer Erbkoordination (Stärke der inneren Handlungsbereitschaft und der Wirksamkeit der Schlüsselreize) lassen sich auch Leerlaufhandlungen und Übersprungshandlungen erklären.
Ist die Handlungsbereitschaft sehr stark, kann die Endhandlung sogar ohne vorherigen Schlüsselreiz als *Leerlaufhandlung* erfolgen.
Übersprungshandlungen sind situationsfremde Verhaltensweisen in Konfliktsituationen. So werden z. B. beim Rivalenkampf von Hähnen Angriffsverhalten und Fluchtverhalten ausgelöst. Beide Verhaltensweisen hemmen sich gegenseitig und als situationsfremde Handlung erfolgt Futterpicken. Diese Verhaltensweise der Nahrungsaufnahme war zuvor gehemmt und wird jetzt freigegeben.
Um zu überprüfen, welche Reize als Schlüsselreize wirken, verwendet man künstliche Objekte (*Attrappen*). Bei Attrappenversuchen muss die momentane Handlungsbereitschaft des Tieres so weit es geht berücksichtigt werden.
Als *Handlungskette* bezeichnet man eine Abfolge von Schlüsselreizen und Handlungen, wobei jede einzelne Handlung zum Auslöser der nächsten werden kann.

9.3 Verhaltensentwicklung und Lernmechanismen

Angeboren oder erlernt?

Verhaltensweisen, die ohne vorherige Erfahrung ablaufen, bezeichnet man als angeboren. Viele im Erbgut verankerte Handlungsabläufe sind aber durch Lernen modifizierbar, sodass oft angeborene und erlernte Verhaltensweisen zusammenspielen. Wie alle biologischen Strukturen ist auch das Verhalten durch Erbinformation und Umwelteinflüsse bedingt.
Verhaltensänderungen, die durch Erfahrung bewirkt sind und eine gewisse Zeit Bestand haben, beruhen auf *Lernen.*
Tiere besitzen eine unterschiedliche *Lerndisposition*, d.h., sie unterscheiden sich in der Art und im Umfang ihres Lernvermögens. Tiere mit großem Lernvermögen zeigen auch ein gut entwickeltes Erkundungs- und Neugierverhalten.

Reifung

Die Entwicklung eines angeborenen Verhaltens ohne Lernen wird als Reifung bezeichnet. Bestimmte angeborene Verhaltensweisen (z.B. das Fliegen bei Vögeln) können erst ausgeführt werden, wenn die morphologischen Strukturen (Flügel) entwickelt, also herangereift sind. Reifung kann bei oberflächlicher Betrachtung einen Lernprozess vortäuschen.

Obligatorisches und fakultatives Lernen

Obligatorisches Lernen ergänzt angeborenes Verhalten. Jungtiere müssen z.B. lernen, ihre Nahrung, Feinde und Artgenossen zu erkennen. Obligatorische Lernvorgänge sind also zum Überleben und zur Weitergabe des Erbgutes unbedingt notwendig. Lernprozesse, die nicht unbedingt lebensnotwendig sind, bezeichnet man als fakultatives Lernen. Es basiert auf dem individuellen Neugierverhalten und kann die Anpassungsmöglichkeiten des Tieres erweitern. Wird Instinktverhalten durch Lernen verändert, spricht man von *Instinkt-Lern-Verschränkung.*

Gewöhnung (Habituation)

Vögel in der Stadt lassen sich vom Straßenverkehr oft nicht mehr stören. Sie haben sich an den für sie unbedeutenden Reiz gewöhnt. Gewöhnung ist eine einfache Form des Lernens und bedeutet, dass ein Reiz nicht mehr wahrgenommen wird, eine zuvor vorhandene Reaktion verloren geht.

Konditionierung

Bei der Konditionierung wird ein neutraler Reiz mit einem auslösenden Reiz gekoppelt, der schließlich selbst zum reaktionsauslösenden bedingten Reiz wird. IWAN PAWLOW konnte bei seinen Versuchen mit Hunden die Speichelsekretion auf einen Glockenton hin auslösen. Anfangs bot er dem Hund wiederholt Nahrung an, um den Speichelfluss in Gang zu setzen, und schlug gleichzeitig eine Glocke an. Schließlich genügte der Glockenton allein zum Auslösen der Speichelsekretion. Der neutrale Reiz Glockenton wurde zum bedingten Reiz, der unbedingte Reflex der Speichelsekretion zu einem bedingten Reflex. Lernen durch Ausbildung bedingter Reflexe nennt man *klassische Konditionierung*. Voraussetzung ist eine entsprechende Lernmotivation (z. B. Hunger). Bei der *operanten Konditionierung* wird ein zufällig gezeigtes Verhalten mit einer positiven oder negativen Erfahrung verknüpft (Belohnung, Bestrafung) und so verstärkt bzw. gehemmt. Beispiele hierfür sind das Labyrinth-Lernen bei Mäusen, das SKINNER-Box-Lernen von Tauben, das Lernen durch Versuch und Irrtum sowie die meisten Tierdressuren.

Prägung

Bei der Prägung handelt es sich um einen besonderen obligatorischen Lernvorgang, der an eine zeitlich eng begrenzte und erblich festgelegte, meist kurze sensible Phase gebunden ist. Das dauerhafte Lernergebnis ist irreversibel, kann also gar nicht mehr oder nicht mehr ohne Weiteres abgewandelt werden. Beispiele sind die Objekt- oder Nachfolgeprägung bei Entenküken, die Ortsprägung bei Lachsen sowie die Biotop- und die Nahrungsprägung.

Lernen durch Nachahmung

Höher entwickelte Säugetiere können komplexe Verhaltensweisen vollständig kopieren und so durch Nachahmung lernen. Akustische Nachahmung gibt es z. B. bei Papageien und Rabenvögeln, motorische Nachahmung bei Affen. Übernehmen auch nachfolgende Generationen das betreffende Verhalten, kommt es zur Bildung von *Traditionen.*

Lernen durch Einsicht

Die höchste Form des Lernens, das Lernen durch Einsicht, ist nur vom Menschen und von Menschenaffen bekannt, ansatzweise bei Vögeln. Dabei wird eine unbekannte Problemsituation durch Nachdenken erfasst. Nachdem die Lösung im Geiste gefunden und im Gehirn ein Plan zum Erreichen des Zieles angefertigt wurde, erfolgt die Ausführung des Planes zielstrebig und ohne weitere Unterbrechungen oder Phasen von Versuch-und-Irrtum-Lernen. Erfahrungen und bekannte Problemlösungen können auf neue ähnliche Aufgaben übertragen werden.
Die Fähigkeit zur Verallgemeinerung nennt man *abstrahierendes Denken*. Beim Menschen führt Abstraktion zur Bildung von Begriffen, bei Tieren spricht man von *averbalem Denken*, einer Fähigkeit zur bildhaften Vorstellung. Beispiele für averbale Begriffe sind der Gleich-Ungleich-Begriff, den Tauben und Kolkraben bilden können, oder der Wertbegriff bei Schimpansen.

9.4 Sozialverhalten – Angepasstheit des Verhaltens

Soziobiologie und Kosten-Nutzen-Analyse

Die Soziobiologie erforscht ultimative Ursachen des Verhaltens. Mit geeignetem Verhaltensrepertoire wird ein Reproduktionserfolg erreicht. Verhaltensweisen, die Überleben und Fortpflanzungserfolg eines Individuums sichern, bieten Selektionsvorteile. Wichtiger Selektionsfaktor ist dabei die Konkurrenz um begrenzte Ressourcen wie Nahrung, Geschlechtspartner, Revier. Die Möglichkeit eines Individuums, einen genetischen Beitrag zur nächsten Generation zu leisten, wird als *reproduktive Fitness* bezeichnet. Demnach ist das Individuum die Grundeinheit der natürlichen Selektion (▸ Evolution, S. 238 f.). Eine Verhaltensweise, die den Reproduktionserfolg erhöht, ist somit vorteilhaft. Um ein Verhalten bezüglich der reproduktiven Fitness zu bewerten, müssen Kosten (z. B. Zeit- oder Energieaufwand) und Nutzen (vermehrte Nachkommenzahl) in einer Kosten-Nutzen-Analyse gegenübergestellt werden. Zum Erreichen einer optimalen Kosten-Nutzen-Bilanz entstehen Verhaltensmuster als Strategien. Solche Strategien sind genetisch fixiert, können aber auch aufgrund von Lernprozessen flexibel sein. Nach dem Prinzip der Fitnessmaximierung dient Verhalten nicht der Arterhaltung, sondern der möglichst erfolgreichen Weitergabe der eigenen Gene.

Tiergesellschaften

Es gibt verschiedene Formen sozialer Zusammenschlüsse:

- Die zufällige Ansammlung von Artgenossen allein durch ökologische Faktoren wie Meeresströmungen oder eine Wasserstelle in einem Trockengebiet bezeichnet man als *Aggregation* oder *Scheingesellschaft*.
- Bei offenen und geschlossenen anonymen Verbänden kennen sich die Artgenossen nicht individuell. Beim *offenen anonymen Verband* kommt es zu einem ständigen Mitgliederwechsel. In einem *geschlossenen anonymen Verband* (z. B. einem Insektenstaat) ist ein Mitgliederzuwachs (z. B. aufgrund des Nestgeruchs als gemeinsames Erkennungsmerkmal) nicht möglich.
- Bei einem *individualisierten Verband* erkennen sich die Mitglieder an unterschiedlichen individuellen Merkmalen.

Vorteile sozialen Verhaltens sind ein besserer Schutz des Einzeltieres oder der leichtere Nahrungserwerb. Erhöhtes Infektionsrisiko und Konkurrenzdruck sind als Nachteile zu werten.

Das *Gruppenverhalten* ist genetisch festgelegt. Dabei kann sich die Population einer Tierart aus verschiedenen Gruppen zusammensetzen (Einzelgänger, Haremgruppen, Familienverbände). Häufig beruht die stabile Organisation innerhalb einer Gruppe auf einer hierarchischen Beziehung (*Rangordnung*).

Männchen und Weibchen können in verschiedenen *Sozialsystemen* (*Paarungssysteme*) leben: Monogamie, Polygynie (ein Männchen lebt mit mehreren Weibchen zusammen) oder Polyandrie (ein Weibchen hat mehrere Männchen). Bei Schimpansen bilden mehrere Männchen und mehrere Weibchen eine Gruppe (Polygynandrie). Die Bedürfnisse der Jungen sind ein wichtiger ultimater Faktor bei der Evolution der Paarungssysteme.

Kommunikation

Voraussetzung für ein Sozialleben in der Tierwelt ist die Möglichkeit zur Kommunikation. Viele *Signale* sind einfache Schlüsselreize, auf die der Partner mit einer normierten Verhaltensweise antwortet. Bei höher entwickelten Tieren findet man außerdem fein abgestufte, graduierte Signale wie z. B. die Ausdrucksbewegungen der Katze oder die Drohmimik des Hundes.

Aggressives Verhalten

Man unterscheidet zwischen- und innerartliche Aggression.

- Zur *zwischenartlichen (interspezifischen) Aggression* gehören Beutefang-, Schutz- und Verteidigungsverhalten. Solche Aggressionen sind zwischen Angehörigen fremder Arten meist auf Verletzungen und Tötung ausgerichtet.
- *Innerartliche (intraspezifische) Aggression* tritt auf, wenn Artgenossen in Konkurrenz zueinander treten, sei es um Nahrung, einen Platz in der Rangordnung oder um geeigneten Lebensraum (Revier, Territorium). Schädigende Wirkungen auf die Art werden in der Regel durch besondere *Mechanismen der Ritualisierung* vermieden. Dazu zählen Imponieren ohne Kampftendenz, Drohen mit Kampftendenz, ein Kommentkampf (Turnierkampf) nach bestimmten Regeln und Beschwichtigungsverhalten (Demutsverhalten). Beschädigungskämpfe mit Verletzung und Todesfolge treten meist nur bei fehlender Fluchtmöglichkeit auf.

Territorialverhalten

Territorien oder Reviere sind gegen Artgenossen abgegrenzte und verteidigte Lebensräume. Die Revierabgrenzung erfolgt über Duftmarkierung mit Kot, Harn oder Drüsensekreten oder durch akustische Markierung wie z. B. Vogelgesang. Territorialität sichert Nahrungsquellen und Brutpflegeerfolg.

Altruistisches Verhalten

Verhaltensweisen, die für die Gemeinschaft von Vorteil sind, für das ausführende Einzelindividuum aber u. U. nachteilig, nennt man uneigennützig oder *altruistisch*. Eine Erklärungsmöglichkeit für ein solches Verhalten ist darin zu suchen, dass sich nach evolutionstheoretischen Überlegungen letztlich ein Verhalten durchsetzt, das für eine hohe Zahl von Nachkommen sorgt. Wenn also durch altruistisches Verhalten zwar das einzelne Individuum keinen direkten Vorteil hat, sondern seine Verwandten mit ähnlichem Erbgut, bringt dies letztlich auch dem altruistisch Handelnden einen Selektionsvorteil durch die Weitergabe eines Teiles seiner Gene. Ein solches Verhalten läuft ohne Einsicht in die Folgen ab. Man kann also nicht von Moral, allenfalls von *moralanalogem* Verhalten sprechen.

9.5 Verhaltensweisen des Menschen

Menschliches Verhalten wird durch biologische, psychologische und gesellschaftliche Faktoren bestimmt. Der Mensch ist in der Lage, seine angeborenen und erworbenen Verhaltensweisen mithilfe seines Bewusstseins weitgehend zu kontrollieren.

Universalismen

Verhaltensweisen, die allen Menschen gemeinsam sind, nennt man *Universalismen*. Dazu zählen der Kulturerwerb, logisches Denken in Kausalketten, Leben in geschlossenen, strukturierten Gruppen und ein Inzesttabu.

Angeborenes Verhalten

Verhalten von Säuglingen. Säuglinge können durch Kopfbewegung die Brust der Mutter suchen, sie können saugen, trinken, weinen und schreien. Anfangs greifen sie fest um jeden Gegenstand, der die Handflächen berührt (Greifreflex). Das sofortige Beherrschen so komplizierter Vorgänge spricht dafür, dass diese angeboren sind.

Kindchenschema. Säuglinge und Kleinkinder lösen durch ihr Aussehen bei den Mitmenschen Zuwendung und Zärtlichkeit aus. Experimente mit Nachbildungen (Attrappenversuche) zeigen, dass verschiedene Merkmale das Zuwendungsverhalten auslösen: Pausbacken, große Augen, großer Kopf und tollpatschige Bewegungen.

Lernverhalten

Neugier und Spiel. Alle Kleinkinder erkunden neugierig ihre Umwelt. Diese angeborene Neugier ist Voraussetzung für Lernen. Der Mensch zeigt eine angeborene Lernbereitschaft. Auch Erwachsene sind neugierig. Im Gegensatz zu Tieren können Menschen lebenslang lernen. Spielverhalten fehlt der Ernstbezug. Im Spiel werden aber Verhaltensabläufe trainiert, also gelernt.

Konditionierung. Stellen wir uns unsere Lieblingsspeise vor, läuft uns das Wasser im Munde zusammen, das Surren des Zahnarztbohrers lässt bei vielen den Blutdruck steigen. Man spricht von Konditionierung oder von der Bildung eines bedingten Reflexes. (▶ S. 229)

Lernen durch Versuch und Irrtum. Viele Lernprozesse beim Menschen verlaufen nach dem Prinzip des Lernens am Erfolg. Das richtige Ausführen bestimmter Tätigkeiten wird durch Erfolg „belohnt“ und damit verstärkt. Dieses Verhalten wird zukünftig beibehalten. Wird die Tätigkeit irrtümlich falsch ausgeführt, wird am Misserfolg gelernt. Die Fehlentscheidung wirkt wie eine „Strafe“ und bremst ein solches Verhalten in Zukunft.

Einsichtiges Verhalten. Mathematikaufgaben und andere Problemstellungen spielen wir im Gehirn durch. Nach einigem

Überlegen und Planen wird die Lösung oftmals plötzlich gefunden. Das Ergebnis kann auf neue, ähnliche Probleme übertragen werden. Durch Einsicht sind wir Menschen in der Lage, den Erfolg oder Misserfolg einer Handlung vorauszusehen und entsprechend zu handeln.

Tradition. Sprache und Schrift ermöglichen die Weitergabe von Erfahrung und Wissen an folgende Generationen. Übernehmen diese die Verhaltensweisen, bilden sich Traditionen.

Prägung. Anfangs lächelt ein Säugling nahezu jedes Gesicht an, später nur noch das seiner Bezugspersonen. Bei fremden Gesichtern „fremdelt" es abweisend oder ängstlich. Das Kind wurde auf seine Bezugsperson geprägt, ein Vorgang, der Ähnlichkeit mit der Prägung bei Tieren hat.

Sozialverhalten

Auch viele Verhaltensweisen des menschlichen Zusammenlebens lassen sich mithilfe soziobiologischer Ansätze erklären.

Gruppenbildung. Der Mensch ist ein soziales Wesen. Nur in der Gruppe kann er überleben. Menschen bilden aus unterschiedlichsten Gründen Gruppen, seien es Vereine, Bürgerinitiativen, Stämme oder Staaten. Mitglieder großer Gruppen kennen sich nicht alle persönlich. Gemeinsame Abzeichen signalisieren hier die Gruppenzugehörigkeit. Von den Gruppenmitgliedern wird erwartet, dass sie sich der Gruppennorm entsprechend verhalten. Es entstehen Gruppenzwänge. Abweichungen von der Norm führen zu Ausschlussreaktionen.

Aggressionsverhalten. Aggression kann sich beim Menschen u. a. als Wut, Zorn oder Hass zeigen. Beschwichtigungsverhalten wie Lächeln, Grüßen, Kopfsenken und Weinen wirkt aggressionshemmend. Imponier- und Drohhaltungen wirken aggressionssteigernd. Aggressionen treten bei allen Menschen auf, was auf angeborene Anteile im Verhalten schließen lässt. Psychologische Untersuchungen haben gezeigt, dass Menschen Aggressionsverhalten auch erlernen und es als Folge von Frustrationen auftreten kann.

Rangordnungsverhalten. Statussymbole wie Titel, Abzeichen und Orden sind Ausdruck von Rangordnungen in der menschlichen Gesellschaft. Voraussetzung für das Funktionieren einer hierarchischen Ordnung ist, dass Menschen die Führungsrolle anderer akzeptieren.

Territoriales Verhalten. Jeder Mensch hütet seine Privatsphäre. Dringt jemand ohne Beschwichtigungsverhalten ein, wird dies meist als Aggression empfunden. Die unsichtbare Individualdistanz um unseren Körper dürfen nur nahestehende Menschen unterschreiten. Ebenso grenzen Menschengruppen eigene Territorien ab. Gartenzäune, Gemarkungs- oder Staatsgrenzen haben eine ähnliche Funktion wie Reviergrenzen.

Selbstkontrolle. Der Mensch kann sein Verhalten überdenken und selbst bestimmen. Er kann und muss sich seine Handlungen kritisch bewusst machen. Eine wichtige Aufgabe der Erziehung ist das Hinführen zu mitmenschlichem Verhalten, das Rücksicht auf andere nimmt und ihnen dieselben Rechte zugesteht, die man für sich selbst in Anspruch nimmt.

KOMPETENZEN UND BASISKONZEPTE

- Methoden und Fragestellungen der Ethologie
- Angeborene und erlernte Anteile des Verhaltens bei Tieren
- Erscheinungsformen und Erklärungsansätze des Sozialverhaltens
- *Kommunikation* zwischen Lebewesen als biologisches Grundprinzip
- Informationsübertragung bei der Verständigung in Sozialverbänden
- Biologische Grundlagen und Besonderheiten des menschlichen Verhaltens
- Verhalten als *Angepasstheit* aufgrund unterschiedlicher Selektionsfaktoren

Evolution

Die Formenvielfalt der Lebewesen auf der Erde ist das Ergebnis einer stammesgeschichtlichen Entwicklung. Die Evolutionsforschung befasst sich mit der Frage nach den Ursachen und Gesetzmäßigkeiten dieser Entwicklung und erforscht die Verwandtschaftsbeziehungen zwischen den Lebewesen. Es wird deutlich, dass die menschliche Evolution nach denselben naturwissenschaftlichen Gesetzmäßigkeiten verlaufen ist, wie sie für alle Organismen gilt.

10.1 Geschichte der Evolutionstheorie

Sonderstellung der Evolutionslehre

Die Aussagen der Evolutionslehre beziehen sich auf geschichtliche Vorgänge, die nicht wiederholbar und damit experimentell nicht überprüfbar sind.

Eine Grundvoraussetzung der Evolutionslehre ist die Akzeptanz des *Aktualitätsprinzips*. Dieses Prinzip (nach dem Geologen Charles Lyell) beruht auf der Annahme, dass die heute wirksamen Naturgesetze auch in der Vergangenheit wirksam waren.

Vorstellungen bis Darwin

Die Lehre von der *Konstanz der Arten* leitet sich vom biblischen Schöpfungsbericht ab. Sie geht von der Unveränderlichkeit der Arten aus und lehnt den Evolutionsgedanken ab.

Carl von Linné (1707–1778) vertrat ebenso wie seine Zeitgenossen die Lehre der Konstanz der Arten. Er ordnete aber als Erster die bis dahin bekannten Pflanzen und Tiere in ein einheitliches, hierarchisch gegliedertes System ein.

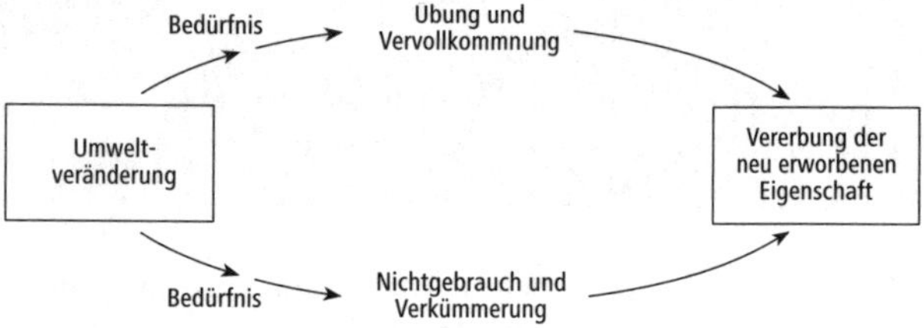

LAMARCKS Theorie vom Artwandel

JEAN-BAPTISTE DE LAMARCK (1744–1829) ging von der Vererbung erworbener Eigenschaften und einem kontinuierlichen Artenwandel aus. Er erstellte Stammbäume und gab eine ursächliche Erklärung für Abstammung. Damit gilt LAMARCK als Begründer der Evolutionstheorie. Als Ursache des Wandels sah er veränderte Bedürfnisse und Gewohnheiten. Durch veränderte Umweltbedingungen führt ein den Lebewesen innewohnender Trieb zu ihrer Vervollkommnung. Die im individuellen Leben erworbenen Eigenschaften würden schließlich vererbt.
So wurde der lange Hals der Giraffe darauf zurückgeführt, dass ihre Vorfahren den Hals strecken mussten, um an das Laub der Bäume zu gelangen. Durch den Drang zur Vervollkommnung und das ständige Strecken sei der Hals immer länger geworden, was dann an die Nachkommen vererbt worden sei. Die Aussage LAMARCKS von der Vererbung erworbener Eigenschaften ist aus heutiger Sicht falsch. Modifikationen werden nicht vererbt.

DARWIN und die Theorie der natürlichen Auslese

CHARLES DARWIN (1809–1882) erklärte die Veränderung der Arten durch Variation und Selektion. Seine wesentlichen, noch heute gültigen Aussagen waren:

- Alle Lebewesen erzeugen mehr Nachkommen, als zur Erhaltung der Art notwendig wären (Überproduktion).
- Die Mitglieder einer Art unterscheiden sich voneinander und variieren in ihren Erbmerkmalen (Variabilität).

- Im Kampf ums Dasein *(struggle for life)* überleben die jeweils am besten Angepassten *(survival of the fittest)*. Die anderen gehen durch die natürliche Zuchtwahl zugrunde (Auslese = Selektion).
- Die natürliche Auslese führt durch eine sich ständig vervollkommnende Anpassung zu einer allmählichen Änderung der Arten (Angepasstsein).

Nach DARWIN gibt es also zwei treibende Kräfte für die Evolution:
1. Erbliche Unterschiede zwischen den Nachkommen
2. Unterschiedliche Anpassung an die jeweilige Umwelt durch natürliche Selektion

	LAMARCK	DARWIN
Umwelt	Umwelt löst beim Individuum innere Bedürfnisse aus.	Umwelt wählt aus den Varietäten die am besten geeigneten aus.
Individuum	Jedes Individuum passt sich aktiv an die Umwelt an.	Die Individuen werden von der Umwelt passiv angepasst.

Vergleich der Theorien von LAMARCK und DARWIN

Synthetische Theorie

Die *Synthetische Theorie der Evolution* fasst die Ergebnisse aus vielen Forschungsgebieten (Populationsgenetik, Paläontologie, Taxonomie, Biogeografie) zusammen, beruht im Wesentlichen aber auf DARWINS Gedanken. Die Synthetische Theorie betont insbesondere die Bedeutung der Population als Einheit der Evolution und weist der Selektion als Mechanismus der Evolution eine zentrale Rolle zu. Die Synthetische Theorie der Evolution, auch als Neodarwinismus bezeichnet, wird ständig weiterentwickelt und anhand immer neuer Fakten auf ihre Stichhaltigkeit überprüft.

10.2 Ursachen der Evolution (Evolutionsfaktoren)

Die Evolutionstheorie stellt die Ursachen des Evolutionsprozesses dar und liefert so die Begründung für den Evolutionsvorgang. Die wesentlichen *Evolutionsfaktoren* sind Mutation, Rekombination, Selektion, Isolation und zufällige Gendrift (▶ S. 241 f.). Sie alle zeichnen sich dadurch aus, dass sie auf die Gesamtheit der Erbanlagen (Gene) in einer Fortpflanzungsgemeinschaft (Population) einwirken. Ändert sich die Zusammensetzung der Gene innerhalb einer solchen Population, liegt ein Evolutionsvorgang vor. Die Einheit der Evolution ist demnach die Population, wenn auch die verschiedenen Faktoren der Evolution am einzelnen Individuum ansetzen.

Populationen und ihre genetische Struktur

Die Gesamtheit der genetischen Variationen einer Population bezeichnet man als deren *Genpool*. Gene können in unterschiedlichen Varianten vorliegen, die ein bestimmtes Merkmal (z. B. die Blütenfarbe) unterschiedlich ausprägen (z. B. Rot oder Blau). Man bezeichnet diese Varianten eines Gens als *Allele*. (▶ Genetik, S. 124)
Das einzelne Individuum trägt damit nur einen Teil der Allele des gesamten Genpools der Population. Die Gesamtheit der Erbanlagen eines Individuums ist sein Genotyp, das äußere Erscheinungsbild sein Phänotyp. Der Phänotyp ist zum einen das Ergebnis der genetischen Information, also des Genotyps, zum anderen spielen auch Umwelteinflüsse eine Rolle.
Die Häufigkeit, mit der bestimmte Allele in der Population vertreten sind, wird als *Allelfrequenz* bezeichnet. Diese beeinflusst, wie oft bestimmte Genotypen (Genbestand der Individuen) und damit auch Phänotypen innerhalb der Population vorkommen. Die Häufigkeit bestimmter Genotypen, man spricht auch von *Genotypenfrequenz*, bestimmt die genetische Struktur einer Population.

Populationsgenetik

Die Populationsgenetik befasst sich mit den Vererbungsvorgängen in Populationen (Fortpflanzungsgemeinschaften). Ändern sich die Allelhäufigkeiten innerhalb des Genpools einer Population, findet Evolution statt. Untersucht werden also die Häufigkeit, mit der die Allele auftreten, sowie die Veränderung der Häufigkeit. Dabei wird zwischen einer idealen Population und einer natürlichen (realen) Population unterschieden.

Für eine *ideale Population* gelten folgende Bedingungen:

- Es treten keine Mutationen auf,
- sie ist so groß, dass Zufallsschwankungen keine Rolle spielen,
- alle Individuen sind an die gegebene Umwelt gleich gut angepasst, sodass keine Selektion erfolgt,
- es findet keine Zu- oder Abwanderung statt und
- es herrscht Panmixie, d. h., die Wahrscheinlichkeit für die Paarung beliebiger Partner ist gleich groß.

Nach dem HARDY-WEINBERG-Gesetz lassen sich die Allelhäufigkeiten bzw. Genotypenhäufigkeiten berechnen. Die Allelhäufigkeiten in idealen Populationen stehen in einem stabilen Gleichgewicht, also:

$(AA : Aa : aa) = p^2 : 2pq : q^2 = \text{konstant} = 1$

Mutation und Rekombination

Mutationen verändern die genetische Information und sind die Ursache für die Variabilität von Lebewesen. Neue Allele gelangen in den Genpool.

Durch geschlechtliche Fortpflanzung kommt es aufgrund der *Rekombination* innerhalb des Genpools immer wieder zu neuen Genkombinationen und damit zu einer Erweiterung der Variabilität der Phänotypen.

Gendrift

Vor allem in kleinen Populationen können Zufallsereignisse die Genhäufigkeiten ebenfalls verändern. Man spricht von *Gendrift* (Zufallswirkung). Sie kann beruhen auf

- Katastrophen, die den Großteil der Population vernichten, oder
- der Abtrennung einer kleinen Teilpopulation von der Stammpopulation. Die *Gründerpopulation* bringt nur einen Teil des Genpools mit (Beispiel: Vorfahren der Darwinfinken, die vom Festland auf die Galapagosinseln verschlagen wurden).

Selektion (Natürliche Auslese)

Mutationen, Rekombinationen und Gendrift sind zufällige Ereignisse, die eigentlich dazu führen müssten, dass die genetische Variabilität ständig zunimmt. Dem entgegen wirkt aber natürliche Auslese (Selektion).

Durch *Selektion* werden Gene eliminiert, die sich für ihre Träger als nachteilig erweisen.

Die Fähigkeit eines Individuums, Gene zum Genpool der nächsten Generation beizutragen, wird als *Fitness* (reproduktive Fitness, Tauglichkeit) bezeichnet. Der Genotyp mit der höchsten Fitness (Nachkommenzahl) erhält den Fitnesswert W = 1. Die relative Fitness der anderen Genotypen x wird errechnet aus:

$$W_x = \frac{\text{Nachkommenschaft des Genotyps x}}{\text{Nachkommenschaft des besten Genotyps}}$$

Ursachen unterschiedlicher Fitness sind Unterschiede in der Lebenserwartung, der Fortpflanzungsrate oder der Fähigkeit, einen Geschlechtspartner zu finden. Die Abweichung der mittleren Fitness von der des besten Genotyps wird als *genetische Bürde* einer Population bezeichnet. Sie ist Voraussetzung dafür, dass Evolution stattfindet. Hätten alle Individuen höchste Fitness, gäbe es keine natürliche Selektion.

Bei den Selektionsfaktoren werden abiotische und biotische unterschieden.

- *Abiotische Selektionsfaktoren:* Temperatur, Feuchtigkeit etc.
- *Biotische Selektionsfaktoren:* Fressfeinde, Parasiten etc. (zwischenartlich); Konkurrenz um Nahrung, Geschlechtspartner, Reviere etc. (innerartlich)

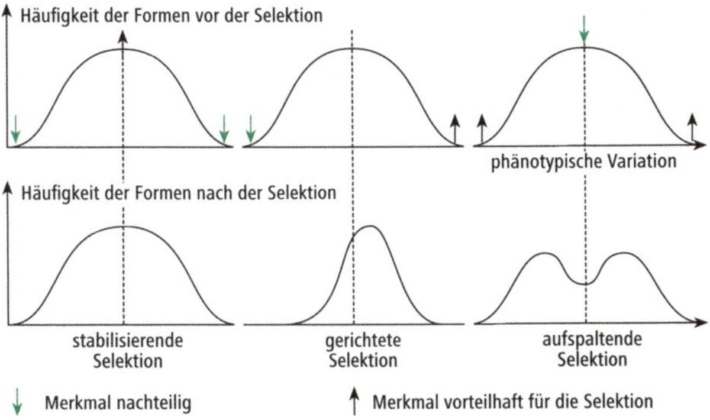

Selektionstypen

Der Einfluss der Selektionsfaktoren auf eine Population wird als Selektionsdruck bezeichnet. Man unterscheidet folgende Selektionstypen:

- *Stabilisierende Selektion:* Bei gleichbleibenden Umweltbedingungen werden die am wenigsten angepassten Mutanten ausselektiert. Der Genpool bleibt gleich.
- *Gerichtete* (transformierende) *Selektion* bewirkt eine Anpassung an veränderte Bedingungen.
- *Aufspaltende Selektion* fördert bei gleichbleibenden Bedingungen die Formen mit extremen Merkmalen.

Isolation und Artbildung

Für die Wirksamkeit von Mutation und Selektion hinsichtlich der Entstehung neuer Arten ist die Trennung des Genpools durch Isolierung von Teilpopulationen (genetische Separation) nötig. Nach der Separation mutierte Allele können nicht mehr in den Genpool der anderen Population gelangen.

Alle Faktoren, die eine ständige Durchmischung des Erbguts einer Population (Panmixie) beeinträchtigen, werden als *Isolationsmechanismen* bezeichnet. Dazu zählen:

- geografische Isolation (Separation), Beispiel: Inselpopulationen,
- ethologische Isolation, Beispiel: Gesangsunterschiede bei Fitislaubsänger und Zilpzalp,
- jahreszeitliche Isolation, Beispiel: verschiedene Balzzeiten bei Wasserfrosch und Grasfrosch,
- ökologische Isolation, Beispiel: Schnabelformen bei Darwinfinken.

Die Entstehung neuer Arten ist auf zwei Wegen möglich:

- Zur *allopatrischen Artbildung* kommt es, wenn Teilpopulationen sich über lange Zeit räumlich getrennt entwickeln (geografische Isolation).

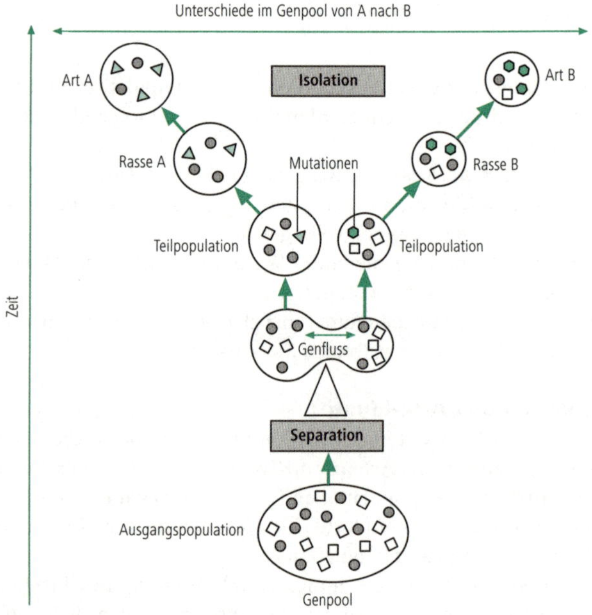

Schema zur allopatrischen Artbildung durch Aufspaltung

- Von *sympatrischer Artbildung* spricht man, wenn sich Teilpopulationen im selben Gebiet durch andere Isolationsmechanismen (ökologische, jahreszeitliche oder ethologische) getrennt weiterentwickeln.

Die Aufspaltung von Populationen erfolgt zunächst so langsam, dass trotz erblicher Unterschiede eine Paarung zwischen allen Individuen noch möglich wäre und die Nachkommen noch fruchtbar sind. Man spricht von Rassen.

Der Artbegriff. Alle Lebewesen, die sich potenziell untereinander kreuzen können, die dann fortpflanzungsfähige Nachkommen haben und die gegenüber anderen Gruppen fortpflanzungsbiologisch getrennt sind, bilden eine biologische Art oder Biospezies. In der Forschung lässt sich dieser *biologische Artbegriff* oft nicht anwenden, weil die fruchtbare Kreuzung in der Natur nicht immer beobachtet werden kann. Für fossile Arten hat er ohnehin keine Gültigkeit. Da aber Individuen, die einer Art angehören, in allen wichtigen Körpermerkmalen übereinstimmen, wird vielfach auch ein *morphologischer Artbegriff* angewandt. Hiernach bilden Lebewesen, die in allen wesentlichen Merkmalen untereinander und mit ihren Nachkommen übereinstimmen, eine morphologische Art oder Morphospezies.

Adaptive Radiation (Entstehung der Vielfalt)

Innerhalb eines erdgeschichtlich kurzen Zeitraumes kann es zur Aufspaltung einer Stammart in zahlreiche neue Arten mit unterschiedlichen Anpassungen kommen. Man spricht von *adaptiver Radiation*. Die Entstehung einer derartigen Formenvielfalt ist dann möglich, wenn die Stammart in eine neue Umwelt gelangt, die viele ökologische Lizenzen bietet und wo Konkurrenz kaum vorhanden ist.

Ein Beispiel für die adaptive Radiation aus einer Gründerpopulation ist die Entwicklung der Darwinfinken auf den Galapagosinseln. Modellhaft lassen sich dabei folgende Phasen unterscheiden:

- Gründung der Stammpopulation (Gründerindividuen besiedeln die Galapagosinseln.)
- Geografische Isolation (Einzelne Finken besiedeln verschiedene Inseln, wobei der Genfluss unterbrochen wird.)
- Einnischung (Auf den Inseln des Archipels herrschen unterschiedliche ökologische Bedingungen; Einnischung vermindert die innerartliche Konkurrenz; Schnabelformen verändern sich.)
- Radiation (Aufgrund unterschiedlicher Ansprüche können Nachbarpopulationen nebeneinander existieren, ohne sich zu vermischen – ökologische Isolation tritt auf.)

Weitere Beispiele adaptiver Radiation einer Stammgruppe durch Bildung unterschiedlicher ökologischer Nischen sind die Kleidervögel der Hawaii-Inseln, die Beuteltiere Australiens, aber auch die Entfaltung der Säugetiere am Ende des Tertiärs.

10.3 Ergebnisse der Evolution

Formen biologischer Ähnlichkeit

Verwandtschaft. Die Evolutionsbiologie versucht, die Abstammungsverhältnisse der Lebewesen zu klären. Ähnlichkeit von Strukturen oder Funktionen von Lebewesen können entweder auf eine gemeinsame Abstammung oder auf Anpassung an gleiche Lebensbedingungen zurückgeführt werden. Nahe Verwandtschaft macht sich oft durch große Ähnlichkeiten in vielen einzelnen Merkmalen bemerkbar, doch müssen Verwandte sich nicht immer ähnlich sehen. Erst eine genaue Untersuchung zeigt, ob eine große Ähnlichkeit auf enge Verwandtschaft zurückgeht oder ob sie das Ergebnis unabhängig voneinander verlaufender Evolutionsvorgänge unter ähnlichen Selektionsbedingungen ist. Im ersten Fall spricht man von homologer Ähnlichkeit oder *Homologie*, im zweiten Fall von analoger Ähnlichkeit oder *Analogie*.
Homologe Organe. Die Gleichwertigkeit von Strukturen im Bauplan verschiedener Lebewesen aufgrund gemeinsamer Abstammung nennt man Homologie. Homologien beruhen auf

gemeinsamer Erbinformation, der Grundbauplan kann infolge unterschiedlicher Funktionen aber abgewandelt sein. Homologiekriterien sind:

- Gleiche Lage im Körper (Kriterium der Lage); Beispiel: Vordergliedmaßen von Wirbeltieren.

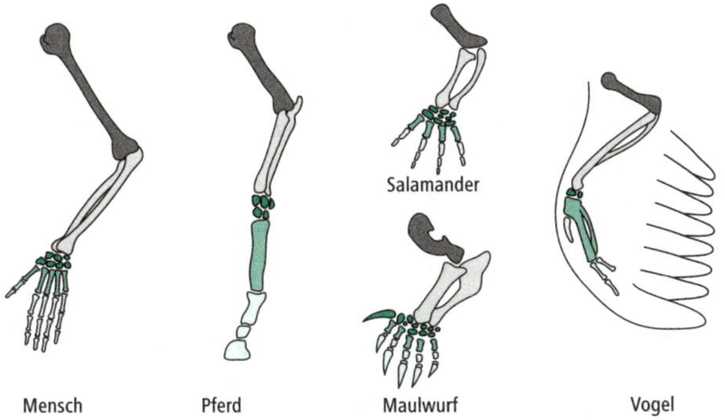

Homologie bei Wirbeltiergliedmaßen

- Gleiche Bau- und Materialeigenschaften (Kriterium der spezifischen Qualität); Beispiel: die Hautschuppen von Haifischen und die Zähne der Säugetiere und des Menschen.

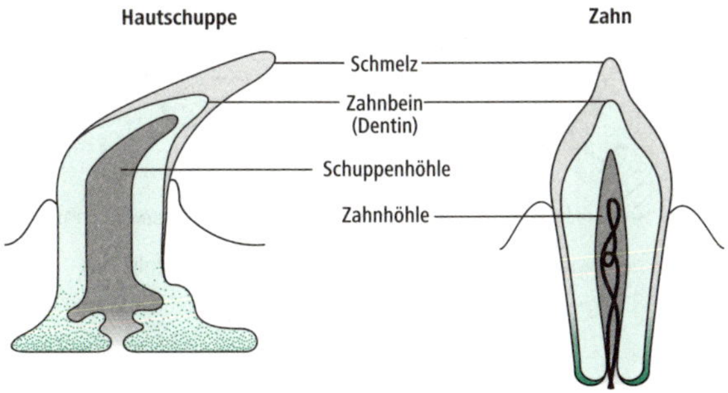

Homologie bei der Hautschuppe des Hais und dem Zahn des Menschen

- Übergangsformen in der ontogenetischen (individuellen) Entwicklung bei verwandten oder ausgestorbenen Arten (Kriterium der Stetigkeit); Beispiel: Herz- und Blutkreislauf bei Wirbeltieren mit einfachen und doppelten Kreisläufen. Während bei Fischen das Herz aus einer Vor- und einer Herzkammer besteht, besitzen Lurche und Reptilien eine unvollständige Scheidewand in der Herzkammer; bei Vögeln und Säugetieren sind die beiden Herzhälften und damit Körper- und Lungenkreislauf völlig getrennt.

Die einfachste Erklärung für Homologien beruht auf der Abstammung von gemeinsamen Vorfahren und belegt somit stammesgeschichtliche (phylogenetische) Verwandtschaft.

Analoge Organe. Abstammungsähnlichkeiten müssen von Funktionsähnlichkeiten unterschieden werden. Analogien sind Ähnlichkeiten bei verschiedenen Lebewesen, die durch gleiche Funktion bedingt sind, sich aber *nicht* von gemeinsamen Vorfahren herleiten lassen. Analoge Organe besitzen einen unterschiedlichen Grundbauplan und beweisen daher keine gemeinsame Abstammung. Aufgrund gleicher ökologischer und physiologischer Anforderungen können sie aber eine sehr ähnliche Gestalt entwickelt haben. Man spricht von *Konvergenz*. Beispiele für Analogien sind: Grabschaufel bei Maulwurf und Maulwurfsgrille und strömungsangepasste Form bei Fisch und Delphin.

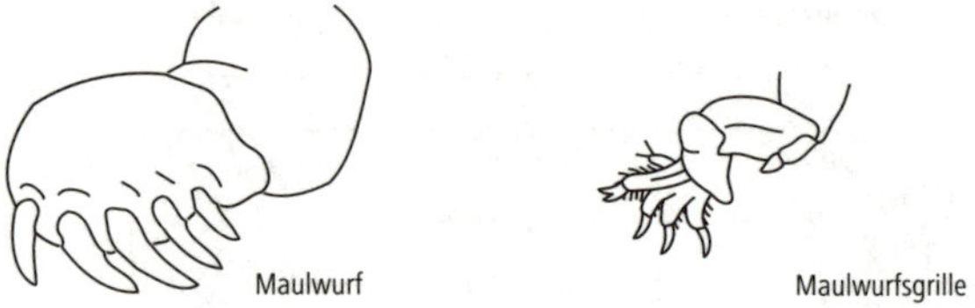

Analogie bei der Grabschaufel von Maulwurf und Maulwurfsgrille

Belege aus Biochemie und Molekularbiologie

Alle Lebewesen weisen die gleichen chemischen Grundbausteine auf und haben den gleichen genetischen Code. Viele Stoffwechselprozesse wie Glykolyse, Citronensäurezyklus, Energieübertragung durch ATP und die Proteinbiosynthese laufen bei der Mehrzahl der Pflanzen und Tiere gleich ab und belegen eine gemeinsame Abstammung.

Die DNA-Basensequenz und die Aminosäuresequenz von Proteinen stimmen bei nah verwandten Arten weitgehend überein. Ein *hypothetischer Stammbaum* verschiedener Lebewesen auf der Basis von Unterschieden in der Aminosäuresequenz eines bestimmten Proteins geht von der Überlegung aus, dass jede Änderung in der Aminosäuresequenz auf einer Mutation in der DNA-Struktur beruht. Je mehr Änderungen vorhanden sind, desto mehr Mutationen haben stattgefunden und umso größer ist die stammesgeschichtliche Distanz. Umgekehrt sind Übereinstimmungen zahlreicher Aminosäurepositionen Ausdruck gemeinsamen Ursprungs (Beispiel: Cytochrom-c-Stammbaum).

Die *Serumreaktion* erlaubt ebenso Aussagen über die Verwandt-

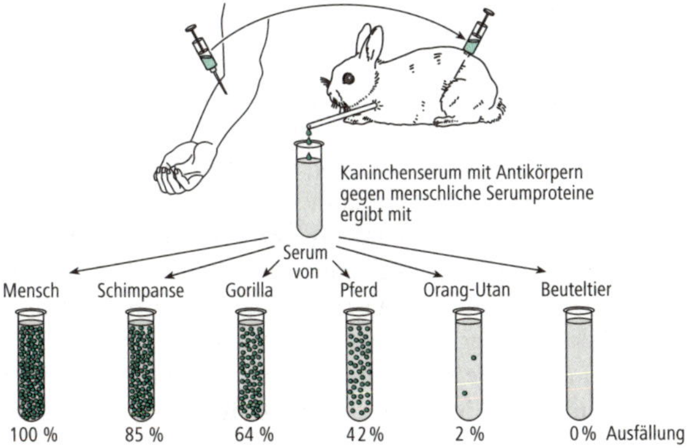

Präzipitintest

10

schaftsnähe. Spritzt man z. B. einem Kaninchen etwas menschliches Blutserum, entwickelt es Antikörper (Präzipitine) gegen alle Proteine im Blut des Menschen. Entnimmt man dem Kaninchen nach einiger Zeit Blut und bringt sein Serum erneut mit menschlichem Serum zusammen, so verklumpen alle gelösten Eiweiße und fallen aus (Präzipitin-Reaktion). Wird Serum eines zuvor gegen Menschenserum empfindlich gemachten Kaninchens mit Serum anderer Tierarten zusammengebracht, gilt der Grad der Ausfällung als Maß für die mehr oder weniger enge Verwandtschaft dieser Tiere mit dem Menschen.
Heute kann man homologe DNA-Abschnitte verschiedener Lebewesen direkt miteinander vergleichen. Geht man von der Überlegung aus, dass alle Homologien auf übereinstimmender Erbinformation beruhen, ist der direkte Vergleich der DNA die unmittelbarste Bestimmung des Verwandtschaftsgrades zwischen Lebewesen.
Analyse der DNA. Je mehr Änderungen vorhanden sind, desto mehr Mutationen haben stattgefunden und desto größer ist die stammesgeschichtliche Distanz. Die Zahl der Unterschiede kann man also als *molekulare Uhr* verwenden, um Stammbäume zu erstellen (▸ DNA-Sequenzierung, S. 163 f.).
DNA-Hybridisierung. Hierbei wird DNA zweier Arten zunächst getrennt fragmentiert und erhitzt, bis die Wasserstoffbrücken aufbrechen und sich die komplementären Stränge trennen (Schmelzen der DNA). Anschließend werden die Einzelstränge der verschiedenen Arten zusammengebracht (Hybridisieren). Bei der nachfolgenden Abkühlung lagern sich komplementäre Sequenzen zu Hybrid-Doppelsträngen zusammen. Je näher verwandt die DNA ist, desto größer ist die Zahl der Wasserstoffbrücken und desto höher muss in einem weiteren Schritt die Temperatur sein, um die Stränge erneut zu vereinzeln (Schmelzpunktbestimmung). Je höher die Schmelztemperatur, desto höher ist die genetische Ähnlichkeit und damit die Verwandtschaft der verglichenen Arten.

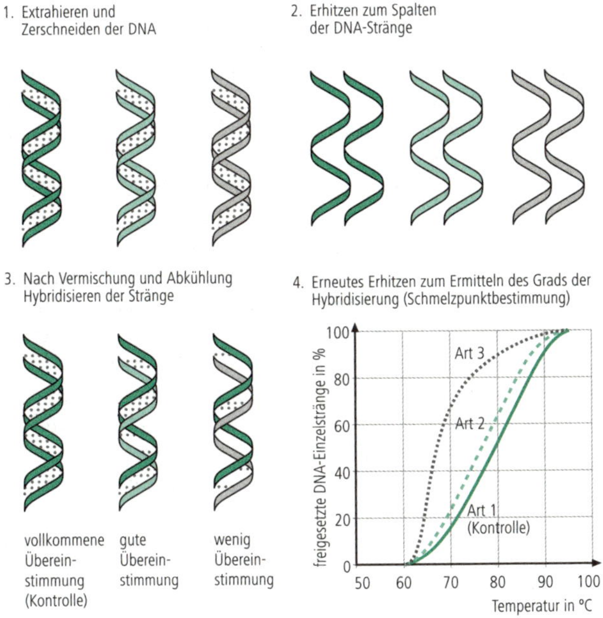

Prinzip der DNA-DNA-Hybridisierung

Belege aus der Cytologie

Alle Lebewesen bestehen aus Zellen. Die Zellorganellen der verschiedenen Lebewesen zeigen deutliche Übereinstimmungen sowohl im Bau als auch in den Stoffgruppen, die am Aufbau beteiligt sind. Daraus lässt sich der Schluss ziehen, dass alle Lebewesen aus einer Urzellform entstanden sind.

Paläontologische Beweise

Fossilien. In den Gesteinsschichten der verschiedenen geologischen Epochen findet man Fossilien, versteinerte Überreste von Tieren und Pflanzen. Mit ihnen befasst sich die *Paläontologie*

(Lehre von den Fossilien). Fossilien finden sich nur in Ablagerungsgesteinen. Meist sind nur widerstandsfähige Hartteile wie Zähne, Schuppen, Knochen oder Gehäuse erhalten. Leitfossilien kommen ausschließlich in bestimmten geologischen Schichten vor, sind dort aber weit verbreitet. Ihr Vorkommen gilt also als Merkmal dieser Schicht.

Altersbestimmung. Sie erlaubt es, Fossilien bestimmten Erdepochen zuzuordnen.

- Die *relative Altersbestimmung* geht davon aus, dass Sedimentgesteine umso älter sind, je tiefer sie in einer Schichtenabfolge liegen. Ein Vergleich mit heute ablaufenden Ablagerungsprozessen ermöglicht eine Schätzung des relativen Alters einer bestimmten Schicht und der in ihr liegenden Fossilien.
- Die *absolute Altersbestimmung* ist eine physikalische Methode, die auf dem Zerfall radioaktiver Isotope beruht, der spontan abläuft. Die Zeit, in der die Hälfte des Ausgangsstoffes zerfällt, wird als Halbwertszeit bezeichnet. Der Vergleich der Mengenverhältnisse erlaubt die Altersberechnung.

Übergangsformen (Brückentiere). Übergangsformen tragen Merkmale verschiedener Tiergruppen.

- Das Brückentier *Ichthyostega* aus dem Devon (vor etwa 400 Millionen Jahren) zeigt Merkmale von Fisch und Lurch.
- *Cynognathus* aus der Trias (vor etwa 225 Millionen Jahren) hat ein säugetierähnliches Raubtiergebiss und ein reptilienähnliches Skelett.
- Der Urvogel *Archaeopteryx* aus dem Oberen Jura (vor etwa 150 Millionen Jahren) zeigt ein Mosaik aus Reptilien- und Vogelmerkmalen. Kriechtiermerkmale sind u. a. Kegelzähne, lange Schwanzwirbelsäule, kleines Gehirn, freie Finger und Mittelhandknochen, Krallen an den Vordergliedmaßen. Vogelmerkmale sind Federn, Vogelbeine mit nach hinten gerichteter erster Zehe, Vogelschädel mit großen Augen.

Entwicklungsphysiologische Beweise

Embryonen von Wirbeltieren sehen sich in frühen Stadien der Entwicklung recht ähnlich. Bestimmte Merkmale werden in der Embryonalentwicklung noch angelegt, obwohl sie im Erwachsenenstadium nicht mehr erscheinen. Dazu zählen beim menschlichen Embryo die Kiemenbogenanlage, die Schwanzanlage und ein röhrenförmiges Herz. Ernst Haeckel (1834–1919) fasste diese Beobachtungen in seiner *biogenetischen Grundregel* zusammen. Sie besagt, dass die Keimesentwicklung (Ontogenese) eine kurze, schnelle und unvollständige Wiederholung der Stammesgeschichte (Phylogenese) sei.

Belege aus der Biogeografie

Die Biogeografie untersucht die Verteilung früherer und heutiger Tiere und Pflanzen. Die Flora und Fauna der Südhalbkugel ist zwischen Südamerika, Afrika und Australien deutlich verschiedener als auf der Nordhalbkugel zwischen Europa, Nordasien und Nordamerika. Aus der *Geotektonik* ist bekannt, dass die Südkontinente als Folge der Kontinentaldrift seit langem getrennt sind. Durch die lange Trennungszeit konnten sich in den isolierten Räumen unterschiedliche Arten entwickeln. So entwickelten sich im isolierten Australien Kloakentiere und Beuteltiere ungestört weiter, während sie in anderen Teilen der Erde von den Plazentatieren verdrängt wurden.

Lebewesen, die auf bestimmte Räume beschränkt sind, nennt man *Endemiten*. Endemische Formen sind auch für Inseln kennzeichnend. Ein bekanntes Beispiel sind die Darwinfinken mit ihren unterschiedlichen Schnabelformen. Auf den Galapagosinseln westlich von Südamerika entstanden aus einer Finken-Stammart durch das Besetzen unterschiedlicher ökologischer Nischen zahlreiche neue Finken-Arten. Man spricht bei dieser Auffächerung einer Ausgangsart in mehrere unterschiedlich angepasste Arten von *adaptiver Radiation* (▸ S. 245 f.).

Weitere Belege für die Evolutionstheorie

- *Rudimentäre Organe*, also Organe, die im Verlauf der Evolution ihre Funktion verloren haben, aber noch als Reste vorhanden sind. Beispiele: Steißbein und Muskeln zur Ohrbewegung beim Menschen.
- *Atavismen*, also in Ausnahmefällen auftretende urtümliche Merkmale bei einzelnen rezenten (jetzt lebenden) Lebewesen. Beispiel: verlängertes Steißbein beim Menschen.
- *Lebende Brückentiere.* Beispiel: Eier legendes Schnabeltier, das seine Jungen mit einer milchigen Flüssigkeit aus Brustdrüsen säugt. Es vereinigt Reptilienmerkmale (Eier legen, schwankende Körpertemperatur) und Säugetiermerkmale (Milchdrüsen).
- *Gemeinsame Parasiten* bei verschiedenen Tierarten. Beispiel: Bläschenvirus bei Mensch und Schimpanse.
- *Homologe Verhaltensweisen.* Beispiele: Heulstrophen bei Hund, Wolf und Schakal, Ritualisierung bei der Balz von Fasanenvögeln.
- *Ergebnisse der Pflanzen- und Tierzüchtung*, wobei ständig neue Sorten und Rassen entstehen, bei denen zahlreiche Eigenschaften vererbt werden und der Abstammungszusammenhang eindeutig gesichert ist. Beispiele: Hunderassen, Getreidesorten.

10.4 Die Evolution des Menschen

Primaten im Vergleich

Der Mensch stammt zwar nicht vom Affen ab, aber viele Gemeinsamkeiten zwischen Mensch und Menschenaffen sind nur damit zu erklären, dass beide gemeinsame Vorfahren haben.
Menschen, Menschenaffen, Tieraffen und Halbaffen werden in der Ordnung Primaten zusammengefasst. Alle Primaten haben fünfgliedrige Greifhände und nach vorn gerichtete Augen, mit denen räumliches Sehen möglich ist. Das Gehirn ist im Verhältnis zum Körper groß, der Nachwuchs wird intensiv und lange betreut.

Sonderstellung des Menschen

Die besondere Stellung des Menschen ist gekennzeichnet durch den Erwerb des aufrechten Ganges, mit der eine Umformung des gesamten Skelettes einherging:

- die federnde, doppelt S-förmig gebogene Wirbelsäule,
- das schüsselförmige Becken, das die Eingeweide trägt,
- kräftig entwickelte Gesäß- und Wadenmuskeln,
- die gewölbte Fußsohle, die Erschütterungen abfedert (Sohlengänger),
- die vielseitig einsetzbare Hand,
- der große, steil nach oben gewölbte Gehirnschädel,
- die relativ kleinen Zähne, die eine geschlossene Reihe bilden.

Darüber hinaus kennzeichnen zahlreiche *geistige* und *kulturelle* Merkmale die besondere Stellung des Menschen:

- das äußerst leistungsfähige Gehirn, das ihn zu Denk- und Lernprozessen befähigt,
- die Entwicklung von Werkzeugen für zukünftige Situationen,
- das Erinnern vergangener und Planen zukünftiger Situationen,
- das Antizipieren der Folgen von Handlungen,
- der gezielte Umgang mit Feuer.

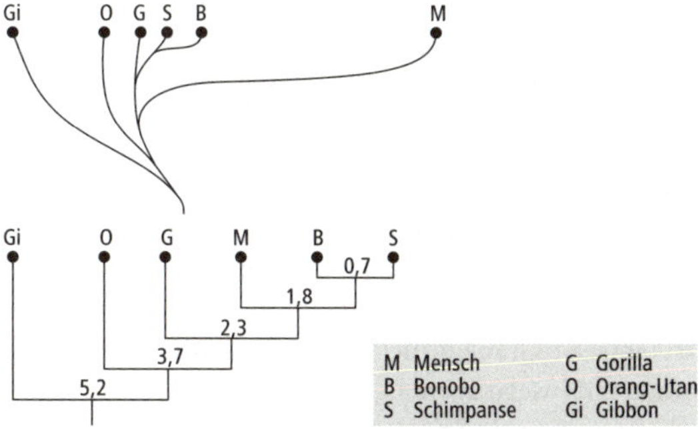

Stammbaumdarstellungen von Mensch und Menschenaffen aufgrund anatomischer Merkmale (oben) und DNA-Homologie (unten). Die Zahlen geben die relativen Unterschiede der DNA-Sequenzen an.

Menschenaffen

In zahlreichen Merkmalen unterscheiden sich Menschenaffen vom Menschen. So haben Menschenaffen eine vorspringende Schnauze, ihr Kehlkopf ist nicht zum Sprechen geeignet und ihrem Gehirn fehlt ein Sprachzentrum.

Prädispositionen und Entwicklungstendenzen

Der Erwerb der Baumlebensweise durch die frühen Primaten ging mit einer Fülle von Anpassungen einher. Viele davon waren für die Evolution zum Menschen entscheidende *Prädispositionen*, also Eigenschaften, die sich nach Änderung bestimmter Lebensbedingungen als vorteilhaft erweisen. Greifhände mit Plattnägeln ermöglichten die Entwicklung der Hand. Räumliches Sehen und Farbensehen beeinflussten die Verfeinerung des Großhirns ebenso wie die generelle Unspezialisiertheit der Primaten. Das unselbstständige Jungtier wird als Tragling lange von der Mutter versorgt. Der enge Sozialkontakt ermöglicht ausgiebiges Lernen durch Nachahmung.

Soziobiologie. Die meisten Primaten leben in sozialen Gruppen. Es kommt zu Kooperation, Konkurrenz, Beziehungen und Konflikten. Um die Vorteile nutzen zu können, die das Sozialleben bietet, sind besondere intellektuelle Fähigkeiten nötig (z. B. Empathie). Neben der Lösung ökologischer Probleme des Lebensraums war die Lösung sozialer Herausforderungen entscheidend bei der Evolution des Primaten-Gehirns.

Schlüsselereignisse

Klimatische Veränderungen gegen Ende des Tertiärs mit einem Rückgang der Regenwälder führten zu einem Übergang vom Baum- zum Bodenleben. Plattentektonische Vorgänge wie der große Afrikanische Grabenbruch verstärkten die Ausbreitung von Savannen mit inselartigem Baumbestand. Zweibeiniges (bipedes) Gehen war nun ein Selektionsvorteil. Der aufrechte Gang ermöglichte das Tragen von Nahrung und erlaubte im Savannengras ein Sichern über weite Strecken. Weitere Schlüsselereignis-

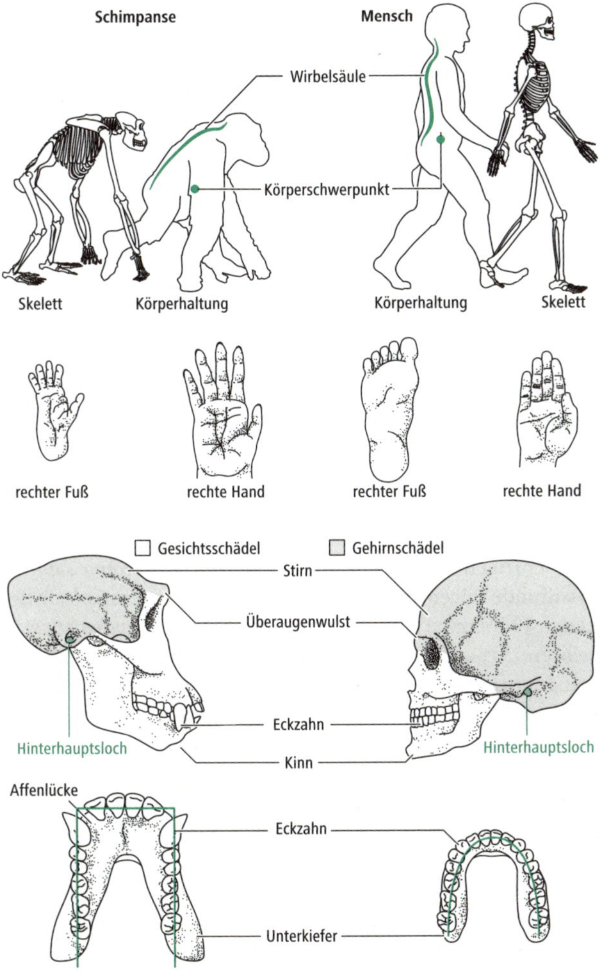

Schimpanse und Mensch im Vergleich

10

se in der Evolution des Menschen waren der Erwerb der Sprache, die Verlängerung der Jugend- und Altersphase, die Reduktion der Körperbehaarung und schließlich der Erwerb kultureller Techniken. Die charakteristischen Merkmale des Menschen haben sich dabei nicht zeitgleich entwickelt. Es gab Vorfahren, die aufrecht gingen, deren Gehirn aber nur die Größe eines Schimpansenhirns hatte. Diese weitgehend unabhängige Entwicklung verschiedener Eigenschaften mit unterschiedlicher Geschwindigkeit bezeichnet man als *Mosaikevolution*.

Fossilgeschichte und Stammbaum des Menschen

Anhand von Fossilfunden versucht man, die Entwicklung von vormenschlichen Primaten zum heutigen Menschen zu rekonstruieren. Schädelfunde lassen Schlüsse auf die Gehirngröße und die geistigen Fähigkeiten zu, Reste vom Becken geben Auskunft über die Fortbewegungsweise. Besonders gut erhalten bleiben Zähne als Fossilien. Werkzeuge und andere Spuren menschlicher Tätigkeit wie Höhlenmalereien und Grabbeigaben sind erst aus jüngerer Zeit bekannt. Seit etwa 25 000 Jahren wird die Erde von einer einzigen Menschenart bewohnt, der Art *Homo sapiens*. Fossilfunde zeigen, dass eine solche Alleinexistenz innerhalb der letzten 4 Millionen Jahre eher die Ausnahme ist. Meist existierten mehrere Arten von Hominiden (Menschartigen) zur gleichen Zeit. Immer wieder entstanden neue Arten, die mit anderen konkurrieren mussten und schließlich irgendwann wieder ausstarben. Von manchen Hominiden-Formen fanden Paläontologen bisher nur Schädel- bzw. Kieferfragmente oder auch lediglich Spuren, von anderen wurden vielfältige Reste gefunden, was Vergleiche sehr erschwert und nur ein lückenhaftes Bild erkennen lässt.

Die Stammgruppe der Hominiden. Als *Dryopithecinen* fasst man 25 bis 9 Millionen Jahre alte Fossilfunde zusammen, die eine Mischung aus Merkmalen von Tieraffen und Menschenaffen zeigen. Arme, Hände und Rumpf waren gebaut wie bei Tieraffen, Schädel, Ellenbogen, Schultern und Zähne wie bei Men-

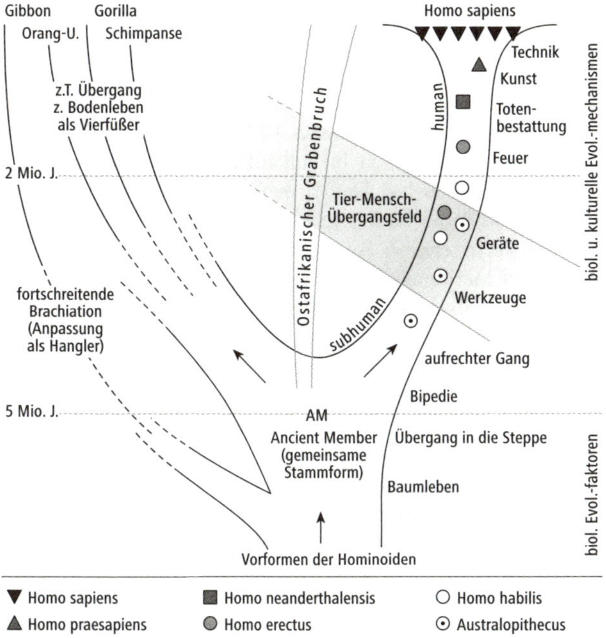

Schlüsselereignisse der menschlichen Evolution

schenaffen. Die *Dryopithecinen* gelten als Stammgruppe an der Gabelung der Entwicklungslinien von Menschenaffen und Hominiden. Noch nicht sicher einordnen lässt sich der 7 Mio. Jahre alte Schädel von *Sahelantropus tschadensis.*

Prähominine (Vormenschen). Als Prähominine bezeichnet man die Formen, die noch nicht alle Merkmale der Vertreter der Gattung Homo besaßen und keine Werkzeuge bearbeiteten.

Die Gruppe der *Australopithecinen* zählt nach den Gattungen *Sahelantropus* und Ardipithecus zu den ältesten Menschenähnlichen, die wir derzeit kennen.

Australopithecus afarensis ist durch Knochenreste von mehr als 120 Individuen gut belegt. Ihr Alter liegt zwischen 3,8 und 2,9 Millionen Jahren. Die Fundorte erstrecken sich von Äthiopien bis Südafrika und zeigen die weite Verbreitung. Der aufrechte Gang ist durch ein gut erhaltenes 3,2 Millionen Jahre altes weibliches Skelett und durch in vulkanischer Asche konservierte Fußspuren direkt belegt. Das Hirnvolumen lag zwischen 400 und 500 cm^3 und damit im Bereich der heutigen Menschenaffen.

Weitere Vertreter von Australopithecinen zeichnen sich alle durch drei Merkmale aus: Sie gingen aufrecht, ihr Gehirn war kaum größer als das eines heutigen Schimpansen und ihre Eckzähne waren wie beim heutigen Menschen kaum größer als die übrigen Zähne. Für späte Arten der Gattung Australopithecus wird auch die Gattungsbezeichnung Paranthropus verwendet.

Menschen (Gattung Homo). Die ersten Vertreter der Gattung *Homo* werden Frühmenschen oder *Euhominine* genannt. Sie weisen gegenüber den Australopithecinen ein deutlich größeres Gehirn auf. Als älteste Vertreter gelten 2,5 bis 1,8 Millionen Jahre alte Funde aus Kenia. Üblicherweise werden sie zu den zwei Arten *Homo rudolfensis* und *Homo habilis* gerechnet. Ihr Gehirn hatte ein Volumen von rund 600 cm^3. Sie stellten scharfkantige Abschläge von Steinen her, mit denen sie Tiere zerlegen konnten. Damit erschloss sich ihnen gegenüber den Pflanzen essenden Australopithecinen eine neue ökologische Nische.

Homo erectus, der vor etwa 1,8 Millionen bis vor 300 000 Jahren lebte, besaß ein noch wesentlich größeres Hirn mit einem Volumen von 750 bis 1250 cm^3. Er wanderte als erster Mensch aus Afrika aus, wie Funde in Java, China, Georgien, aber auch bei Bilzingsleben (Thüringen) belegen. Homo erectus nutzte bereits das Feuer und stellte verschieden geformte Werkzeuge aus Feuerstein her. Nachdem er seinen Ursprungskontinent verlassen hatte, fand er reichlich neuen Raum, um sich weiter zu entfalten.

Neandertaler. Als frühester Vorfahre des Neandertalers gilt *Homo heidelbergensis*, benannt nach einem Unterkiefer, der in Mauer bei Heidelberg gefunden wurde. Man kennt Fossilfunde des

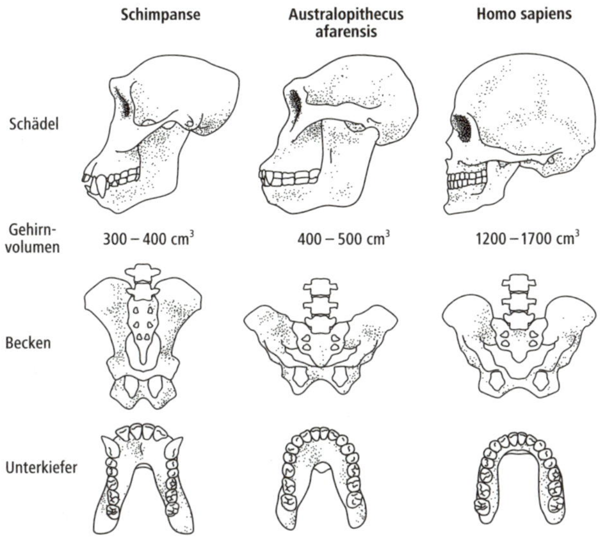

Vergleich von Skelettmerkmalen

Neandertalers aus der Zeit vor 200 000 bis 30 000 Jahren. Der Neandertaler wurde bis 1,60 Meter groß, wog bis 80 kg und hatte mit 1200 bis 1750 cm^3 ein Hirnvolumen, das größer sein konnte als das des modernen Menschen. Er war als erfolgreicher Jäger an ein eiszeitliches Leben in den kühlen Regionen in Europa und Vorderasien angepasst. Vom modernen Homo sapiens, dem Jetztmenschen, unterschied er sich durch den muskulöseren Körperbau, massive Knochen, Überaugenwülste und ein fliehendes Kinn. Gelegentlich bestattete er auch seine Toten, ob dies aber eine kultische Handlung war oder nur geschah, damit Hyänen ihm nicht lästig wurden, ist eine offene Frage.

Homo sapiens. Durch Artumbildung entstand aus Homo erectus der *Homo sapiens*. Von ihm kennt man älteste Reste aus Ostafrika. Gegen Ende der Eiszeit vor rund 40 000 Jahren wanderte eine Teilpopulation auch in Europa ein. Nach Fundorten in Frankreich werden die ältesten europäischen Jetztmenschen Cro-Magnon-Menschen genannt. Anatomisch unterschieden sie sich von ihren Vorfahren durch kleinere Zähne, den hoch gewölbten Hirnschädel, einen Unterkiefer mit vorstehendem Kinn und einem insgesamt grazileren Körperbau. Sie fertigten feinste Steinwerkzeuge an und schufen Kunstwerke wie die Höhlenmalereien von Chauvet und Lascaux. Die Löwenfrau aus Elfenbein aus dem Lonetal bei Ulm gilt mit einem Alter von 30 000 Jahren als eine der ältesten plastischen Figuren der Menschheit.

Abstammungsfragen

Aus Einzelfunden versucht man, Entwicklungs- und Abstammungsreihen zum heutigen Menschen zu rekonstruieren. Die geringe Anzahl der Fossilien, deren teilweise schlechter Erhaltungszustand und das häufige Fehlen von Beifunden wie Werkzeuge oder Lagerplätze begrenzen die Aussagen der Paläoanthropologie. Zur Rekonstruktion von jeweils 100 Generationen Menschheitsgeschichte stehen durchschnittlich nur die Überreste eines Individuums zur Verfügung. So wird verständlich, dass viele Aussagen und Modelle zur Stammesgeschichte in der Regel nur vorläufigen Charakter besitzen, da jeder neue Fund neue Antworten auf noch offene Fragen geben kann.

Bei allen Meinungsverschiedenheiten über die Zuordnung einzelner Funde und die daraus abzuleitenden Schlussfolgerungen gilt als gesicherte Erkenntnis, dass die Evolution des Homo sapiens das Ergebnis großer ökologischer Veränderungen des Lebensraumes seiner Vorfahren ist. Es gab Zeiten, in denen mehrere Hominiden-Arten koexistierten. Wie bei den Menschenaffen und anderen Gruppen verläuft auch die Stammesgeschichte der Menschenartigen nicht gradlinig und auf ein Ziel gerichtet. Vielmehr zeigen sich zahlreiche Verzweigungen, blind endende Sackgassen und ein Zickzackkurs wechselnder Entwicklungsrichtungen. So wurden 2017 in Bulgarien und Griechenland Überreste einer Hominiden-Art gefunden, die auf über 7 Mio. Jahre datiert werden.

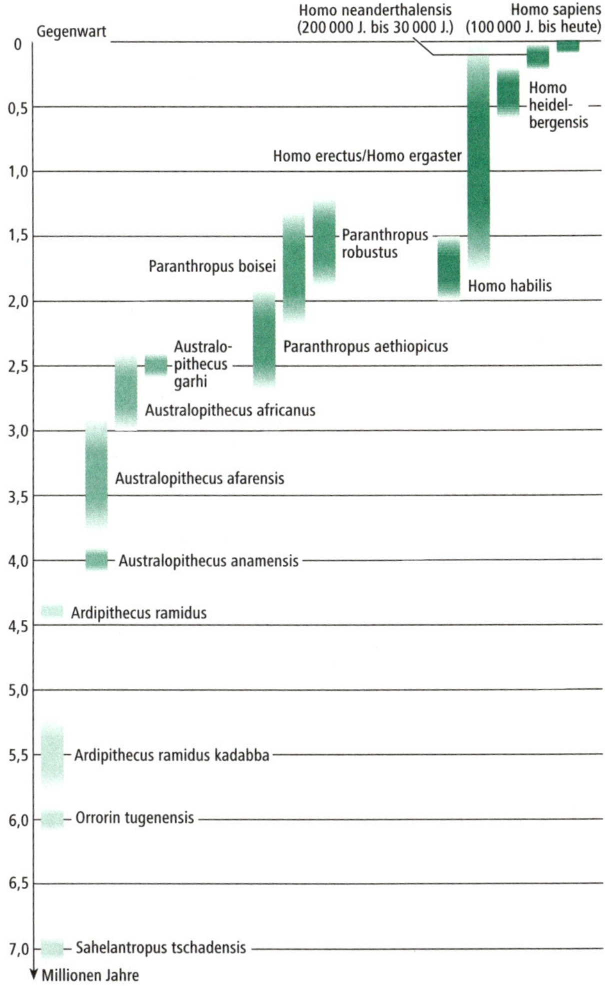

Stammbaum der Hominiden

Kulturelle Evolution

Kulturfossilien wie Werkzeuge, Höhlenmalereien und Grabbeigaben zeigen den Verlauf der kulturellen Evolution, die schneller verläuft als die biologische. Statt der DNA dienen hierbei Sprache, Schrift und Bilder als Informationsträger. Nicht Mutationen, sondern neue Weltanschauungen, Techniken, wissenschaftliche Errungenschaften und Moden sorgen für Variabilität. Diese unterliegen einer Selektion, je nachdem, ob sie übernommen oder verworfen werden.

Multiregionaler Ursprung oder Out-of-Africa?

Nach der Hypothese vom *multiregionalen Ursprung* hat sich der moderne Mensch in vielen Teilen der Erde aus regionalen Gruppen des Homo erectus entwickelt. Der Neandertaler war diesem Modell zufolge ein Verwandter des heutigen Europäers.
Die Hypothese vom *afrikanischen Ursprung* (Out-of-Africa-Modell) geht davon aus, dass sich nur eine Population des Homo erectus vor rund 150 000 Jahren in Afrika zum modernen Homo sapiens entwickelte, der sich dann von dort aus über die gesamte Welt ausbreitete.

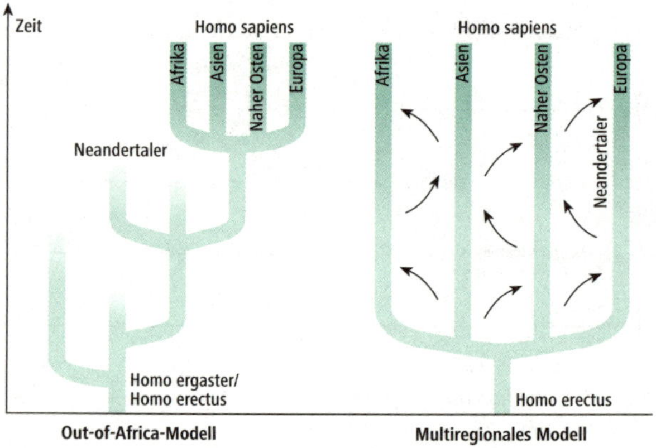

Out-of-Africa-Modell und multiregionales Modell

Großgruppen und Variabilität des modernen Menschen

Unterschiedliche Selektionsbedingungen in den Besiedlungsgebieten führten dazu, dass die verschiedenen Menschengruppen unterschiedliche Anpassungsmerkmale entwickelten. So sind vermutlich bestimmte Blutgruppen bei verschiedenen Infektionskrankheiten von Vorteil. Neben der Selektion haben sicher auch die Gendrift und die Isolation zur Entstehung der geografischen Vielfalt des Menschen beigetragen.
Über das Ausmaß und die Bedeutung der Unterschiede zwischen den Menschengruppen wird diskutiert. Lange wurden allein äußerlich erkennbare und relativ einheitlich ausgeprägte Merkmale zur typologischen Unterscheidung verschiedener Rassen herangezogen (z. B. Europiden, Negriden, Mongoliden, Australiden). Eine solche Unterscheidung gilt heute angesichts der überwältigenden Zahl von übereinstimmenden Merkmalen als veraltet.

10.5 Die Geschichte des Lebens

Erdzeitalter

Die lange Geschichte der Erde wird üblicherweise unterteilt in vier große Abschnitte, die Erdzeitalter: Erdurzeit (Präkambrium), Erdaltertum (Paläozoikum), Erdmittelalter (Mesozoikum) und Erdneuzeit (Känozoikum). Jedes dieser Erdzeitalter wird in mehrere Perioden und diese wiederum in Epochen untergliedert.

Chemische Evolution

Die Bildung der chemischen Grundbausteine der Lebewesen unter den Bedingungen der *Uratmosphäre* nennt man chemische Evolution. STANLEY MILLER ahmte in dem nach ihm benannten *MILLER-Versuch* die abiogene Bildung zahlreicher organischer Stoffe unter den Bedingungen nach, wie sie in der Anfangszeit der Erde herrschten.

Wo sich erstmals organische Verbindungen bildeten, ist noch unklar. In Frage kommen warme Tümpel (sog. Ursuppe), vulkanische Tiefseequellen (sog. Schwarze Raucher) oder winzige Risse mit Salzlösungen im gefrorenen Meereseis.

Entstehung des Lebens

Bis heute ist es aber nicht gelungen, experimentell Lebewesen zu erzeugen. Zur Entwicklung der Lebensvorgänge und der Lebewesen hat man jedoch zahlreiche Hypothesen aufgestellt und durch Modellversuche gestützt:

- *Lipiddoppelfilme* gelten als Modelle für erste Biomembranen.
- *Mikrosphären*, membranumhüllte Proteinkügelchen, zeigen Wachstumstendenz und katalytische Eigenschaften.
- Nach der Theorie der *Selbstorganisation der Materie* (MANFRED EIGEN) können RNA-Moleküle die Bildung von Proteinen katalysieren. Darunter sind auch RNA-Moleküle, die die Replikation katalysieren. Durch Veränderung der Polynukleotidketten (Mutationen) kommt es zu unterschiedlichen zellähnlichen Gebilden, den *Probionten*, die der Selektion unterliegen (Hyperzyklus-Modell).

Parallel zur Evolution von Zellstrukturen und Informationsträgern kam es zu einer *Evolution des Stoffwechsels*: Ursprüngliche Bakterien lebten heterotroph und bezogen ihre Energie durch *Gärung* aus dem Abbau organischer Moleküle ohne Sauerstoff. Andere Bakterienformen lebten autotroph. Sie betrieben *Chemosynthese* ohne Sauerstoffbildung oder konnten die Lichtenergie zur *Fotosynthese* mit Sauerstoffbildung ausnutzen. Nachdem elementarer Sauerstoff zur Verfügung stand, konnten andere Bakterien diesen als Oxidationsmittel nutzen, die *Zellatmung* entstand.

Evolution der Zelle

Die ältesten Zellen waren *Prokaryoten* (Bakterien und Blaualgen). Mitochondrien und Chloroplasten ähneln in ihrer Struktur einfachen Bakterien und Cyanobakterien (Blaualgen). Die *En-*

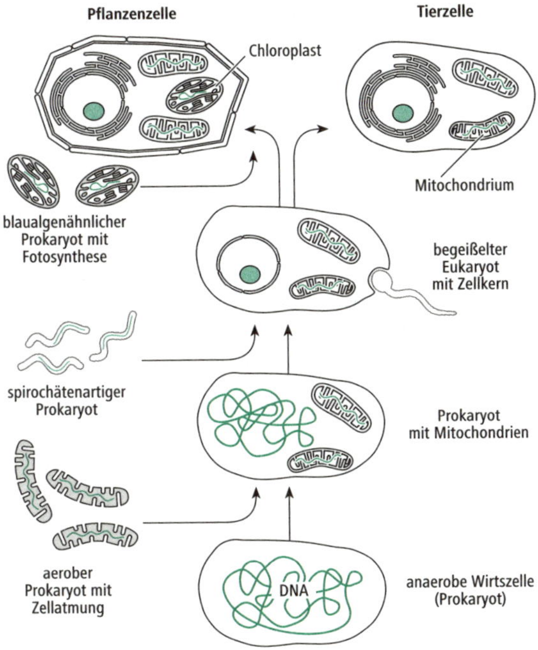

Entstehung von Eucyten und Zellorganellen nach der Endosymbionten-Theorie

dosymbionten-Theorie geht daher davon aus, dass einfache Prokaryoten aerobe und fotosynthetisch aktive Prokaryoten als Endosymbionten aufgenommen haben, aus denen sich dann Mitochondrien und Chloroplasten als Zellorganellen entwickelten. Aus der einfachen Procyte hat sich so die komplexe *Eucyte* entwickelt. Indizien, die für diese Theorie sprechen, sind:

- Plastiden und Mitochondrien entstehen nur aus ihresgleichen durch Teilung,
- beide Organellen besitzen wie die Prokaryoten ringförmige, nackte DNA sowie eigene Ribosomen,

- Proteine der inneren Mitochondrienmembran werden von der Mitochondrien-DNA codiert, Proteine der äußeren Membran von der DNA des Zellkerns.

Wege der Stammesentwicklung (Phylogenese)

Stammbäume sollen die stammesgeschichtliche Entwicklung heute lebender Tiere und Pflanzen aufzeigen. Man ordnet die Lebewesen durch Aufsuchen möglichst vieler Homologien. Fossilien liefern die Zeitmarken für die Evolution. In einem Stammbaum sollten nur Abstammungsgemeinschaften vorkommen, die jeweils auf eine gemeinsame Stammart zurückzuführen sind. Man nennt solche Gruppen monophyletisch.

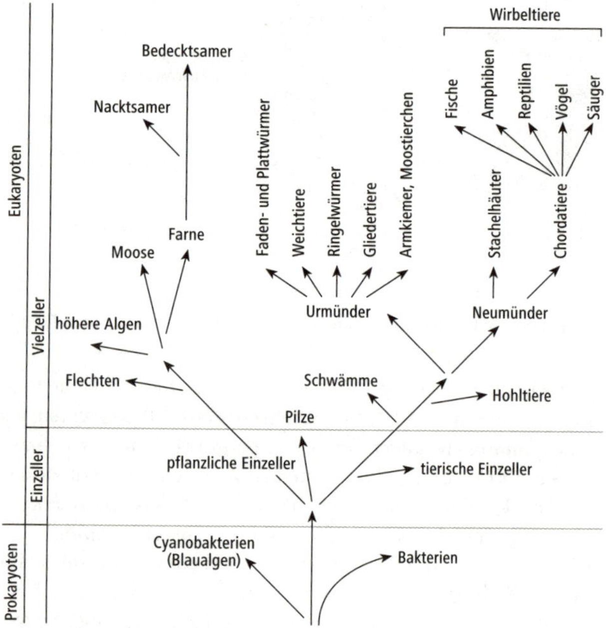

Stammbaum der Pflanzen und Tiere

Stammbaum der Pflanzen. Alle heute lebenden Pflanzengruppen lassen sich bis jetzt nicht durch Abstammungslinien miteinander verbinden. Besonders bei den Algen und den Pilzen ist die Unsicherheit groß. Es wird angenommen, dass die Entwicklung der Pflanzen von wasserlebenden Formen zu landbewohnenden Nacktsamern und Bedecktsamern verlief.

Stammbaum der Tiere. Vielzellige Tiere stammen von einzelligen Tieren ab, die ihrerseits einen großen Formenreichtum entfaltet haben. Die Vielzeller stimmen in den Anfangsstadien ihrer Individualentwicklung auffällig überein. Ob Entwicklungszusammenhänge den tatsächlichen Verlauf der Evolution widerspiegeln, ist so lange nicht gesichert, wie die Entwicklungslinien nicht durch Fossilfunde bestätigt sind. Der Stammbaum der Pferde gilt als Beispiel dafür, wie sich durch zahlreiche Fossilfunde Abstammungslinien exakt erkennen lassen.

10.6 Das natürliche System der Lebewesen

Binäre Nomenklatur

Der schwedische Naturforscher CARL VON LINNÉ (1707–1778) entwickelte ein Regelwerk zur Benennung der Arten. Nach dem Prinzip der Doppelbenennung (*binäre Nomenklatur*) erhält jede Art einen zweiteiligen latinisierten Namen, wobei das erste Wort des Namens die Gattung bezeichnet, zu der die Art gehört, das zweite ist der Artname (Beispiele: Gemeine Stechmücke, Culex pipiens; Heckenrose, Rosa canina).

Systematische Kategorien

Die *Systematik* ist das Teilgebiet der Biologie, das sich mit dem Beschreiben, Benennen und Ordnen der Lebewesen beschäftigt. Durch Gruppierung mehrerer Arten zu umfassenden Ordnungseinheiten entsteht ein hierarchisches System.

Kategorie	Beispiel: Hauskatze	Beispiel: Scharfer Hahnenfuß
Reich	Animalia (Tiere)	Plantae (Pflanzen)
Stamm (Tiere) bzw. Abteilung (Pflanzen)	Chordata (Chordatiere)	Anthophyta (Angiospermae, Samenpflanzen)
Unterstamm	Vertebrata (Wirbeltiere)	–
Klasse	Mammalia (Säugetiere)	Dicotyledonae (Zweikeimblättrige)
Ordnung	Carnivora (Raubtiere)	Ranunculales
Familie	Felidae (Katzen)	Ranunculaceae (Hahnenfußgewächse)
Gattung	Felis	Ranunculus
Art	silvestris	acris

Hierarchisches System der Lebewesen

Methoden der Klassifikation

Ziel der stammesgeschichtlichen Systematik ist es, über die Benennung und Einordnung von Arten hinaus ein *natürliches System* zu erstellen, das die evolutionären Beziehungen widerspiegelt. Die Ergebnisse werden als Stammbäume dargestellt.
Herkömmliche Stammbäume enthalten zwei Strukturelemente: Zum einen zeigen sie, zu welchem relativen Zeitpunkt sich die verschiedenen Gruppen (Taxa) trennten, und zum anderen wird deutlich, wie unterschiedlich die Gruppen geworden sind, seit sie sich von einem gemeinsamen Vorfahren abzweigten.
Ein *Kladogramm* der phylogenetischen Systematik definiert jede Abzweigung durch ein oder mehrere neu erworbene (apomorphe) Merkmale. Solche gemeinsamen, neu erworbenen Merkmale (Synapomorphien) entstanden bei einem Vorfahren und kommen nur bei einem Zweig des Kladogramms vor, im anderen Zweig existieren sie nicht. Alle Arten mit einem gemeinsamen Vorfahren bilden demnach eine Verwandtschaftsgruppe (*mono-*

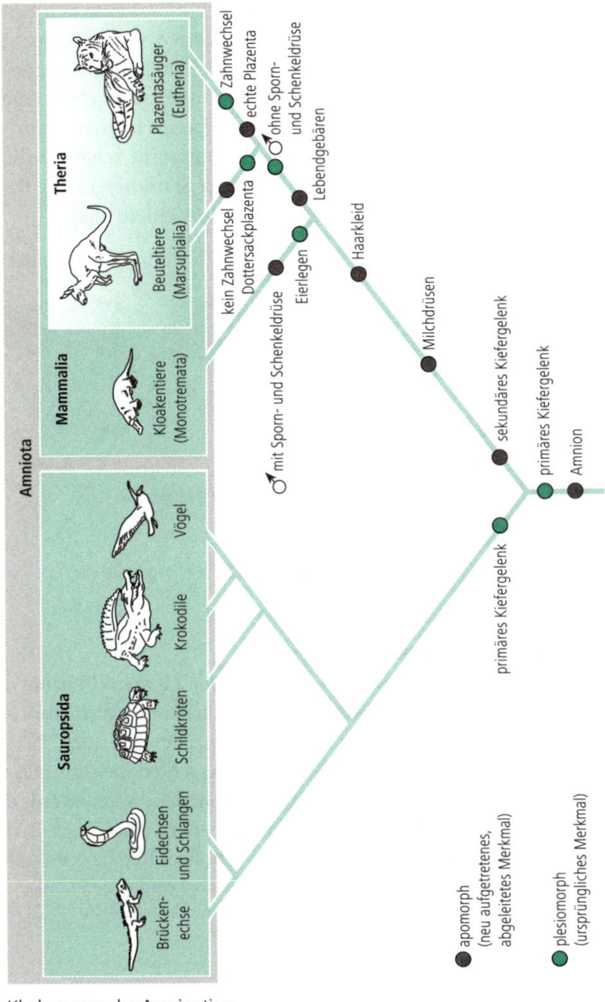

Kladogramm der Amniontiere

phyletische Gruppe). So ist das Amnion (Eihülle) eine Synapomorphie, die nur bei Reptilien und Säugern vorkommt, nicht aber bei den anderen Wirbeltierklassen. Fehlen in diesen Gruppen Abkömmlinge oder werden Arten zusammengefasst, die keine gemeinsame Abstammung haben, spricht man von *para-* bzw. *polyphyletischen Gruppen.* Ein Kladogramm zeigt nur die Abfolge der Verzweigungen im Verlauf der Stammesgeschichte, nicht aber das Ausmaß an evolutionärer Verschiedenheit.

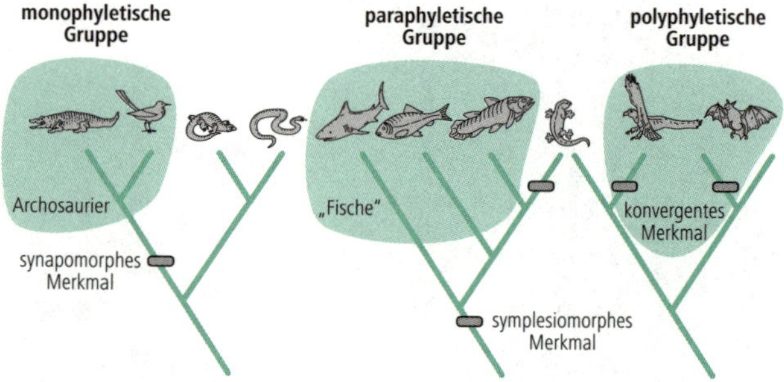

Phylogenetische Systematik nach Henning (Beispiel: Kladogramm der Amniontiere)

Die fünf Reiche der Lebewesen

Ursprünglich wurden die beiden Reiche der Tiere und Pflanzen unterschieden. Heute weiß man, dass Bakterien eine ganz besondere Zellstruktur aufweisen und dass Einzeller wie auch Pilze eine von den Pflanzen und Tieren sehr verschiedene stammesgeschichtliche Entwicklung durchlaufen haben. Viren werden nicht in das System der Lebewesen eingegliedert. Allerdings wird auch die heute gebräuchliche Einteilung in fünf Reiche – Prokaryoten, Protisten (Einzeller), Pilze, Pflanzen und Tiere – noch diskutiert.

Drei-Domänen-System

Nach neuesten genetischen Erkenntnissen wird nicht mehr davon ausgegangen, dass eine kleine Zelle ohne Zellkern der letzte universelle gemeinsame Vorfahre aller Organismen sei. Vielmehr wird deutlich, dass an der Basis unter den frühen Lebewesen ein ausgiebiger Transfer verschiedenster Gene zwischen einzelligen Organismen stattgefunden hat. Damit stünde an der Basis eines modifizierten Stammbaums des Lebens eine Urgemeinschaft primitiver Zellen, die sich zunächst in Bakterien und Archaeen aufspalteten. Aus einem archaeenähnlichen Vorläufer entwickelten sich die Eukaryoten, die später Protobakterien und Cyanobakterien aufnahmen, welche zu Mitochondrien bzw. Chloroplasten wurden.
Aufgrund einer Vielzahl weiterer Daten werden alle Lebewesen vielfach auch im sog. Drei-Domänen-System in die Domänen *Archaea, Bacteria* und *Eukarya* eingeordnet.

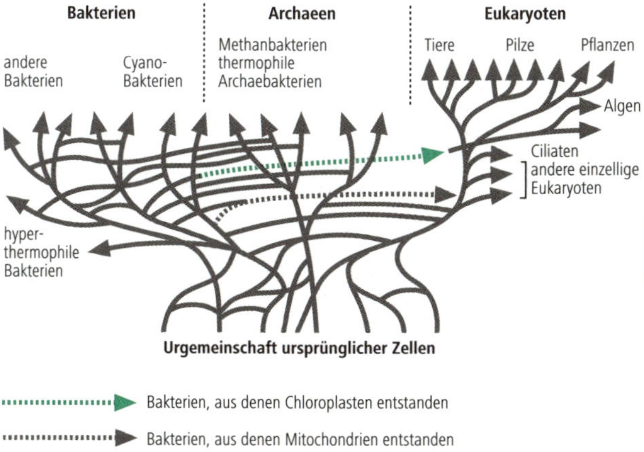

Drei-Domänen-System

KOMPETENZEN UND BASISKONZEPTE

- Formen biologischer Ähnlichkeit (Homologien und Analogien)
- Erklärung der Vielfalt durch Geschichte und Verwandtschaft
- Basiskonzept *Angepasstheit* und *Variabilität* der Lebewesen
- Zeugnisse der Abstammung und Beweise für *Verwandtschaft*
- Ursachen der Evolution
- Erklärungsversuche für den Ablauf der Evolution (LAMARCK, DARWIN, Synthetische Theorie der Evolution)
- Entstehung neuer Arten (Artbegriff, Artbildungsprozesse)
- Rekonstruktion von Stammbäumen an einem Beispiel
- Biologische Vielfalt und Ordnungsmöglichkeiten
- Die Stellung des Menschen im natürlichen System
- Fossile Hominiden, Menschwerdung und Hominidenstammbaum
- Schlüsselereignisse in der Evolution des Menschen

Glossar: Chemie für Biologen

Aminosäuren – Grundbausteine von Proteinen (Eiweiße). An ein C-Atom sind eine Amino-Gruppe, eine Carboxyl-Gruppe, ein organischer Rest und ein H-Atom gebunden.
Aktivierungsenergie – die Mindestenergie, die notwendig ist, damit Teilchen miteinander reagieren können.
Aldehyde – organische Verbindungen mit einer CHO-Gruppe.
Alkohole – organische Verbindungen mit einer OH-Gruppe.
allosterische Beeinflussung – die Veränderung der Raumstruktur von Enzymen durch Bindung von Effektoren an regulatorische Zentren.
Ammonifikation – die chemische Umsetzung von Aminogruppen organischer Aminosäuren zu anorganischen Ammonium-Ionen (Mineralisation).
Atombindung siehe **Elektronenpaarbindung**
ATP (Adenosintriphosphat) – überträgt durch Abspaltung einer Phosphatgruppe und Bildung von ADP chemische Energie.
Basen – Teilchen, die Protonen anlagern können (Ggs.: Säuren). Stickstoffhaltige organische Basen (Purine, Pyrimidine) sind Bausteine der Nukleinsäuren.
Bindungen (chemische B.) – beruhen auf elektrischen Anziehungskräften. Man unterscheidet Elektronenpaarbindung, Ionenbindung, Wasserstoffbrückenbindung und VAN-DER-WAALS-Bindung.
Bioelemente – am Aufbau von Lebewesen beteiligte Elemente: v. a. C, O, H, N, S, P, K, Ca, Mg, Na.
Brennwert – Energiegehalt eines Stoffes, der beim Abbau im Körper (physiologischer B.) oder bei Verbrennung im Kalorimeter (physikalischer B.) frei wird.
CALVIN-Zyklus – CO_2 wird zunächst an eine C_5-Verbindung (Ribulose-1,5-bisphosphat) gebunden. Durch Einwirkung von NADPH und ATP wird 3-Phosphoglycerinsäure zu 3-Phosphoglycerinaldehyd reduziert. Aus Glycerinaldehyd werden alle Folgeprodukte der Fotosynthese (z. B. Glucose, Stärke, Vorstufen von Aminosäuren) gebildet. Ein erheblicher Teil wird zur Regeneration des CO_2-Akzeptors Ribulose-1,5-bisphosphat verwendet. Mit diesem C_5-Körper beginnt der Zyklus erneut.
Carbonsäuren – organische Säuren mit einer COOH-Gruppe (Carboxylgruppe).
Cellulose – Bestandteil der Zellwand, ein Polymer der Glucose.
Citronensäurezyklus – zentraler Prozess im katabolischen Stoffwechsel, der in den Mitochondrien stattfindet. Aktivierte Essigsäure wird in CO_2 und Wasserstoff zerlegt. Die dabei gewonnene Energie fließt in die Bildung von NADH + H^+, das in der nachfolgenden Atmungskette zur Bildung von ATP dient.

Chromatografie – ein Verfahren, um Stoffgemische aufgrund ihrer unterschiedlichen Verteilung in einer stationären Phase (Papier, beschichtete Platte) und in einer mobilen Phase (Gas, Flüssigkeit) zu trennen.
Coenzym – ein nichtproteinhaltiger Bestandteil eines Enzyms. Wird es (wie z. B. NAD^+ oder $NAPD^+$) parallel zum Substrat umgesetzt, spricht man von Cosubstrat.
C-Körper-Schema – eine Form der vereinfachten Darstellung biochemischer Abläufe. So wird z. B. bei der Zellatmung von den Abbauschritten nur angeführt, wie aus einem C_6-Körper zunächst zwei C_3-Körper werden. Entsprechend vereinfacht dargestellt wird der Citronensäurezyklus oder beim CALVIN-Zyklus (Dunkelreaktion der Fotosynthese), wie ein C_5-Körper nach Aufnahme von CO_2 zu einem C_6-Körper wird und wie die daraus entstehenden C_3-Körper zu C_5-Körpern regeneriert werden.
Decarboxylierung – die Abspaltung von CO_2 aus Verbindungen.
Denaturierung – die irreversible Veränderung der Raumstruktur von Proteinen und Nukleinsäuren durch Hitze oder pH-Änderung. Dabei geht die biologische Aktivität verloren (z. B. bei Enzymen).
Denitrifikation (durch denitrifizierende Bakterien) – die Umwandlung von Nitrat in elementaren Stickstoff.
Diffusion – die selbstständige Vermischung von Gasen oder Flüssigkeiten aufgrund der Teilchenbewegung (ungerichtete Wärmebewegung).
Dissoziation – Zerfallen von Molekülen in z. B. bewegliche Ionen.
Elektronen – die nahezu masselosen Träger negativer Ladung der Atomhülle.
Elektronenpaarbindung (Atombindung, kovalente Bindung) – die Bindung zwischen Atomen über gemeinsame Elektronenpaare.
Elektrophorese – ein Trennverfahren, bei dem Ionen im elektrischen Feld aufgrund unterschiedlicher Molekülmasse und Ladung unterschiedlich schnell wandern.
Emulsion – ein heterogenes Gemisch einer unpolaren und einer polaren Flüssigkeit (z. B. Milch, Fett-Tröpfchen im Wasser).
endergonische Reaktion – benötigt Energie (Ggs.: exergonische R.).
Energie – die potenzielle Fähigkeit, Arbeit zu verrichten.
Energieerhaltungssatz – ein physikalisches Prinzip, nach dem bei keinem Vorgang Energie verloren geht oder gewonnen wird.
Energieumsatz – die Umwandlung aufgenommener Energie in Arbeit und Wärme beim Betriebs- oder Baustoffwechsel.
Entropie – ein Maß für den Ordnungszustand eines Systems. In der Summe nimmt die E. in einem abgeschlossenen System nie ab.

exergonische Reaktion – setzt Energie frei (Ggs.: endergonische R.).
Fette (Lipide) – Ester aus Glycerin und Fettsäuren.
Fließgleichgewicht – der Gleichgewichtszustand in offenen Systemen (z. B. in einer Zelle) mit ständigem Durchfluss von Stoffen und Energie.
Fotolyse – die lichtinduzierte Spaltung von Wasser in Protonen, Elektronen und Sauerstoff.
funktionelle Gruppe – der Molekülteil, der das Reaktionsverhalten organischer Verbindungen bestimmt.
Gleichgewichtsreaktion – eine chemische Reaktion, bei der Hin- und Rückreaktion gleich schnell ablaufen.
hydrophil – „Wasser liebend" (Ggs.: hydrophob). Hydrophile Stoffe sind wasserlöslich.
hydrophob – „Wasser abstoßend" (Ggs.: hydrophil). Hydrophobe Stoffe haben fettähnliche Eigenschaften.
Ionen – geladene Teilchen. Ionen, die zur Anode (Pluspol) wandern, sind negativ geladen und heißen Anionen. Kationen sind positiv geladen und wandern zur Kathode (Minuspol).
Ionenaustausch – verläuft z. B. an Bodenpartikeln. Dabei werden Protonen gegen Mineralsalz-Kationen ausgetauscht.
Ionenbindung – die Bindung zwischen Ionen entgegengesetzter Ladung.
Katalysator – setzt die Aktivierungsenergie herab und erhöht dadurch die Geschwindigkeit einer chemischen Reaktion.
Kohlenhydrate – wichtige biologische Bau-, Reserve- und Energiestoffe mit der Summenformel $C_n(H_2O)_n$.
Konformation – die räumlichen Anordnungsmöglichkeiten von Atomen eines Moleküls, die durch Drehung um Einfachbindungen entstehen.
Makromoleküle – Verbindungen aus einer großen Zahl gleicher Molekülgruppen (z. B. Cellulose, Stärke, Proteine).
Mol – die Einheit für Stoffmenge; 1 Mol entspricht $6 \cdot 10^{23}$ Teilchen oder der relativen Atom- oder Molekülmasse in g.
Neutralisation – Reaktion einer Säure mit einer Lauge, wobei eine (neutrale) Salzlösung entsteht.
Oxidation – die Abgabe von Elektronen (Ggs.: Reduktion).
Oxidationsmittel – nehmen Elektronen von anderen Stoffen auf.
Ozon – Sauerstoffverbindung aus drei Sauerstoffatomen.
Phosphat – der Säurerest (Anion) der Phosphorsäure.
Phosphorylierung – die Übertragung von Phosphatgruppen unter Energieaufwand (z. B. ATP-Bildung, Fotophosphorylierung).
pH-Wert – gibt die Konzentration der Hydronium-Ionen (H^+) einer wässrigen Lösung an. Bei $pH < 7$ ist eine Lösung sauer, bei $pH > 7$ basisch.

polare Stoffe tragen elektrische Ladungen (Ggs.: unpolar). Sie sind hydrophil (wasserlöslich).
Polymerisation – die Synthese eines Makromoleküls aus vielen ähnlichen Grundbausteinen (Monomeren). Ein Beispiel ist die Polymerisation einer Nukleinsäure aus zahlreichen Nukleotiden.
Proteine (Eiweißstoffe) – Makromoleküle aus vielen Aminosäuren.
Proton (Wasserstoffion H^+) – liegt in Wasser stets als H_3O^+ vor.
Protonengradient – eine elektrochemische Potenzialdifferenz. Sie entsteht dadurch, dass an einer Seite einer Membran eine höhere Protonenkonzentration herrscht als an der anderen Seite der Membran.
Redoxreaktion – eine chemische Umsetzung (Elektronenübertragungsreaktion), bei der ein Reaktionspartner reduziert und der andere gleichzeitig oxidiert wird.
Reduktion – die Aufnahme von Elektronen (Ggs.: Oxidation).
Reduktionsmittel – eine Verbindung, die Elektronen an andere Stoffe abgibt.
Ringer-Lösung – Vollelektrolytlösung als Flüssigkeitsersatz (Infusion), die aus Natrium-, Kalium- und Calciumchlorid hergestellt wird.
Säuren – Protonenspender. Eine wässrige Lösung einer Säure enthält H_3O^+-Ionen im Überschuss.
sekundäre Pflanzenstoffe – für das Wachstum und die Entwicklung der Pflanzen nicht unbedingt notwendige Stoffe (z. B. Stoffe, die Schutz vor Fressfeinden bieten).
Titration – Methode zur Bestimmung der Konzentration einer gelösten Substanz.
unpolare Stoffe sind lipophil und somit in Fetten löslich (Ggs.: polar).
Van-der-Waals-Bindung – entsteht durch die schwache Anziehung, die zwischen allen Teilchen wirkt.
Wasserstoffbrückenbindung – eine zwischenmolekulare Bindung zwischen gebundenen Wasserstoffatomen und freien Elektronenpaaren benachbarter O- und N-Atome.
Zwitterion – ein Molekül, das gleichzeitig eine positive und eine negative elektrische Ladung aufweist (z. B. Aminosäuren).

Stichwortverzeichnis

Zellulärer Stofftransport

Für den Stoffaustausch der Zelle mit ihrer Umgebung ist die Zellmembran zuständig. Auch innerhalb der lebenden Zelle laufen ständig Transportvorgänge ab. Es lassen sich verschiedene zelluläre Transportmechanismen unterscheiden.

Passive Transportvorgänge (die Zelle muss keine Energie dafür aufwenden):
- *Diffusion* ist die durch die Bewegungsenergie der Teilchen herbeigeführte wechselseitige Durchdringung zweier aneinandergrenzender Flüssigkeiten oder Gase.
- *Osmose* ist eine einseitig gerichtete Diffusion durch eine selektiv permeable (halbdurchlässige, semipermeable) Membran, wie es die Zellmembran ist.

Spezifischer Transport:
- *Passiver Kanal-Transport* erfolgt durch spezifische Proteinkanäle, die nur bestimmte Ionen durchlassen.
- *Passiver Carrier-Transport* ist eine erleichterte Diffusion, die durch Trägerproteine erfolgt.
- *Aktiver Carrier-Transport* benötigt Energie, um Stoffe gegen das Konzentrationsgefälle zu transportieren, sodass eine Anreicherung von Stoffen in der Zelle möglich ist.

Welche weiteren Transportmechanismen kennen Sie? (▶ S. 17 ff.)

Arbeitstechniken und Methoden der Zellbiologie

Licht- und Elektronenmikroskopie

Beim Elektronenmikroskop verwendet man Elektronenstrahlen statt Lichtstrahlen. Das Elektronenmikroskop mit seinem viel größeren Auflösungsvermögen ermöglicht die Erforschung des Feinbaus kleinster Zellbestandteile, die mit dem Lichtmikroskop nur andeutungsweise oder gar nicht zu sehen sind.

Isolierung von Zellbestandteilen

Mit dem Verfahren der *Zellfraktionierung* lassen sich Zellorganellen voneinander trennen und anreichern, um ihre jeweilige Funktion zu untersuchen. Der Volumenanteil der verschiedenen Organellen ermöglicht Rückschlüsse auf die Funktion der Zellen.

Trennen von Stoffgemischen

Chromatografie: Die Komponenten eines Stoffgemisches werden dadurch aufgetrennt, dass sie unterschiedlich schnell von einer sich bewegenden Phase (Gas, Flüssigkeit) an einer ruhenden Phase (Chromatografiepapier, Kieselgel) vorbeitransportiert werden.
Elektrophorese: Die Trennung beruht auf der unterschiedlich schnellen Wanderung elektrisch geladener Teilchen zwischen den Elektroden eines Gleichspannungsfeldes.

Welche weitere Methode wird z. B. für den Test von Arzneiverträglichkeit eingesetzt? (▸ S. 33)

Biotechnik

Die moderne Biotechnologie verknüpft die Erkenntnisse der Biowissenschaften mit der Entwicklung technologischer Verfahren und setzt gentechnische, molekularbiologische und zellbiologische Methoden ein. Dazu gehört auch die **Enzymtechnik,** die in folgenden Bereichen angewendet wird:

- in der Medizin (z. B. zur Blutzuckermessung)
- als Arzneimittel (z. B. zur Auflösung von Blutgerinnseln)
- in der Lebensmittelindustrie (z. B. bei der Käseproduktion)
- in der Waschmittelindustrie (z. B. zum Auslösen von Fett aus der Wäsche)

Nennen Sie weitere Verfahren der Biotechnologie. (▶ S. 47)

Die **Bionik** befasst sich mit der Übertragung von biologischen Erkenntnissen in technische Entwicklungen. Lebewesen mit besonderen Leistungen werden auf entsprechende Strukturen untersucht, um diese für die Technik nutzbar zu machen.

Beschreiben Sie die Beispiele Lotus-Effekt und Haischuppenprofil. (▶ S. 49)

Fotosynthese (Assimilation)

Die Fotosynthese ist der grundlegende Stoffwechselprozess, von dem alles pflanzliche, tierische und menschliche Leben abhängt. Grüne Pflanzen nutzen dabei für ihre autotrophe Ernährung das Sonnenlicht als Energiequelle und bauen aus dem Kohlenstoffdioxid der Luft und Wasser *Glucose* als organischen Stoff auf, wobei Sauerstoff freigesetzt wird. Aus den Glucosemolekülen wird meist Stärke als energiereicher Vorratsstoff aufgebaut und gespeichert. Ort der Fotosynthese sind die mit lichtabsorbierenden Blattfarbstoffen ausgestatteten *Chloroplasten*.

Wie lautet (vereinfacht) die Summenformel der Fotosynthese? (▶ S. 52)

Die Fotosynthese ist von verschiedenen Außenfaktoren abhängig: Licht, Temperatur, Kohlenstoffdioxid.

Beschreiben Sie jeweils die Wirkung der Außenfaktoren anhand der Abbildungen. (▶ S. 52)

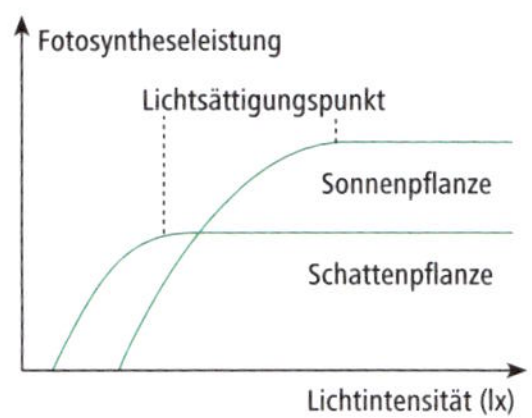

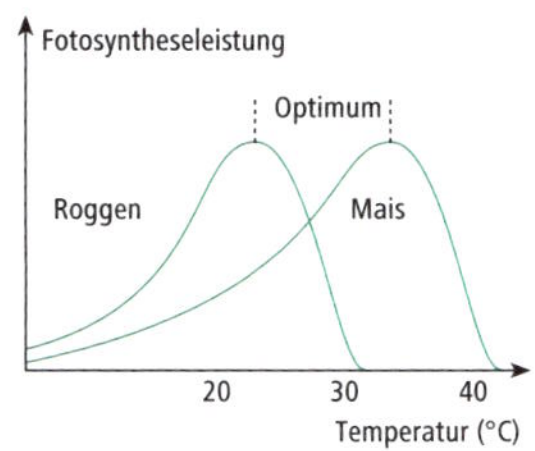

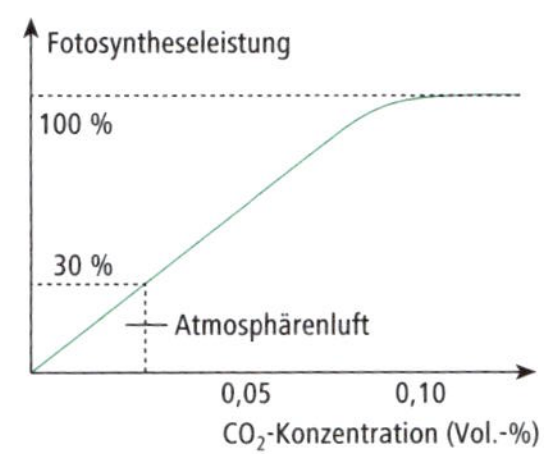

Energieumsatz

Der *Grundumsatz* ist der Energiebetrag, den der Körper in Ruhe verbraucht. Der *Leistungs-* oder *Arbeitsumsatz* ist der zusätzliche Energieverbrauch bei körperlicher Arbeit. Der *Gesamtumsatz* besteht aus Grundumsatz plus Leistungsumsatz. Ein Verfahren zur **Messung des Energieumsatzes** ist die Kalorimetrie. Bei der direkten Kalorimetrie wird der Energieumsatz über die Wärmeabgabe des Körpers gemessen. Bei der indirekten Kalorimetrie geht man davon aus, dass bei der Oxidation der Nährstoffe die beteiligten Stoffmengen und der Energieumsatz in einem direkten Verhältnis zueinander stehen. Aus der Menge des verbrauchten Sauerstoffs und des ausgeschiedenen Kohlenstoffdioxids lässt sich daher der Energieumsatz berechnen. Der *Brennwert* gibt den Energiegehalt an, der bei vollständiger Oxidation eines Nährstoffes frei wird. Der physikalische Brennwert gibt die Energiefreisetzung im Kalorimeter an und wird unterschieden vom entsprechenden Energiewert aus der Oxidation im Körper, dem physiologischen Brennwert. Der *Respiratorische Quotient* (RQ) drückt das Verhältnis von abgegebenem Kohlenstoffdioxid zu aufgenommenem Sauerstoff aus ($CO_2 : O_2$).

Ergänzen Sie die mittleren Energiewerte von Nährstoffen in der Tabelle (▶ S. 63):

	Kohlenhydrate	Fette	Eiweiße
Physikalischer Brennwert (kJ/g)			
Physiologischer Brennwert (kJ/g)			
Respiratorischer Quotient (RQ)			

Bau der Skelettmuskulatur

Beschriften Sie den Aufbau des Skelettmuskels. (▶ S. 74)

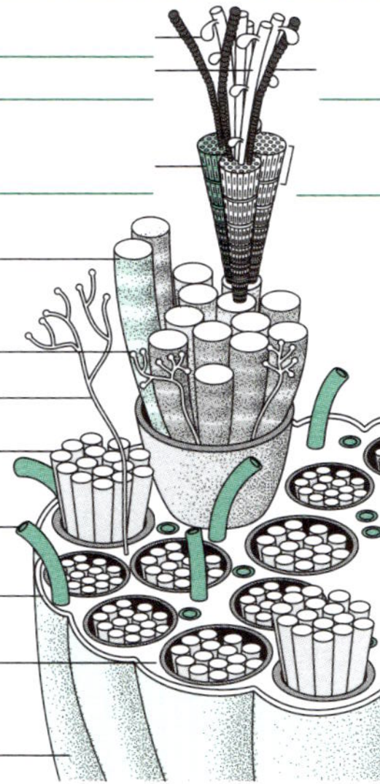

Beschreiben Sie die Arbeitsweise des Muskels mit Gegenspieler, den molekularen Vorgängen sowie der Kontraktion im Einzelnen. (▶ S. 75 f.)

Ökologische Potenz

Die Fähigkeit einer Art, innerhalb eines bestimmten Bereiches bezüglich eines bestimmten Umweltfaktors zu gedeihen, bezeichnet man als *ökologische Potenz.* Dabei können neben den abiotischen Faktoren auch biotische Faktoren wie Nahrung wirksam sein. Den Bereich, in dem eine Art zwar noch überlebt, aber nicht mehr fortpflanzungsfähig ist, nennt man *Pessimum*, die äußersten, für eine bestimmte Zeit noch tolerierten Grenzwerte *Maximum* und *Minimum.* Sie begrenzen den Toleranzbereich der Art. Der für ein Lebewesen günstigste Wert eines Umweltfaktors heißt *Optimum.* Im Optimum haben die meisten Individuen der Art die größte Überlebensquote und gedeihen am besten. Der Optimalbereich ist erblich festgelegt und wird von Tieren aktiv aufgesucht.

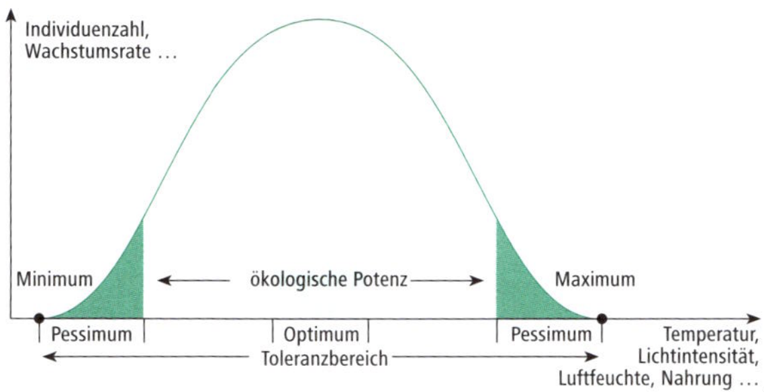

Erläutern Sie, was in diesem Zusammenhang unter stenöken und euryöken Arten zu verstehen ist, und geben Sie jeweils Beispiele an. (▶ S. 84)

Ökosysteme

Alle Organismen eines Lebensraumes bilden eine Lebensgemeinschaft und stehen untereinander in Wechselbeziehungen. Lebensraum *(Biotop)* und Lebensgemeinschaft *(Biozönose)* bilden eine Einheit, die man als Ökosystem bezeichnet.

Stellen Sie eine Nahrungskette in Form einer Tabelle oder Grafik dar. (▶ S. 93 ff.)
Beschreiben Sie Kennzeichen der Ökosysteme Wald, See und Fließgewässer. (▶ S. 98 ff.)

Umweltbelastung: Der Mensch verändert die Umwelt in seinem Sinne. Neben Chancen birgt dies auch Gefahren. Viele menschliche Eingriffe gefährden die Ökosysteme Gewässer, Luft, Boden und Wald.

Wie entsteht der sog. Treibhauseffekt und welche Auswirkungen hat er? (▶ S. 104 f.)

Welche der folgenden Maßnahmen zum Erhalt einer intakten Umwelt hat Ihrer Meinung nach den meisten Effekt und warum? (▶ S. 107 ff.)
a) Mülltrennung
b) Erstellung von Roten Listen
c) Ausweitung der ökologischen Landwirtschaft
d) Entwicklung von umweltfreundlichen Fahrzeugen

Klonen embryonaler Stammzellen

Embryonale Stammzellen können sich unbegrenzt teilen und zu jedem der rund 210 verschiedenen Zelltypen im Körper des Menschen entwickeln.

Beim *therapeutischen Klonen* überträgt man die DNA aus der Körperzelle eines Patienten in eine entkernte Eizelle. Nachdem sich diese in Kultur zu einem Embryo entwickelt hat, entnimmt man totipotente Stammzellen, die sich im Reagenzglas zu beliebigen Zellen differenzieren können. Man verspricht sich von dieser Methode, durch Reimplantation eines so erzeugten Ersatzgewebes in den Körper des Patienten in Zukunft bisher noch unheilbare Erkrankungen wie Alzheimer- und Parkinson-Krankheit heilen zu können.

Erläutern Sie die Rechtslage in Deutschland zu Reproduktionstechniken.
In welchem Gesetz wird dies geregelt? (▶ S. 121)

2. Mendel'sche Regel

Die Regel heißt auch *Spaltungsregel*. Sie besagt Folgendes: Kreuzt man die Mischlinge der F_1-Generation untereinander, so treten in der F_2-Generation auch die Merkmale der Eltern-(P-)Generation in einem bestimmten Zahlenverhältnis wieder auf.

Pflanzenart: Erbse
A = Allel für rot blühend
a = Allel für weiß blühend

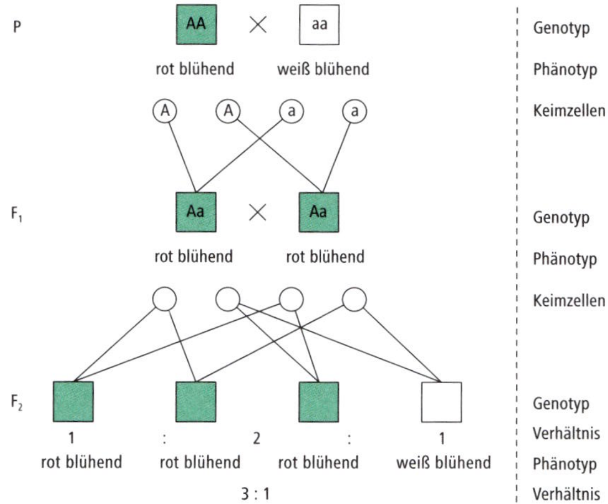

Ergänzen Sie die Buchstaben für die F_2-Generation in diesem monohybriden dominant-rezessiven Erbgang. (▶ S. 125)

Reifeteilung (Meiose)

Die Meiose liefert Geschlechtszellen (Keimzellen, Gameten) mit reduziertem haploidem Chromosomensatz (n).

Die entscheidenden Unterschiede zur Mitose sind:

- Die Meiose erfolgt in zwei Teilungsschritten, der 1. und 2. Reifeteilung.
- Bei der 1. Reifeteilung (Reduktionsteilung) werden die homologen Chromosomen auf die Tochterzellen verteilt. Der Chromosomensatz wird haploid.
- Bei der anschließenden 2. Reifeteilung werden die Schwesterchromatiden getrennt. Dies entspricht einer mitotischen Teilung.

Die Verteilung der von Vater und Mutter ererbten Chromosomen erfolgt bei der 1. Reifeteilung zufällig. Dadurch wird das Erbgut in den Keimzellen neu kombiniert *(Rekombination)*.

Erläutern Sie, was bei einer interchromosomalen Rekombination und was bei einer intrachromosomalen Rekombination geschieht. (▶ S. 132)

Methoden der Gentechnik

Unter Gentechnik versteht man die gezielte Übertragung von Genen in das Genom einer Zelle oder eines Organismus. Beispiele für gentechnisch veränderte (transgene) Lebewesen mit artfremden Genen sind Coli-Bakterien mit menschlichem Insulin-Gen und herbizidresistente Baumwolle.

Werkzeuge der Gentechnik sind:

- *Restriktionsenzyme* (Schneideenzyme), die die DNA an festgelegten Stellen aufspalten und in Spaltstücke zerlegen,
- *Ligasen* (Verknüpfungsenzyme), die die fremde DNA an den „klebrigen Enden" (sticky ends) der Wirts-DNA einbauen,
- *Vektoren* (Transportsysteme), die die fremde DNA in die Zelle einschleusen (z. B. Viren oder Bakterien-Plasmide).

Nennen Sie Beispiele für Chancen und Risiken der Gentechnik. (▶ S. 161 f.)

DNA-Fingerprinting: Die DNA einer einzigen Zelle genügt, um sie einer bestimmten Person zuordnen zu können. Der sog. *genetische Fingerabdruck* dient der Zuordnung von Spurenmaterial wie Blut oder Speichel in der Kriminalistik, um Täter eindeutig zu identifizieren, oder einem Vaterschaftsnachweis.

Beschreiben Sie, wie das Verfahren angewendet wird. (▶ S. 166)

Gentechnik in der Praxis (Pflanzenzucht)

Zur Bildung transgener Pflanzen wird oft das Bodenbakterium *Agrobacterium tumefaciens* als Vektor gewählt. Man schleust damit ein neu kombiniertes Plasmid in junge Pflanzenzellen, deren Zellwand enzymatisch entfernt wurde, sog. *Protoplasten*. Unter geeigneten Bedingungen wachsen sie zu vollständigen Pflanzen heran, deren Zellen in ihrem Genom alle das Fremdgen tragen.

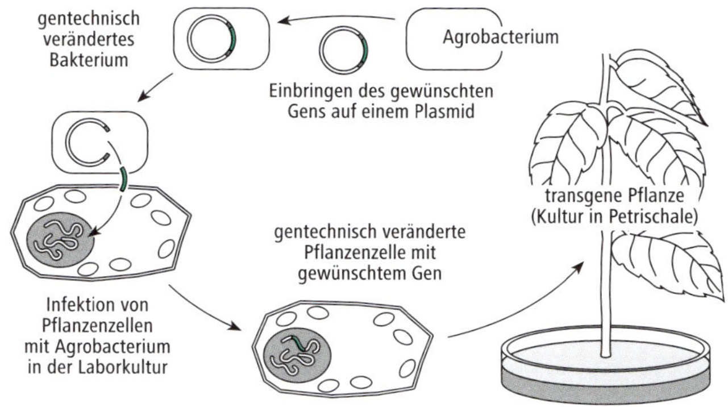

Umgangssprachlich hat sich für die Erzeugung gentechnisch veränderter Nutzpflanzen der Begriff *Grüne Gentechnik* eingebürgert.

Erläutern Sie, welche Ziele die Pflanzenzüchter dabei verfolgen, und nennen Sie Beispiele.
(▶ S. 167 f.)

Das Immunsystem

Weiße Blutkörperchen (Leukozyten) bilden das Hauptabwehrsystem des Körpers gegen Erreger und Fremdstoffe. Sie gehen durch Teilung aus Stammzellen im roten Knochenmark hervor. Leukozyten sind amöboid beweglich und können die Kapillarwände durchdringen.

Das Lymphsystem ist ein wesentlicher Teil des Abwehrsystems und besteht aus den primären Lymphorganen (Thymusdrüse und rotes Knochenmark) und den sekundären Lymphorganen (Lymphknoten, Milz, Wurmfortsatz und Mandeln), wo die *Lymphozyten* heranreifen. In den Lymphorganen findet wie auch im Blut die Antikörperbildung durch Lymphozyten statt.
Zum *humoralen Abwehrsystem* in Körperflüssigkeiten zählen Abwehrstoffe wie Lysozym, Interferone gegen Viren und das Komplementsystem mit inaktiven Enzymvorstufen, das die Immunreaktionen ergänzt, sowie die Antikörper bildenden B-Lymphozyten. Mit dem humoralen Abwehrsystem bekämpft der Körper extrazelluläre Erreger.
Zum *zellulären Abwehrsystem* rechnet man die unspezifischen Granulozyten und Monozyten in Blut, Lymphe und Geweben – die Antigene tragende Zellen über Phagozytose und Pinozytose auflösen – sowie die spezifischen T-Lymphozyten, die infizierte Zellen zerstören.

Beschreiben Sie den Ablauf der Immunreaktion (Immunantwort) von der Erkennungsphase bis zur Abschaltphase. (▶ S. 177 f.)

Das Neuron

Nervenzellen (Neuronen) sind für die Aufnahme, Weiterleitung und Verarbeitung von Informationen zuständig. Ihr Aufbau unterscheidet sich je nach ihrer Aufgabe erheblich, ihre Länge reicht von wenigen Mikrometern bis zu über einem Meter. Gemeinsam sind den meisten folgende Grundstrukturen:

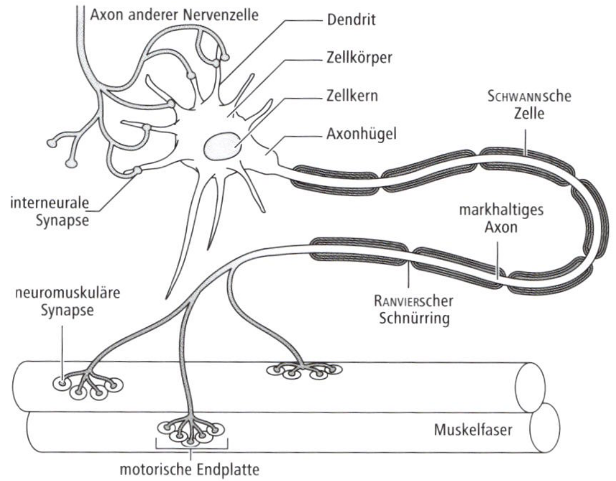

Beschreiben Sie die in der Abbildung eingetragenen Grundstrukturen der Nervenzelle. (▶ S. 184 f.)

Die Netzhaut

Die Sehsinneszellen liegen auf der lichtabgewandten Seite der Netzhaut (Retina) unmittelbar vor der Pigmentschicht. Zwei Arten von Fotorezeptoren lassen sich unterscheiden: die *Stäbchen* zum Hell-Dunkel-Sehen und die *Zapfen* zum Farbensehen. Sie bilden beide keine Aktionspotenziale, sind also sekundäre Sinneszellen. Über Synapsen sind sie mit Bipolarzellen und diese wiederum mit Ganglienzellen verbunden. Die Axone der Ganglienzellen bilden den Sehnerv. Außerdem gibt es Querverschaltungen über die Horizontalzellen und Amakrinzellen, die eine erste Verrechnung der Seheindrücke schon in der Netzhaut ermöglichen. Stäbchen und Zapfen sind unterschiedlich dicht über die Netzhaut verteilt. Im Zentrum gibt es nur Zapfen, an der Peripherie nur Stäbchen.

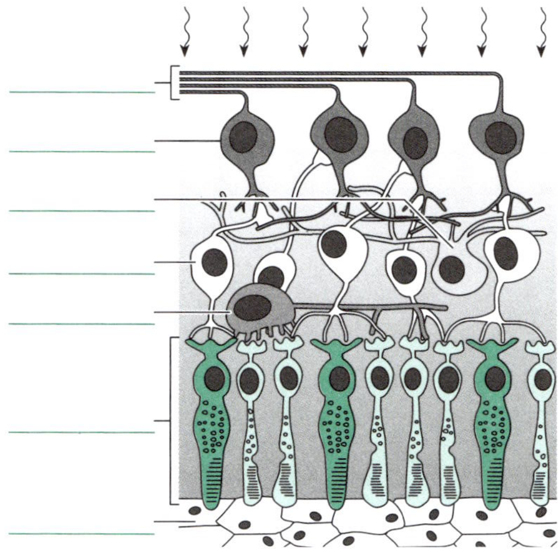

Ergänzen Sie die Bezeichnungen der einzelnen Teile der Netzhaut. (▶ S. 197)

Verhaltensweisen des Menschen

Menschliches Verhalten wird durch biologische, psychologische und gesellschaftliche Faktoren bestimmt. Der Mensch ist in der Lage, seine angeborenen und erworbenen Verhaltensweisen mithilfe seines Bewusstseins weitgehend zu kontrollieren.

Universalismen: Verhaltensweisen, die allen Menschen gemeinsam sind. Dazu zählen der Kulturerwerb, logisches Denken in Kausalketten, Leben in geschlossenen, strukturierten Gruppen und ein Inzesttabu.

Angeborenes Verhalten: z. B. das Verhalten von Säuglingen

Lernverhalten: durch Neugier und Spiel, durch Versuch und Irrtum, durch Tradition und Prägung, durch einsichtiges Verhalten, durch Konditionierung

Sozialverhalten: z. B. Gruppenbildung oder Aggressionsverhalten

Nennen Sie weitere Beispiele für menschliches Sozialverhalten und beschreiben Sie diese. (▶ S. 236)

Populationsgenetik

Die Populationsgenetik befasst sich mit den Vererbungsvorgängen in Fortpflanzungsgemeinschaften. Ändern sich die *Allelhäufigkeiten* innerhalb des Genpools einer Population, findet Evolution statt. Untersucht werden also die Häufigkeit, mit der die Allele auftreten, und die Veränderung der Häufigkeit. Dabei wird zwischen einer idealen Population und einer natürlichen (realen) Population unterschieden.

Nach dem **Hardy-Weinberg-Gesetz** lassen sich die Allelhäufigkeiten bzw. Genotypenhäufigkeiten berechnen. Die Allelhäufigkeiten in idealen Populationen stehen in einem stabilen Gleichgewicht, also:
$(AA : Aa : aa) = p^2 : 2pq : q^2 = \text{konstant} = 1$

Listen Sie die Bedingungen auf, die für eine ideale Population gelten. (▸ S. 241)

Evolution des Menschen

Menschen, Menschenaffen, Tieraffen und Halbaffen werden in der Ordnung *Primaten* zusammengefasst. Alle Primaten haben fünfgliedrige Greifhände und nach vorn gerichtete Augen, mit denen räumliches Sehen möglich ist. Das Gehirn ist im Verhältnis zum Körper groß, der Nachwuchs wird intensiv und lange betreut.

Die **besondere Stellung des Menschen** ist gekennzeichnet durch den Erwerb des aufrechten Ganges, mit der eine Umformung des gesamten Skeletts einherging:

- die federnde, doppelt S-förmig gebogene Wirbelsäule,
- das schüsselförmige Becken, das die Eingeweide trägt,
- kräftig entwickelte Gesäß- und Wadenmuskeln,
- die gewölbte Fußsohle, die Erschütterungen abfedert (Sohlengänger),
- die vielseitig einsetzbare Hand,
- der große, steil nach oben gewölbte Gehirnschädel,
- die relativ kleinen Zähne, die eine geschlossene Reihe bilden.

Welche geistigen und kulturellen Merkmale kennzeichnen außerdem die besondere Stellung des Menschen? (▶ S. 255)

Drei-Domänen-System

Nach neuesten genetischen Erkenntnissen wird nicht mehr davon ausgegangen, dass eine kleine Zelle ohne Zellkern der letzte universelle gemeinsame Vorfahre aller Organismen ist. Vielmehr wird deutlich, dass an der Basis unter den frühen Lebewesen ein ausgiebiger Transfer verschiedenster Gene zwischen einzelligen Organismen stattgefunden hat.

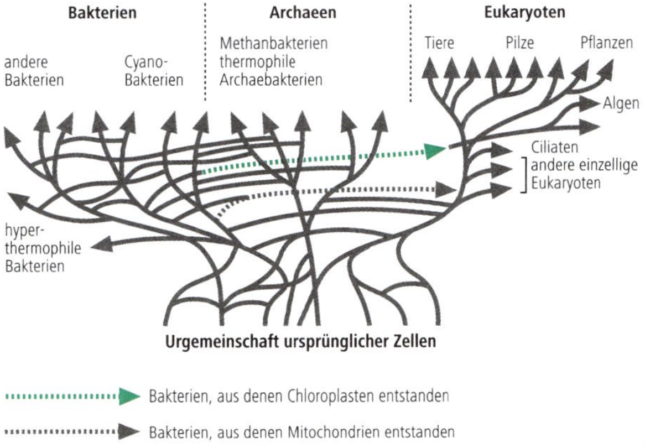

Beschreiben Sie das sog. Drei-Domänen-System. (▶ S. 273)